江西理工大学经济管理学院学术著作出版基金资助
江西省社科规划一般项目（项目批准号：22YJ51D）

张其富

胡淑琴

著

稳就业的对外
直接投资路径研究

Research on the Path of
OFDI to Stabilize Employment

中国财经出版传媒集团
经济科学出版社
Economic Science Press

图书在版编目（CIP）数据

稳就业的对外直接投资路径研究/张其富，胡淑琴
著 . -- 北京：经济科学出版社，2022.10
ISBN 978 - 7 - 5218 - 4156 - 5

Ⅰ.①稳… Ⅱ.①张…②胡… Ⅲ.①对外投资 - 直
接投资 - 研究 - 中国 Ⅳ.①F832.6

中国版本图书馆 CIP 数据核字（2022）第 199761 号

责任编辑：杨 洋 杨金月
责任校对：刘 昕
责任印制：范 艳

稳就业的对外直接投资路径研究

张其富 胡淑琴 著

经济科学出版社出版、发行 新华书店经销
社址：北京市海淀区阜成路甲 28 号 邮编：100142
总编部电话：010 - 88191217 发行部电话：010 - 88191522
网址：www. esp. com. cn
电子邮箱：esp@ esp. com. cn
天猫网店：经济科学出版社旗舰店
网址：http://jjkxcbs. tmall. com
北京季蜂印刷有限公司印装
787 × 1092 16 开 15.25 印张 220000 字
2022 年 11 月第 1 版 2022 年 11 月第 1 次印刷
ISBN 978 - 7 - 5218 - 4156 - 5 定价：58.00 元
（图书出现印装问题，本社负责调换。电话：010 - 88191545）
（版权所有 侵权必究 打击盗版 举报热线：010 - 88191661
QQ：2242791300 营销中心电话：010 - 88191537
电子邮箱：dbts@ esp. com. cn）

稳就业就是保民生，促进就业依然成为当前我国经济政策的重要内容。凯恩斯经济理论认为有效需求是增加就业的根源，沿着这个思路，有两条路径可以增加有效需求：一条路径是增加国内总需求；另一条路径是增加国外净需求。本书探索的是第二条路径，即通过增加国外净需求实现就业增长。增加国外净需求的主要方法是国际贸易，自美国通过"马歇尔计划"以来，国际直接投资推动的国际贸易成为增加国外净需求的重要方式。外商直接投资和对外直接投资成为增加国外净需求的两种方法，极大地促进了国际贸易的繁荣。通过外商直接投资增加国外净需求已经得到实证检验，但是对外直接投资是否增加了国外净需求，理论研究尚不完善，实证研究也是"小荷才露尖尖角"。本书正是基于这样的理论与现实进行探索：构建对外直接投资与国外净需求的理论框架，并实证检验对外直接投资与国内就业量的关系。

构建对外直接投资与国外净需求关系的理论框架是本书的理论基础。有效需求与就业存在正相关关系是凯恩斯经济理论的核心，开放经济体的有效需求分为国内与国外两个部分，对外直接投资是将国外有效需求引入国内的有效方式。通过文献分析发现，当前跨国直接投资理论是基于发达资本主义国家的经济现实构建起来的，理论的假设和条件并不适合解释发展

序

中国家的跨国直接投资现象。迈因特继承并完善了亚当·斯密的国际分工理论，并将其发展成为发展中国家的跨国直接投资与贸易理论：多重生产要素过剩情况下，发展中国家如何利用国际市场，化解国内过剩劳动力就业。当然，该理论在"有效需求促进就业"和"世界市场对国内经济重要作用"理论机制上也存在不足，本书通过吸收凯恩斯就业理论和新阶段理论加以完善。三个基础理论构建的理论框架成为本书的理论核心，将对外直接投资和本国就业纳入一个理论框架，为分析对外直接投资与本国就业奠定了坚实的理论基础。

实证检验分总体、区域和企业三个层次展开，检验了对外直接投资与就业之间的关系。总体分析基于对外直接投资、出口和就业的时间序列数据，研究结论显示，总体对外直接投资增长与城镇就业人员、第三产业就业人员和其他所有制企业就业人员增长呈相关关系，而第三产业和私营企业已成为吸纳就业的主要领域。区域分析基于区域对外直接投资与就业面板数据，采用固定效应和空间效应方法，比较研究发现区域过剩资本通过对外直接投资引入外部有效需求、资源与技术等的方式有效促进了区域内生产规模扩张，增加就业岗位，并吸引其他区域过剩劳动力就业，促进了省际间劳动力流动。企业分析基于中国工业企业和上市企业等企业数据，采用静态固定效应和广义矩回归的方法，研究结论显示企业对外直接投资促进了总员工和母公司员工数量增长。

本书的结构安排如下：第一章是导论。阐述研究的背景和意义，分析我国就业以及国际直接投资现状，提出本书的研究问题是对外直接投资如何影响国内就业；第二章是文献综述。文献综述通过梳理现有研究，探索研究的前沿领域，提出本书的研究方向；第三章是稳就业的对外直接投资理论机制。理论机制部分通过分析对外直接投资与增加国外净需求促进就业增加；第四章、第五章和第六章是实证分析。实证分析分别基于总体、区域和企业层面数据验证了对外直接投资与国内就业量呈正向关系，分层次验证了理论机制；第七章是研究结论与政策建议。通过理论分析和实证分析，得出了相应政策建议，为稳就业政策提供了依据。

　　本书付梓之际，首先，要感谢江西理工大学经济管理学院的领导和老师们，本书顺利出版得益于学院的大力支持和老师们的指导；其次，要感谢深圳大学经济学院的钟坚教授，钟老师是我的博士导师，理论功底扎实、治学态度严谨，对本书作了全程指导；再次，要感谢深圳大学中国经济特区研究中心主任陶一桃老师，陶老师对本书提出了很多中肯的建议；最后，要感谢经济科学出版社，各位专家细致入微地审核，使书稿从粗粝变成精品。

　　本书旨在探索对外直接投资与增加国外净需求的关系，希望能为学术界在增加国外净需求方面提供新的思路与启示，同时也为有关部门提供政策依据。当然，限于本书作者能力，该领域还需深入探索，不足之处欢迎学界专家提出批评指正。

张其富

2022 年 11 月 11 日于江西理工大学

Contents

第一章

导 论

第一节 研究背景及意义

一、研究背景

就业就是民生，稳就业就是保民生，解决就业问题是我国经济社会长期以来的主旋律。改革开放之初，我国累积了大量返城青年。为了解决大量劳动力，中国通过吸引外商直接投资构建"大进大出，两头在外"的出口加工模式，极大缓解了境内就业压力。随着改革开放40多年的经济快速发展，中国对外直接投资规模与日俱增，如何利用对外直接投资促进境内就业是新形势下面临的新课题。资本是促进经济发展的要素而非财富本身，正确运用资本比获取资本更重要。

资本绝非漫无目的在国际流动，无论是吸引外商直接投资还是对外直接投资（outward foreign direct investment，OFDI）①，都是为寻求某种形式

---

① 根据国家统计局的定义，对外直接投资是指中国企业、团体等（以下简称"境内投资主体"）在国外及中国港澳台地区以现金、实物、无形资产等方式投资，并以控制国（境）外企业的经营管理权为核心的经济活动。

的价值增值，但客观上促进了全球经济增长和各经济体要素配置效率。根据联合国贸易与发展会议（UNCTAD）《2022 年世界投资报告》显示，2021 年全球外商直接投资流出量为 1.58 万亿美元，年末存量为 30.98 万亿美元。国际资本流动已经成为促进全球经济增长的重要力量。据中华人民共和国商务部、国家外汇管理局统计，2019 年，中国境内投资者共对全球 167 个国家和地区的 6 535 家境外企业进行了非金融类直接投资，累计投资达 1 171.2 亿美元，年末存量达 20 993.9 亿美元①。虽然，近年中国对外直接投资净额呈下降趋势，但中国对外直接投资净额占世界比重从 2006 年的 1.50% 上升为 2018 年的 12.80%，对外直接投资存量占世界比重从 2006 年的 0.59% 上升为 6.25%（见图 1-1），分别位列世界国家和地区排名的第二位和第三位。自 2014 年开始，中国对外直接投资超过吸引外商直接投资，成为资本净流出国，中国资本已经成为世界资本市场中的重要组成部分，中国对外直接投资须顺应新形势下全球资本流动的特点（詹晓宁，2016；詹晓宁和欧阳永福，2018）。中国对外直接投资是如何影响境内劳动力就业，以及中国应该如何利用对外直接投资推进稳就业战略实施？这不仅是一个现实问题，也是值得探讨的理论问题。接下来，将通过梳理对外直接投资发展脉络和中国严峻的就业形势，概述中国对外直接投资影响境内就业的复杂交错的背景环境。

是什么力量主导了中国对外直接投资的走向？是境内外两个市场中资本要素此消彼长的变化。首先，当中国资本极度稀缺与西方资本丰裕时，决定了中国必须采取吸引外商直接投资的亲资本战略。改革开放初期，中国资本极度稀缺而劳动力极端丰裕，西方国家则资本丰裕而劳动力不足，国际环境决定了西方资本有大规模流入中国的外在基础。随着国际形势的变化，中国对外关系得到极大改善（钟坚，2010），中国势必采取以吸引

---

① 2019 年数据来源：中华人民共和国商务部网站，对外投资与经济合作司（以下简称"合作司"）统计快报数据，2019 年末存量数据根据 2018 年存量 19 822.7 亿美元与 2019 年对外直接投资净额 1 171.2 亿美元加总得到。

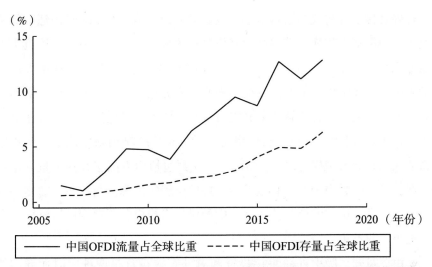

图 1 - 1　2006 ~ 2018 年中国 OFDI 净额与存量占世界比重的趋势

资料来源：联合国贸发会议（UNCTAD），2007 ~ 2019 年《世界投资报告》。

外商直接投资为主的亲资本战略（温铁军，2013）。中国吸引外商直接投资战略出现了两个效应：对中国而言，外商直接投资促进了境内就业增长并引入了西方国家消费需求；对西方国家而言，维持了资本输出的高收入与进口商品的低成本。例如，深圳早期出口加工工业就是满足西方国家消费需求的订单生产方式。其次，当西方资本逐渐退潮时，中国吸引外商直接投资的战略必然遭遇困难，而对外直接投资则成为耕耘国际市场阻力最小的战略。西方发达国家至今仍未走出 2008 年的金融危机，叠加 2020 年的新冠疫情，必将重创世界经济。"引进来"战略是中国曾经所倚重的发展战略，为中国做大经济规模作出了很大贡献，但随着世界经济形势变化，西方国际资本已呈退潮之势。资本不足且市场需求萎缩现状下，西方国家加大了对外商直接投资的争夺力度，中国吸引外商直接投资的战略注定不可能顺利，中国无法再通过吸引外商直接投资驱动中国巨大的经济体量。现阶段与改革开放时期吸引外商直接投资的战略已大不相同，实质上是大国总体竞争中的资本存量竞争。在当前环境下，因时而变，顺势而为的对外直接投资将成为阻碍最小且收益最大的战略。在全球经济遇冷的情况下，中国资本将成为获得国际有效需求的战略利器。最后，中国资本不断累积是"走出去"战略的原动力。中国经济经过40多年高速增长成为世界第二大经济体，但经济发展不平衡不充分也是真实写照。中国资本分布不均衡，地区或行业资本未必能直接投入资本不足地区或行业（张其富等，2020）。时也，异也，当环境改变时，对外战略须随之改变。资本丰裕地区和行业大规模主动"走出去"，受到包括西方国家在内的世界市场欢迎，是现阶段中国对外直接投资大规模出现的根源。与改革开放之初西方资本雄踞全球的时期相比，现在中国对外直接投资所遇到的国际阻力必然更小、收益更大。

由此可知，吸引外商直接投资和对外直接投资是两种因时而异的战略，共同之处在于它们都是中国融入世界经济大循环，引入外部有效需求，促进经济发展的有效方式。但两者之间存在四个差异：第一，时代背景差异。吸引外商直接投资是在中国资本稀缺而国际资本相对充盈的背景下采取的战略，对外直接投资战略则是在中国资本相对丰裕而世界资本相对不足的背景下采取的战略。第二，面向主体差异。中国通过积极践行"走出去"的对外直接投资战略主动获取外部市场有效需求，并将其引入境内，进而促进经济发展与就业增长。中国通过"一带一路"开拓了亚非拉等国家，是中国对外直接投资的最大成就（郭凌威等，2018）。第三，战略功能差异。吸引外商直接投资帮助中国经济高速发展几十年，做大了中国经济体量，而对外直接投资则是在前者基础上主动获取外部有效需求，将使中国经济更强。第四，被动与主动差异。中国通过吸引外商直接投资被动参与世界经济大循环，通过对外直接投资则主动参与并试图主导某些方面的世界经济秩序。中国经济全球化方式也从被动融入转变为主动参与，通过主动对外直接投资将获得价值增值，价值增值回流必然会带回利润、资源和技术等要素以雇佣更多勤劳的中国劳动者。中国对外直接投资已然成为境内经济和就业增长的重要力量，有利于缓解境内劳动力就业。

中国目前面临严峻的就业压力。在举国抗击新冠疫情的关键时期，中国政府仍强调"稳就业"的重要性。2020 年 3 月 17 日，李克强主持召开国务院常务会议时指出，要深入推进"放管服"改革，培育壮大新动能促进稳就业；3 月 10 日，李克强指出要为创业就业、灵活就业提供更多机会，稳定就业大局；3 月 3 日，李克强指出，要加大"稳就业"等"六稳"工作力度，更有效应对新冠疫情对经济运行的影响①。回顾 2019 年 3 月 5 日，李克强在 2019 年国务院公布的《政府工作报告》中首次提出，就业优先政策应置于宏观政策层面。上溯至 2018 年 7 月 31 日，中央政治局会议明确将"稳就业"政策放在"六稳"之首（蔡昉，2019）。再上溯至 2017 年 10 月 31 日，党的十九大报告指出，"就业是最大的民生"。中国就业形势究竟有多严峻，何以受到如此关切？简言之，现阶段我国劳动力出现了丰裕与不足并存的奇特现象，这是对当前就业问题的基本判断。长期以来，我国劳动力总体上处于绝对丰裕状态。中国经济经历了 40 多年的高速发展，劳动力从绝对丰裕转变为相对丰裕状态：内陆地区劳动力丰裕，沿海地区和高技术行业劳动力不足。劳动力要素在区域与行业间无法完全自由流动、劳动者技能无法及时更新，诸如此类因素是出现劳动力丰裕与不足并存现象的主要原因。同理，资本也面临丰裕与不足并存的现象。与劳动力要素演化过程相反，资本长期以来在总体上绝对不足，引进外商直接投资和经济高速发展，使资本也出现不足与丰裕并存的现象。这种现象是由区域与行业阻隔和资本投资周期阻碍造成的，即资本要素也不能实现完全自由流动。劳动力与资本要素不能完全自由流动表明资源结构的不匹配是当前就业问题的症结，在境内就业严峻压力的现状下，对外直接投资正通过其特有的优势引入外部有效需求促进境内就业增长，化解就业压力。

中国劳动力和资本两种要素分别从极端丰裕和极端稀缺的两端相向而行，交汇于相对丰裕与不足的中间状态。对外直接投资是主动参与制定国

---

① 中华人民共和国中央人民政府. 李克强主持召开国务院常务会议［EB/OL］, 2020 - 03 - 18.

际经济秩序的战略支撑，是引入外部有效需求缓解境内就业压力的重要方式。2019 年，国务院公布的《政府工作报告》指出，在国际大环境风云变幻的背景下，应利用好境内外两个市场及其资源，勇于面对挑战，善于化解危机，紧紧抓住经济发展的主动权。从早期劳动力丰裕与资本不足局面到近期劳动力与资本双重丰裕与不足并存局面，实质上是两种要素此消彼长的变化过程。工业时代的生产方式决定了劳动力需要匹配适量资本才能产生最佳效能，缺乏资本的支撑，丰裕的劳动力只能休眠在有限的土地上。缺乏劳动力的加入，丰裕资本会进入虚拟资本市场推高资产价格形成泡沫，对经济发展形成潜在破坏力。劳动力与资本双重丰裕与不足看似是两个问题，事实上是同一事物的两个方面，如同硬币的两个面，解决一个问题另一个问题也能迎刃而解。在正面推动解决就业问题较为困难的情况下，通过调剂资本以匹配劳动力所需，不啻为解决问题的一种思路。解决资本丰裕与不足问题目前有国内小循环与国际大循环两种战略，美国前总统特朗普提出的"工业振兴计划"本质上是国内循环战略。国内循环战略旨在全国范围内通过资源配置实现资本从资本过剩地区与行业流向资本不足地区与行业，从而化解丰裕劳动力。全球化时代，国内小循环战略既不经济也不现实，大量资本会因在国内难以寻找到合适实体经济投资机会而产生系统性风险。温铁军（2013）指出，走国际大循环战略是中国经济发展唯一正确的道路，通过将资本投资境外实现劳务输出、价值增值回流，同时也可以寻求境内稀缺的市场、自然资源、技术等要素用来化解境内丰裕劳动力。对外直接投资通过迂回方式将境内丰裕资本调剂到资本不足地区与行业，获取劳动力所需资本要素，成为影响就业越来越重要的因素。

二、研究意义

通过背景分析可知，一方面中国对外直接投资迅猛增长，另一方面就业形势严峻，本节将阐明通过对外直接投资引入外部有效需求，对促进境内就业的重要意义。随着中国"走出去"战略的推进，对外直接投资如何影响境内经济增长和就业越来越成为学者们关注的话题，这也不免引发西方社会的非难。他们认为，当中国尚有地区处于贫困时，不应进行对外直接投资。事实上，该问题同样适用于美国及其他任何有对外直接投资的经济体。该问题暗含了一个假设条件：资本可以无阻碍地完全流动，即资本可以无阻碍地流动到任何地方产生同样的价值。然而，资本不完全流动性普遍存在，相同资本使用在不同领域其效果差异甚远。究竟对内投资还是对外投资，应取决于资本产生的价值，而不应受地域所限。

全球化时代，国际直接投资成为我国投资越来越重要的组成部分，推动要素在全球范围内更合理配置，成为影响就业越来越重要的因素。如何实施剩余资本"走出去"，顺利完成稳就业目标，完全取决于国家战略选择，地区、行业与企业的差异。如何实施对外直接投资使全体劳动者整体利益最大化是对外直接投资的理论价值。在国家对外直接投资战略选择既定情况下，个体劳动者如何顺应趋势进行行业与职业的选择是研究的现实意义。在当前劳动力与资本双重过剩和不足的背景下，如何通过对外直接投资调剂资本结构使之更匹配当前的劳动力需求，从而实现更高质量和更充分就业，有很强的理论意义与现实意义。

（一）研究的理论意义

资本与劳动力双重丰裕和不足条件下，因资本流动性远大于劳动力，故劳动力过剩历来是社会问题的重中之重。过剩源于有效需求不足，解决有效需求不足问题总体上有国际循环模式和国内循环模式，前者旨在通过剩余物交换以满足双方有效需求，后者侧重在国内循环经济体内增加政府投资充分就业，增加有效需求。国际循环模式可以适用于国内贸易，也适用于国际贸易，适用于凡是能通过交换剩余物满足有效需求的一切场合。用要素过剩理论而非跨国直接投资理论分析问题。目前，对外直接投资的就业效应研究大多采用跨国直接投资或国际资本流动理论。这些理论着眼于对外直接投资本身，但中国对外直接投资起因于劳动力与资本双重过剩与不足的背景，用上述理论显然是治标而不治本的理论。另外，跨国直接投资和国际资本流动理论渊源于李嘉图－赫克歇尔－俄林（Ricardo－Heckscher－Ohlin）的国际贸易理论，吸收了新古典经济学的研究范式，不适宜分析中国复杂的劳动与资本双重过剩和不足问题。剩余出口理论（vent for surplus，VFS）① 忠实于亚当·斯密国际分工与贸易思想，认为国内要素过剩是由有效需求不足引发的，通过国际有效需求撬动国内过剩要素是解决要素过剩的主要方式。该理论假设当国内要素和产能过剩时会通过寻求国际市场化解，是分析要素过剩与不足的有效理论。目前，VFS理论在资源型国家、中国乡镇企业数据等实证研究方面得到了检验，而在中国工业企业、中国宏观经济和中国对世界各国的经济往来方面尚未得到检验。本书尝试从这三个方面对理论进行完善。基于发展中国家的开放二元经济结构构建过剩理论体系。目前相关的研究对象是西方主要发达国家经济体及其跨国企业，是建立在发达国家市场经济体系下的国际直接投资理论。发达国家的市场经济结构具有鲜明的市场经济特征，劳动力流动能力较强且劳动力成本较高，其对外直接投资的动机是将全球价值链低端生产环节移到低要素成本国家从而获取利润。但是，有关发展经济体的对外直接投资理论有待完善。对外直接投资对经济增长效应的理论较丰富，但是对就业效应的理论较少，大都以对外直接投资对经济产出、反向技术溢出和产业结构传导途径推导对外直接投资与就业效应的理论模型。对外直接投资的就业效应理论研究尚处于初期阶段，有待更多的理论与实证对其进行补充与完善。总之，中国对外直接投资的就业效应研究是对VFS理论在实证上的补充与完善，对于解决中国劳动力与资本双重丰裕与不足问题将提供理论指导与学术支持。

---

① 该思想源自亚当·斯密的《国富论》，由约翰·穆勒（Mill，1848）在 *Principles* 一书中提出，"vent for surplus" 一词系威廉姆斯（Williams，1929）创造，已成为专有名词。根据《国富论》的阐述，"vent for surplus" 是将 "国内过剩资源进行国际市场交换而化解要素过剩的出路"。国内文献中尚无较权威且准确的翻译，毛日昇（2009）将其翻译成为 "剩余缺口"，本书借鉴该中文翻译直译为：剩余出口。全书其余部分直接使用英文作为理论名称。

（二）研究的现实意义

对外直接投资通过引入外部有效需求促进境内就业增长，是最积极稳妥解决丰裕劳动力的战略。吸引外商直接投资被动适应外部需求使中国陷入产能丰裕困境并使就业压力增加，主动对外直接投资寻求外部有效需求将有利于化解丰裕产能并产生新的就业机会。中国长期以来处于全球价值链中的生产环节，作为"世界工厂"，中国工业产能依据发达国有资本设计的市场需求而进行组织生产活动，是被动适应外部需求的生产方式。被动适应的生产方式无法完全掌握世界市场有效需求的产品，金融危机爆发和中美贸易摩擦使中国产能出现相对过剩，要变被动为主动，中国需要主动构建世界市场，寻求外部有效需求，对外直接投资是主动寻求外部有效需求的主要支撑。对外直接投资通过主动寻求更加真实的国际市场有效需求，没有中间商赚差价，使世界市场有效需求通过中国对外直接投资渠道反馈到国内生产体系之中，更好对接生产与需求。例如，我们通过"一带一路"和多渠道双边贸易，促进中国同世界各国进出口贸易额迅速增长，成为化解过剩产能的重要路径。中国举办的中国国际进口博览会是将对外直接投资成果转化成境内稀缺资源的重要平台，有效推动了就业增长。对外直接投资及随之而来的国际贸易已然成为解决就业问题的有效方式。对外直接投资通过带动国际贸易增加、技术反向溢出和海外劳务派遣对就业数量和就业结构产生直接与间接的影响。中国对外直接投资企业以国有企业为主体有别于发达国家以私营企业为主体，可在宏观调控上促使境内就业转移，或将为发展中国家双向直接投资提供可供借鉴的经验。对外直接投资方面，1979 年中国第一家企业"走出去"，直到 2003 年才逐渐开放民营企业的对外直接投资。长期以来，我国对外直接投资企业以国有企业为主体，具有独特的制度背景的国有企业与民营企业走出去的时机和动机不同，体现在国有企业能更好地吸收国外先进的技术和寻求自然资源，实现境内就业结构升级与农村剩余劳动力就业转移,具体表现为境内投资、企业内员工数及生产变化。国企比民企的融资渠道更广,抗风险能力更强。在国际市场面对的竞争与挑战及其应对方式可形成有价值的经验与教训,中国进行的对外投资或将成为欠发达经济体对外投资的经验选择。第一,对外投资在创造就业机会的同时也给中国带来环境、资源流失等经济问题。近年来,主要发达国家提出"再工业化"对国际直接投资影响显著,也造成中国吸收外商直接投资下降幅度很大。第二,中国境内外直接投资规模持续增长对其他国家构成威胁,长期持久的冲突将不可避免。国际资本流动促进了跨国企业生产经营的转移与全球布局,此举势必促使本国资源要素的重新配置。中国的境外投资其动机与发达国家存在较大差异。鉴于全球对外直接投资的大部分主体都是发达国家,其动机与中国的境外投资有很大差异,前者动机在于资产充分利用,而后者则体现为资源、市场、技术和生产活动的寻求。主要发达国家利用在国际上的资本垄断优势和意识形态优势对我国对外直接投资进行干扰,试图用非经济竞争方式化解中国形成的经济挑战。目前已有从对外直接投资与外商直接投资角度论述中国双向直接投资对我国与他国的就业与经济影响。中国问题的研究能完善对外直接投资的就业理论。中国是二元经济结构的发展中经济体,中国对外直接投资的就业效应理论研究与市场经济国家理论既有共性也有特性。托达罗和哈里斯的就业转移理论对二元经济结构的剩余劳动力转移现象进行较为深入的剖析。但这些理论仅局限于从农村劳动力剩余经济现象探讨一国之内城乡两部门之间进行劳动力转移,尚未有理论对二元经济结构中出现城市资本与农村劳动力双重过剩问题进行探讨。虽然国际上尚未普遍出现双重过剩现象,但随着全球分工深入和发展中国家经济快速增长,双重过剩或将可能成为普遍现象。中国处于二元经济结构发展中国家的前列,较早产生前所未有的双重过剩现象是自然而然的经济现象。二元经济体的对外直接投资则具有获取利润、市场与稀缺资源等的多重动机,这些动机都将直接或间接地推动境内丰裕劳动力转移,因此发展中国

家的国际直接投资天生具备促进境内就业的使命。随着发展中国家经济快
速发展，将开放经济的二元经济结构发展中国家因境外投资而对就业带来
的促进或替代效应纳入发展中国家对外投资理论体系中是对理论的发展与
贡献。

　　总之，现有研究关于境外投资对就业是促进效应抑或替代效应分歧甚
远，在理论上对中国对外直接投资的作用产生了严重的干扰，进而引发实
践中"产业空心化"等问题的争论。随着全球分工的深入，极少国家可以
独立地满足经济生产中的所有要素，分工协作并交换剩余经济要素是规模
经济的要旨，全球范围内的剩余经济要素互相合作是大势所趋。深入分析
前述问题，对国际直接投资在分工、协作并产生规模经济的作用作翔实而
具体的阐述，有助于厘清理论上的障碍并在经济实践中推动外商直接投
资，从而更好地解决就业问题。

第二节　研究内容

一、内容与结构

　　依循提出问题、分析问题和解决问题的研究思路，本书围绕"如何引
入外部有效需求促进本国就业增长"这一命题，基于 VFS 理论和中国总
体、区域和企业三个层次经验数据，从理论和实证上分析并论证了中国对
外直接投资对境内就业的积极影响。

　　本书通过查询国内外经典文献发现，对外直接投资对本国就业有深远
影响。然现有研究众说纷纭，有文献认为对外直接投资促进了境内就业，
而有文献认为对外直接投资替代了境内就业，真相究竟如何值得关注。尤
其，在稳就业成为当前中国宏观经济政策的现状下，开拓更广阔的思路将

有利于解决现实问题。通过不断酝酿，本书基于有效需求促进就业和总需求（包括境内外有效需求）的思路，提出"如何引入外部有效需求促进内部就业增长"，进而凝练成为"稳就业的对外直接投资路径"这一命题。

分析问题包括理论分析与实证分析。理论分析是本书的核心，分析框架是在"如何引入外部有效需求促进内部就业"的思路下构建。本书理论分析框架有三个来源：一是迈因特（Myint，1958）基于亚当·斯密国际贸易思想构建的"Vent For Surplus"理论（以下简称"VFS 理论"）[①]；二是凯恩斯就业理论；三是新阶段理论。在理论分析框架下，本书推导并构建了数理模型和几何模型，从数学和几何的角度更直观清晰地展示了理论传导机制，并为实证分析奠定基础。实证分析在数理模型基础上，通过对中国经验数据的收集与处理，依循宏观到微观的论证思路逐步展开，实证分析了中国总体、区域和企业三个层面对外直接投资的就业效应。实证分析既论证了不同层次对外直接投资的就业效应经济现实，也检验了本书的理论分析框架，使理论成为更可靠的指导思想。

前期论文发表使本书得到一定的肯定。通过不断深入分析问题，从总体、区域和企业三个角度分别撰写了三篇论文，其中区域视角的论文已经发表，其他两篇论文也得到积极反馈。论文发表坚定了本书的研究方向，也是本书在理论与实证上的贡献。本书章节安排如下所示。

第一章：导论。首先，导论部分通过叙述选题背景和选题意义提出并明确了问题，即"如何通过引入外部需求促进内部就业"；其次，精练地叙述了研究内容；再次，列举了主要研究方法；最后，阐述了重点、难点及创新之处。

第二章：就业与对外直接投资文献综述。文献综述包括国外文献综述和国内文献综述，依循从宏观到微观的线索进行文献梳理与归纳。国外文献主要基于跨国公司数据和国别数据两个层次，而国内研究主要基于省际

---

① 该思想最早由穆勒（J. H. Mill，1848）在 *Principles* 一书中提及，"Vent For Surplus"一词系威廉姆斯（Williams，1929）创造，经过迈因特等（Myint et al.）不断完善，逐渐成为体系丰富的发展经济学的国际贸易理论。

和跨国企业两个层次。综合文献述评，本书确立了总体、区域和企业三个层次的研究体系，完善了现有研究。

第三章：稳就业的对外直接投资理论机制。本章立足"有效需求促进就业"的思想，在 VFS 理论基础上构建 OFDI 的就业效应理论分析框架。首先，简要分析跨国直接投资理论和就业理论的演变与不足；其次，基于跨国直接投资理论的不足阐述 VFS 理论思想、内容并构建本书的理论分析框架；再次，根据理论框架进行几何分析；最后，数理模型是理论与实证的桥梁，基于就业函数推导了开放经济中的数理模型。

第四章：稳就业的总体对外直接投资路径分析。本章分别总结了中国 OFDI 和就业的演变规律及相关趋势，然后根据理论框架分析 OFDI 如何影响总体就业，最后基于时间序列数据分析了规律并检验了理论。首先，中国 OFDI 与就业的发展演变规律显示，OFDI 增长演变于 1982～2018 年，尤其是中国加入世界贸易组织后，城镇就业人员、第三产业就业人员和其他所有制企业就业人员增长有相关关系。其次，由本书理论分析结论可知，OFDI 是通过开拓国际市场、增加国内有效需求，进而促进国内就业增长。最后，基于 OFDI、出口和就业人员的平稳时间序列数据和相应的回归方法的结果表明，对外直投资是总就业、城镇就业、第三产业就业和其他所有制企业就业人员的格兰杰因，OFDI 显著促进了这三种就业人员的增长。

第五章：稳就业的地区对外直接投资路径分析。本章根据理论分析认为，中国地区与行业资本分布不均衡是大规模 OFDI 产生的原因，也使其成为影响区域内就业效应的积极因素。固定效应和空间计量面板模型实证立足于省际面板数据，论证地区双向直接投资通过调节地区间资本不均衡促进地区就业增长。稳健性检验基于全国和省际分行业固定效应面板模型，全国分行业面板数据回归结果显示，双向直接投资对总体、国有、集体和其他企业就业有显著正向效应；省际分行业面板数据结论则表明，双向直接投资对城乡差异和不同行业的就业大部分为正向效应，但城乡与行业间的就业效应存在差异。

第六章：稳就业的对外直接投资企业路径分析。本章根据理论分析认为，跨境企业 OFDI 通过获取外部有效需求促进了母公司就业。基本实证分析采用 1998～2013 年中国工业企业和境外直接投资企业的匹配数据，静态面板回归实证结果表明，有 OFDI 的企业的就业数量显著高于无 OFDI 的企业的就业数量，动态分析采用系统 GMM 方法表明，有 OFDI 的企业及其一阶滞后项系数均正向且显著。稳健性检验使用 2011～2019 年上市企业和境外直接投资企业的匹配数据，静态回归表明 OFDI 的上市企业其境外收入促进了母公司员工数量，动态 GMM 回归实证结果显示有 OFDI 的上市企业其境外收入及其一阶滞后项均显著促进了母公司员工数量。

第七章：研究结论与政策建议。本章总结了全书主要研究结论，并根据结论提出了政策建议，并指出了不足之处和进一步研究方向。

二、技术路线

本书的研究基于"提出问题—分析问题—解决问题"的研究路线展开。首先，提出问题。基于中国对外直接投资规模迅猛扩张和严峻的就业形势两个背景下，提出问题：对外直接投资是否促进了境内就业？以及如何促进境内就业？通过文献综述归纳，现实问题转换成为理论问题。其次，分析问题包括理论分析与实证分析。理论溯源与理论选择发现，VFS 理论是发展中国家的国际贸易理论，适合分析对外直接投资的本国就业效应。实证分析使用中国总体、区域和企业三个层面数据展开，检验并完善了理论。最后，解决问题。根据理论与实证分析得出研究结论，并针对研究结论提出政策建议。具体技术路线如图 1-2 所示。

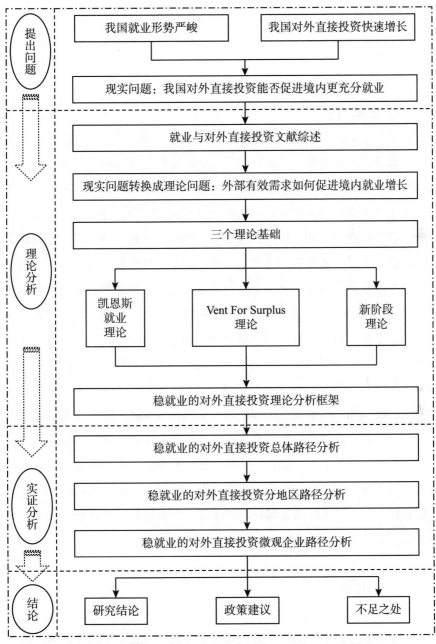

图 1-2 稳就业的对外直接投资路径研究技术路线

第三节　研究方法

一、文献研究

文献贯穿研究始终，文献研究为寻找问题的答案并顺利完成本书的写作奠定了基础，本书文献主要来源于书籍、电子文献、数据库和网站。本书起源于"中国如何利用日益增长的对外直接投资促进境内就业增长"的思考，通过对现有文献逐步梳理使本书框架逐步清晰。为了寻找问题的答案，阅读了大量经典专著、前沿文献并收集了大量数据，这是理论分析和实证分析的基础。具体而言，文献分为理论文献资料与数据文献资料。理论文献资料主要来源于深圳大学图书馆藏书及其电子图书馆购买的各种文献库。藏书包括相关专著、译著等文献。电子文献库包括中国知网、EBSCO 文献库、万方数据库、维普等。数据文献资料来源于各数据库，如2002～2018 年《中国对外直接投资统计公报》、历年《中国统计年鉴》和国家统计数据网站、中国省级各统计年鉴和相应网站、历年《世界投资报告》、Wind 数据库等。此外，专业网站也是获取文献的重要平台，本书得益于以下网站提供的文献资料：中华人民共和国商务部、中华人民共和国人力资源和社会保障部、中华人民共和国海关总署、中华人民共和国工业和信息化部、中华人民共和国科学技术部、世界银行、联合国及联合国贸易和发展会议等。

二、比较研究

比较研究法是基于某种标准，对两个及以上有联系的研究问题其相似或相异程度进行考察，以探求其规律的研究方法。旨在对相似或相同现象与事物进行比较，并根据两者差异结果进行比较分析。本书运用比较研究法，进行理论比较、实证方法比较、模型设定比较及变量与数据选择比较。理论比较主要通过理论间假设条件、适用范围和理论渊源进行比较，以发现并采用更适合的理论进行理论构建。实证方法比较是对单一层面实证与多层次实证研究进行比较，进行实证方法设计，构建丰富立体的实证体系。模型设定比较通过对不同模型的实证结果进行分析可以更好地理解并发现有效的和高效的模型。变量和数据选择比较通过不同变量与数据选择，并经实证检验，得出更有价值的实证结果。

三、空间计量回归

"所有事物都与其他事物相关联，但近的事物比远的事物关联性更强"，这就是托布勒（Tobler，1970）的地理学第一定律。空间经济越来越成为经济学家们关注的焦点，中国各省份间并非封闭的经济体，而是高度流动、相互影响的区域经济体。区域经济体之间的空间依赖性和空间异质性使省份间存在如同伴效应（peer effect）、相邻效应（neighborhood effect）、溢出效应（spillover effect）或网络效应（network effect），在空间经济学中这些效应统称为空间效应。随着新贸易理论和新经济地理学的发展，在克利夫和奥德（Cliff & Ord，1973；1981）、安塞林（Anselin，1988）、阿尔比亚（Arbia，2006）、勒萨热和佩斯（LeSage & Pace，2009）等的努力下，空间计量经济学迅速发展成区域经济或空间经济研究的重要计量方法。空间计量方法致力于消除空间效应而不断发展，空间面板回归分析是较为前沿的技术模块。本书第五章在进行省级 OFDI 的就业效应实证分析中使用空间面板模型，较好地控制了省级区域经济间的空间效应，更有效地回归了区域 OFDI 对该区域就业的影响。空间面板回归分析法包括构建合适的空间权重矩阵，使用莫兰检验（Moran，1950）考查数据是否有空间依赖性。如果有空间依赖性，就应使用空间效应模型。第五章实证分析中使用误差、滞后、杜宾等七个空间模型进行比较研究，以消除区域间的空间效应。

四、向量自回归

向量自回归方法（vector autoregression，VAR）是一种多变量时间序列法，是将多个变量组成一个系统进行相互自洽的预测方法，由西姆斯（Sims，1980）所提倡。VAR 是处理时间序列数据的方法，第四章将使用向量自回归分析并预测对外直接投资、出口和就业之间的相互关系。向量自回归方法对时间序列数据有平稳性要求，因此在进行向量自回归分析前需要检验数据平稳性，主要使用了 ADF、DFGLS 和 KPSS 等检验数据平稳性的方法。在向量自回归过程中，本书使用了 VAR 系统稳定性判定、方差分析、格兰杰因果检验和脉冲响应等技术分析模块。

五、广义矩估计

动态面板回归是基于动态面板数据（dynamic panel data）进行回归分析的方法，动态面板数据是解释变量，包含了被解释变量滞后项的面板数据形态。动态面板回归分析法的关键之处在于如何处理滞后项的自相关性，工具变量是处理自相关的思路。动态回归分析经历了从两阶段最小二乘法（2SLS）到动态 GMM 的转变，前者使用二阶滞后项作为一阶滞后项的工具变量处理，后者使用 GMM 方法估计。GMM 是广义矩估计（generalized method of moments）的首字母缩写，在扰动项非球型假设存在自相关或异方差的条件下 GMM 比 2SLS 的估计方法更有效，GMM 之于 2SLS 犹如 GLS 之于 OLS。阿雷利亚诺和邦德（Arellano & Bond，1991）较早使用差分 GMM（difference GMM）进行动态面板估计。但差分 GMM 存在四个问题，为解决这些问题，阿雷利亚诺和波弗（Arellano & Bover，1995）使用水平 GMM 进行估计，却又出现新的问题。为此，布伦德尔和邦德（Blundell & Bond，1998）将差分 GMM 和水平 GMM 结合成为系统 GMM，系统 GMM 是较为前沿的动态面板估计方法。本书第六章中国跨国企业 OFDI 的就业效应实证分析中使用了差分 GMM 与系统 GMM 两个方法进行比较研究，实证结果显示系统 GMM 比差分 GMM 方法更有效。

第四节　研究重难点和创新点

一、研究重难点

第一，问题的提出与凝练既是研究起点也是研究难点。中国对外直接投资的快速增长和丰裕劳动力导致就业压力严峻的现实背景下，问题提出是对中国经济现实问题长期思考与探索的过程，是对中国经济现象作出合理判断而提出的。对外直接投资和国际贸易对就业究竟扮演什么角色是值得探讨的问题，深入分析对外直接投资如何撬动国际贸易并促进境内就业的内在机理并对此进行实证检验，既是对"对外直接投资和贸易逆差不能促进境内就业"这个错误观点的再次批判，也是对理论的补充。问题凝练则是在现实问题基础上，通过大量文献阅读与思考，使用经济理论对提出的现实问题进行解释，最终将现实问题凝练成为有研究价值的学术问题。

第二，理论分析框架构建是核心与重点。本书通过比较当前跨国直接投资理论并对理论进行脉络分析发现，跨国直接投资理论有其理论局限性。理论溯源发现，亚当·斯密的国际贸易思想仍是理解当前跨国资本流动的思想源泉。迈因特忠实于亚当·斯密的国际贸易思想构建了 VFS 理论，是解释发展中国家多种要素过剩并存条件下的国际贸易发展经济理论。因此，理论分析采用迈因特的 VFS 理论作为基础理论。鉴于该理论存在两个不足之处，本书吸收凯恩斯就业理论和新阶段理论的相关思想，构建了理论分析框架。理论框架是本书的灵魂，既是透视现实问题的基础，也是实证分析的理论依据。

第三，分层次实证分析是重点。通过对总体、区域和企业数据进行检验，进而得出解决问题的结论。本书的重点有两个方面：一是，理论分析框架的构建。本书以 VFS 理论为基础构建理论分析框架，用来分析总体层面、区域层面和企业层面三个层面的对外直接投资对就业的影响。现有文献大多使用的理论不恰当，仅着眼于对外直接投资本身，而未能从深层次分析对外直接投资的根源，从而不能得出有力结论。二是，从宏观到微观层层分解的实证分析。本书对总体、区域和企业三个层面的对外直接投资如何影响境内就业效应进行了详尽分析，并检验了 VFS 理论。

二、创新点

第一，VFS 理论的新应用，尝试基于 VFS 理论视角解释对外直接投资的本国就业效应。VFS 在解释国际资本流动对东道方就业效应上已得到检验，而本书尝试基于该理论解释国际资本流动对本国的就业效应，并用中国经验数据检验该理论；VFS 理论在解释国际资本流动对东道方就业效应上已有理论机制并得到实证检验，而本书尝试从国际资本流动对本国就业效应理论机制方面完善 VFS 理论，并用中国经验实证检验。理论分析方面，中国目前面临要素过剩状况的思考和对现有理论的深入分析，本书基于 VFS 理论构建对外直接投资的境内就业效应理论框架。理论分析阐述了境内过剩资本如何通过对外直接投资进行外部市场培育，并将外部有效需求引入境内，促进总需求增加，最终促进境内就业增长；实证分析方面，用中国总体、区域和企业多层次经验数据，并采用相应的回归方法进行实证分析检验理论。基于 VFS 理论构建的国际资本流动对本国就业效应的理论分析框架贯穿本书全过程，是理解中国对外直接投资的境内就业效应的理论创新。VFS 理论阐述了促进国际交换，但在有效需求促进就业和国际市场对境内经济增长作用的阐述上，存在不足之处。有效需求促进就业是凯恩斯就业理论的核心机制，并有完整的数理模型推导过程。新阶段理论是本书理解世界市场对经济体经济增长与就业增长的重要理论，是基于更大角度来理解对外直接投资的本国就业效应的理论。这两个理论对 VFS 理论不足环节进行补充完善，形成更有解释力的理论分析框架。吸收相关理论，完善 VFS 理论使之更有解释力，是本书的理论创新。

第二，推导开放经济中的就业函数。由于凯恩斯就业函数没有涉及开放经济，本书试图在凯恩斯就业函数的基础上推导开放经济的就业函数。将凯恩斯就业函数中消费需求和投资需求这两类有效需求，扩展为国内消费需求、国外消费需求和国内投资需求这三类有效需求。开放经济中的就业函数，将对外直接投资与本国就业两个变量置于同一个数理模型中分析其动态变化，也为设计实证分析中的计量模型奠定了理论基础。

第三，设计多层次实证体系增强研究立体感。现有实证大多进行某个层次的分析，本书从总体到区域再到企业，通过层层分解进行实证分析更有立体感。现有文献均以某一个层次的视角研究对外直接投资的就业效应，难免有顾此失彼之处。视角差异会导致研究方法和数据资料的差异，结论和政策建议也往往大相径庭。本书依循从宏观到微观的分析思路，设计了总体、区域和企业层层分解的分析体系，阐述了对外直接投资对就业的影响。多层次全面的论证使本书体系严密且丰满，有利于从各个视角透视中国对外直接投资的就业效应，弥补了现有文献单一层次的不足。多层次视角通过整体到局部的思路，思考各层次之间的相互关系并平衡各层次之间的政策建议，使结论与政策建议更有说服力。虽然不少文献研究国际资本跨国流动，但并未涉及国有资本对国际市场构建的研究，也没有阐述国有资本对外直接投资构建国际市场的理论机制。这与发达国家的"小政府大企业"的经济现实密切相关，公共品的投资多由公共资本完成。中国的大政府经济现实是国有资本对国际市场构建起决定性作用。因此，中国的对外直接投资是在国有资本主导下的以跨国企业为主体的投资模式，是对外直接投资领域的"政府搭台，企业唱戏"模式。这种模式并不新鲜，在重商主义时期，西方国家的对外直接投资正是基于国家主导企业参与的对外发展模式。当私人资本足够强大到掌控国家时，国有资本慢慢式微，以至于西方国家忘记其发展的道路。重新阐述国有资本对外直接投资对促进经济和就业增长的作用，是对正确发展模式的再认识。

第二章

文献综述

国际直接投资对东道方就业会产生促进效应已成为普遍共识（UNCTAD，1994；罗良文，2004；王剑，2005；杨扬等，2009；幸冲冲和陈志勇，2018；Xiaolan Fu et al，2020），而国际直接投资对本国的就业效应则形成"促进效应"和"替代效应"两个假说（杨建清，2004；王传荣，2005；宫汝凯和李洪亚，2016；张原，2018）。促进效应假说认为对外直接投资通过国际市场、技术、资源寻求和价值增值回流促进了本国就业增长，替代效应假说则认为对外直接投资获取的出口增量不足以弥补其在国内投资机会成本的损失从而抑制了本国就业。两个假说虽然为学术研究勾勒整体轮廓提供了简明有效的方法，但泾渭分明地将对外直接投资对本国就业效应区分为促进效应或者替代效应，无助于还原事实本身。事实上，任何对外直接投资对本国的就业效应均存在促进与替代两个方面的效应（Blomstrom，1997；Borenszteina et al.，1998；Lee et al.，2015），在国别和层面上存在差异。国别差异主要体现为美国和其他西方国家的差异，美国跨国企业对外直接投资对其国内中低端就业有替代效应，而对高端就业有促进效应，其他国家则大多是促进效应；层面差异主要体现为宏观国家层面和微观企业层面的差异。鉴于中国区域经济发展不平衡不充分的特点，中国相关研究还存在区域层面差异。基于不同层面，分别归纳对外直接投资的本国就业效应，能更好地探究不同层面间对外直接投资的就业效应差异。因此，国外文献综述依循国家和企业两个层面，国内文献综述依循国家、地区（含行业）与企业层面的脉络进行梳理。

第一节　国外文献综述

国外关于对外直接投资的就业效应研究的文献主要基于麦克道尔－肯普（MacDougall－Kemp）的国际资本流动模型和跨国直接投资理论。国外文献中极少有类似中国的区域研究文献，因此本章对国外文献的梳理总结了国家层面与企业层面两部分：第一，国家层面的文献综述主要集中于经济合作与发展组织（OECD）国家对外直接投资的国内就业效应研究；第二，企业层面的文献综述主要集中于欧美跨国企业对外直接投资的本国就业效应研究。

一、宏观层面文献综述

国家层面宏观研究文献基于麦克道尔－肯普模型展开，麦克道尔－肯普模型是麦克道尔（MacDougall，1960）和肯普（Kemp，1966）通过深入研究国际的资本流动规律及其产生的影响而构建的理论，是从宏观层面理解当前国际资本流动对本国经济和就业的重要理论，相关研究主要集中于欧盟国家和 OECD 国家。利普西（Lipsey，2001）通过分析西方国家双向直接投资间的数量关系发现，一国对外直接投资规模与外商直接投资（IFDI）规模通常存在正相关关系，跨国资本的国际流动更有利于促使企业在世界市场获得最佳机会，优化了资本在世界市场的配置与投资效率。戴翔（2006）认为对外直接投资通过劳动力流动效应、国内产出效应和对外出口效应等方面对国内就业产生影响，利用新加坡 1991~2002 年数据进行实证研究，结果表明对外直接投资依次促进了科技劳动力、管理人员和体力劳动者就业水平的提升。凯瑟琳等（Katherine et al.，2007）立足投资发展路径理论（IDP）实证研究中国双向直接投资的相互作用，发现吸引外商直接投资有利于企业增强所有权并促进中国对外直接投资和境内就业增长。雅玛·特穆里等（Yama Temouri et al.，2010）基于贸易再分配理论机制研究高科技制造业和服务业在西方以外的传播及对本国产出和就业的影响，研究认为高收入国家的低技能工人容易受到发展中国家工人的竞争冲击。瓦克·康斯坦宁等（Wacker Konstantin et al.，2011）构建劳动力市场模型并采用美国 OFDI 数据研究跨国公司对劳动标准的影响，通过静态 OLS 模型和动态 GMM 估计结果显示，美国水平 OFDI 对工业化东道方的劳工权利产生了统计上显著且经济上相当大的负面影响，但福利优化过程中，就业、收入和工作质量可以作为替代品。奥斯卡·巴霍 – 卢比奥和卡门·迪亚兹 – 莫拉布（Oscar Bajo – Rubioa & Carmen Díaz – Morab，2015）利用1995～2011年西班牙行业数据分析了 OFDI 对国内的就业效应，认为西班牙 OFDI 更多是资源寻求型或市场寻求型，因此应该积极寻求扩大市场进而对国内就业产生积极影响，而不应该在国外寻找更廉价的劳动力。康永和王恩俊（Kang Youngho & Whang Unjung，2016）利用韩国2007～2014年行业数据研究 OFDI 对就业的影响，研究结果表明 OFDI 对永久工整体就业无显著影响，而 OFDI 与临时工整体就业正相关。效率寻求和出口寻求的 OFDI 与增加就业的中等技能工人有关。泽瓦·罗珍 – 贝克（Ziva Rozen – Bakher，2017）基于包含信息技术产业、高素质劳动力与政治经济稳定的调节模型研究 OFDI 对东道方与本国就业转移的影响问题，结论表明发达国家 IFDI 和 OFDI 会导致就业从工业部门转移到服务部门，新兴国家外商直接投资促使就业从服务部门转移到工业部门，发达国家与新兴国家的劳动力市场面临复杂挑战。

二、微观层面文献综述

企业层面文献以微观的对外直接投资理论为理论依据，当前微观直接投资理论以海默（Hymer，1960）的博士论文为开端①。海默在研究美国对外直接投资的跨国企业时，发现它们在国际市场上都具备某种垄断优势，因此提出对外直接投资的垄断优势理论。在海默研究的基础上，后续学者不断丰富该理论，理论发展将在第三章理论脉络中详细阐述，这里侧重阐述较前沿的实证文献。克拉维斯和利普西（Kravis & Lipsey，1988）利用美国跨国公司数据的实证研究结论表明，美国的对外直接投资替代了美国就业。坎贝尔（Campbell，1994）的研究显示，跨国企业对外直接投资对本国的就业效应有直接与间接两个方面，每个方面都存在积极与消极的影响，主要体现在就业的数量与质量和区位选择等各个方面。利普西（Lipsey，1994）认为假如国外子公司的生产活动有赖于母公司研发等方面的指导，那么国外子公司的生产活动将对母公司就业产生促进效应。斯文松（Svensson，1996）利用1965～1990年瑞典跨国企业数据分析了企业对外直接投资对本国的就业效应，实证结果表明，在短期内促进效应高于替代效应，长期内替代效应高于促进效应。布雷纳德和瑞克（Brainard & Riker，1997）基于美国跨国企业数据的研究显示，总体上跨国公司海外生产经营活动对母公司就业岗位有替代效应，而对低收入国家的海外投资活动存在更显著的替代效应。布洛姆斯特罗姆等（Blomstrom et al.，1997）基于瑞典跨国企业数据研究表明，投资于发达国家虽然替代了白领就业但促进了蓝领就业，而投资于发展中国家则同时促进了白领与蓝领就业。安德森和埃诺（Andersen & Hainaut，1998）基于工业国家的数据实证研究表明，对外直接投资对东道方就业呈促进效应，而对本国就业效应则兼具替代和促进。利普西（Lipsey，1999）认为，美国对外直接投资对劳动密集产业的就业岗位有替代效应，却促进了技术与资本密集产业的就业岗位增长。秦（Qin，2000）基于微观企业行为理论和企业数据研究发现，全球范围内经营的企业规避汇率波动风险与双向直接投资同时增长相

---

① 美国学者海默（Hymer，1960）在其博士论文《国内企业的国际化经营：对外直接投资的研究》中提出了"垄断优势论"，指出大企业凭借其特定的垄断优势从事对外直接投资，开启了对外直接投资理论研究的先河。该理论后经过其导师金德尔伯格（Kindleberger，1969）的补充发展，现称为"海默—金德尔伯格传统"。

关。布兰科尼尔和埃克霍尔姆（Braconier & Ekholm, 2000）的研究表明，瑞典跨国公司在 OECD 国家的 OFDI 对母公司就业岗位，尤其是蓝领岗位有促进效应，而规模较小跨国公司在发展中国家的 OFDI 则对母公司就业岗位，尤其是白领岗位有促进效应。卡斯特拉尼和纳瓦雷蒂（Castellani & Navaretti, 2004）基于反事实方法的研究发现，意大利跨国公司 OFDI 促进了其母公司就业岗位的增加。海珍等（Hijzen et al., 2005）采用英国企业外包数据进行实证研究，其结论表明，英国在海外的对外直接投资替代了其国内就业岗位。科宁斯和墨菲（Konings & Murphy, 2006）基于 1 000 家欧盟海外企业数据的研究表明，投资于中东欧国家和非制造业没有替代本国就业，投资于北欧国家则替代了本国就业。克莱纳特和托巴尔（Kleinert & Toubal, 2007）对德国跨国企业的研究表明，德国跨国企业 OFDI 没有显著替代母公司就业岗位。海珍等（Hijzen et al., 2007）对日本海外企业的研究发现，日本跨国企业 OFDI 很显著地增加了母公司的就业岗位。莫尔纳等（Molnar et al., 2007）基于经济合作与发展组织（OECD）国家的研究发现，东道方差异是 OFDI 对本国就业效应产生差异的因素，东道方是中国和日本则替代了本国就业，是美国则促进了本国就业。黑德和瑞斯（Head & Rise, 2008）使用微观企业行为理论并对跨国并购中的母公司与子公司资本控制的博弈分析估算出特定国家双向直接投资存量占世界直接投资总额的比重。马索等（Masso et al., 2008）利用爱沙尼亚数据的研究表明，对外直接投资促进了境内就业。阿米蒂和尚进（Amiti & Shang-jin, 2009）通过估计 1992～2000 年海外服务外包对美国制造业生产率的研究发现，服务外包促使美国劳动生产率提高了 10%，对海外材料直接投资促使美国劳动生产率提高了 5%。纳瓦雷蒂等（Navaretti et al., 2009）基于法国与意大利数据实证分析表明，对外直接投资也促进了本国的就业岗位增长。德赛等（Desai et al., 2009）根据美国制造业跨国企业的数据分析表明，海外直接投资一方面使美国国内就业岗位提升了 3.7%，另一方面也使海外子公司的就业岗位增长了 10%，并且促进了国内投资增加。科普西等（Lipsey et al., 2010）在研究跨国资本流动对发展中国家的就业影响中，采用 1975～2005 年的印度尼西亚制造业就业数据研究显示，外资企业就业增长速度较快，且外资企业在收购当年对东道方就业影响最显著。山下和深尾（Yamashita & Fukao，2010）利用日本跨国公司数据的实证研究发现，对外直接投资对日本就业存在促进效应。德巴埃雷等（Debaere et al.，2010）基于韩国跨国公司的研究表明，投资于发展中国家其母公司就业岗位增速减少，投资于发达国家其母公司就业则无显著效应。山特莫里等（Yama Temouri et al.，2010）基于贸易再分配理论研究高科技制造业和服务业在西方以外的传播及对本国产出和就业的影响，研究高收入国家的低技能工人在多大程度上容易受到发展中国家工人的竞争冲击。哈里森和麦克米伦（Harrison & McMilan，2011）的研究认为，跨国企业 OFDI 结构决定了其对本国的就业效应，美国垂直型 OFDI 对母公司有促进效应，而水平型 OFDI 则有替代效应。海珍等（Hijzen et al.，2011）利用英国数据的实证研究表明，对外直接投资的国内就业存在组合效应。海伦·辛普瑟姆（Helen Simpson，2012）基于英国数据研究了制造业和商业服务业企业 OFDI 的结构及其在国内的影响，结果发现高生产效率跨国公司能在更多国家开展业务，大规模与低工资经济的外部投资者投资的英国制造企业的国内就业增长率较低，而在低工资经济体拥有海外分支机构的英国跨国公司同时投资于大量高工资国家。拉菲内尔和穆胡德（Laffineur & Mouhoud，2015）基于法国跨国企业的研究表明，投资于低收入国家促进了管理层就业岗位却替代了蓝领就业岗位，投资于高收入国家则替代了母公司技术工人的就业岗位。罗莎·福特和薇拉·席尔瓦（Rosa Forte & Vera Silva，2017）认为 OFDI 与出口贸易的研究应侧重企业和产品层面的分类数据和多边方法，它们是全面分析 OFDI 和出口贸易的关键。

第二节　国内文献综述

国内对外直接投资的就业效应研究文献主要分为基于理论分析的文献

和基于实证分析的文献。理论文献存在替代与促进两种泾渭分明的结论。杨建清（2004）把 OFDI 对国内就业影响归纳为五种理论：替代理论、补充理论、组合理论、结构优化理论和公司战略理论，总结认为 OFDI 对国内就业主要有替代效应和刺激效应。钞鹏（2011）认为 OFDI 主要通过出口贸易、提升技术进步、增加外商直接投资、调整产业结构、推动市场化进程、改善国际收支和提升人力资本方面影响本国就业。实证分析有国家层面、地区（和行业）层面与企业层面三个不同视角。国家层面集中于世界主要国家和"一带一路"国家研究，中国对外直接投资促进了沿线国家就业增长已被多项研究证实（马霞和李荣林，2015；张淑莹，2017；张原，2018），本书文献综述侧重于中国 OFDI 的国内就业效应。地区层面集中于省际、中东西部，此外还有长江经济带、八大经济带等区域性经济层面。企业层面的研究最直接，是研究的热点与趋势。但是，因为企业层面的 OFDI 数据较难收集，企业层面研究尚停留在 OFDI 的虚拟变量程度（是否进行 OFDI），尚未真正实现 OFDI 的量化研究程度。因此，企业层面的研究尚需要更多实证数据，从更广泛视角深入展开。除就业外，对外直接投资对国内经济增长（周春应，2007；William Wei 和汪琦，2014）、全球价值链中的地位（王奉贤，2016）、全要素生产率（邹明，2008；霍杰，2011；孙雅智，2013；杨世迪等，2017；郑强和冉光和，2018；魏叶兰，2018；刘玉伟，2018）、产业结构升级（王英和刘思峰，2008；冯春晓，2009；汤婧和于立新，2012；贾妮莎等，2014；霍忻，2016）、城市化进程（王珍珍，2018）和信息溢出效应（姚树洁，2014）等方面有促进作用。国内三个层面的文献相对国外文献较为丰富，这些文献为本书从三个层面展开立体研究奠定了基础。

一、国家层面文献综述

国家层面的文献是研究中国和其他国家的总体进行对外直接投资对国内就业产生的影响，从宏观视角认识中国对外直接投资的国内就业效应，多采用时间序列数据和国家面板数据进行回归分析。黄晓玲和刘会政（2007）实证分析中国 OFDI 对国内总体就业的影响，回归分析和格兰杰因果检验结果表明，对外直接投资促进了就业结构优化。黄娜（2008）分析中国对外直接投资对总体就业效应的影响认为，对外直接投资总体表现为负效应，但是对第三产业就业人员有正向促进效应，并同时提升国内劳动生产率和劳动者素质。张海波（2014）利用 1995～2011 年世界 71 个国家的面板数据实证分析显示，发达国家跨国资本直接投资能有效提升本国贸易出口产品的技术含量，而发展中国家则抑制了贸易出口产品的技术含量。田素华和王璇（2017）等的研究认为，中国以前依赖大规模吸引外商直接投资，现在则呈现双向直接投资规模同时上升，经济体的市场规模及其发展潜力有利于 IFDI 增加，而 IFDI 有利于促进 OFDI 增加，无论 IFDI 还是 OFDI，两者均显著促进国内经济与就业增长。彭绍辉和王建（2016）构建国际分工模型分析 OFDI 的国内就业效应，并采用制造业数据实证分析表明，技术寻求 OFDI 扩大了就业规模效应，但抑制了迁移效应。程中海和张伟俊（2017）基于要素禀赋差异构建对外直接投资 - 出口理论模型，并结合中国数据的研究表明，中国 OFDI 对出口贸易总体上呈显著促进效应，要素禀赋差异作用使资本与人力资本要素提高和 OFDI 增长呈相吻合的趋势。石亦嵘（2018）基于 2000～2016 年新加坡对我国直接投资数据的研究显示，新加坡对我国的直接投资增加了就业数量并优化了就业结构。史恩义和张瀚文（2018）基于世界主要经济体面板数据的实证显示，OFDI 与出口贸易相互促进，但金融发展分异作用使资源、市场与效率寻求 OFDI 会替代出口贸易，而技术寻求 OFDI 则会促进出口贸易。张原（2018a）的研究表明，2008 年金融危机至今，中国对外直接投资既促进了本国就业增长，也带动了东道方就业增长，用事实与数据论证了就业"双赢"模式。由于在不同产业存在分异，因此，我国应在推动 OFDI 的同时密切关注部分产业的负面影响，及时调整 OFDI 和产业结构以应对潜在冲击。张原（2018b、2018c）基于面板数据的实证研究表明，中国的 OFDI 在增加"一带一路"沿线国家就业数量的同时并未减少国内就业岗位，IFDI 对中国的就业有显著提升作用。因此，中国应加强与沿线国家的双向投资协作与就业市场的沟通合作，中国的 OFDI 与 IFDI 要与国内产业政策相匹配。毛海欧和刘云海（2018）通过测算中国对世界各国的出口劳动结构，并用对外直接投资面板数据研究对外直接投资的国内产业升级效应，实证结论表明，中国顺逆分工梯度的对外直接投资对中国就业与产业的影响有显著差异。陈瑛等（2019）基于中国在东盟三国跨国公司匹配数据的实证研究认为，对东道方劳动力的在职培训与职业流动可以为所在国的中资企业提供稳定就业供给。黄德春等（2019）选用 2004～2016 年面板数据并基于引力模型研究我国 OFDI 的出口效应，发现总体上 OFDI 会促进出口增长，而投资环境变量具有正向调节效应。阎雪凌和林建浩（2019）基于 OFDI 区位选择理论和面板数据的研究认为，政治互信是经济体 OFDI 的增长基础。王杰等（2019）基于生存分析模型并结合中国工业企业数据研究认为，OFDI 有助于提升发展中国家全球价值链地位并降低退出风险。聂飞和刘海云（2019）分析了 OFDI 与 IFDI 之间的互动关系认为，中国 OFDI 对 IFDI 有显著促进效应并能提升产业结构。贾尼莎和雷宏振（2019）对开放经济国家产业结构升级数理模型和"一带一路"相关数据的研究表明，中国 OFDI 总体上促进了东道方产业结构升级，政治互信则强化了促进效应，传导机制在于 OFDI 通过要素、效率和技术三个方面作用于东道方产业结构。安同信等（2019）认为应该借助日本 OFDI 的成功经验，从政府服务和企业两个层面提出了推进中国产业结构优化升级的措施，增加对"一带一路"沿线国家的 OFDI，并加大对欧美国家的 OFDI，形成全球 OFDI 网络化协调发展。穆克斯塔特·克里斯蒂娜（Muk-shtadt Kristina，2019）采用 1996～2017 年数据分析中国 OFDI 对俄罗斯的就业效应，结论表明中国 OFDI 会显著影响俄罗斯就业水平。林晶（2020）采用"一带一路"沿线国家 2009～2017 年面板数据实证研究中国 OFDI 的就业效应表明，中国 OFDI 显著促进了沿线国家的就业水平，并促进了沿线国家工业和服务业就业平等提升，但沿线国家就业效应也存在区域差异。傅晓岚等（Xiaolan Fu et al.，2020）认为，中国 OFDI 具有所有权弱但国家支持强和传导渠道不同的特点，与西方其他国家 OFDI 有显著差异。采用 2004～2012 年 52 个国家的 OFDI 面板数据实证表明，所有权优势和东道方差异是 OFDI 产生影响的关键因素。中美两国 OFDI 比较研究显示，中国 OFDI 对东道方就业和生产率增长显著大于美国 OFDI，美国 OFDI 的影响主要集中于中等收入国家，而中国 OFDI 对低收入国家影响更大。国家层面文献研究显示，中国对世界上其他国家的直接投资，既促进了东道方就业增长，也促进了中国国内就业增长，实现了"双赢"。

二、地区层面文献综述

区域层面文献基于中国国内区域经济不平衡不充分的中观区域视角，认识区域对外直接投资对区域内就业产生的影响，多采用省际面板数据和中东西部数据，并使用固定效应模型和空间面板模型进行回归分析。罗丽英和黄娜（2008）利用产业数据实证表明，OFDI 对第二、第三产业就业有促进效应，对第一产业就业有替代效应。刘辉群和王洋（2011）利用行业数据的实证结果表明，中国 OFDI 对国有企业和股份制企业的就业存在弱替代效应，但对其他外商和中国港澳台地区投资企业的就业有强促进效应，同时对商务服务业、制造业和采矿业的正向促进效应依次递减。于超和葛平（2011）利用省际面板数据和柯布－道格拉斯生产函数（C－D）的实证研究表明，中国 OFDI 显著促进了 GDP 和国内就业增长，但分地区则呈现区域差异效应。姜亚鹏（2011）、姜亚鹏和王飞（2012）利用省级数据实证表明，我国 OFDI 总体上促进了就业增长，但存在一线城市和沿边地区微弱负相关而其余地区均呈现强正相关的区域效应差异。周大鹏（2012）认为，中国 OFDI 总体上促进了出口贸易并提升了国内产业结构，资源寻求 OFDI 要高于技术和市场寻求 OFDI，OFDI 是企业走向国际的主要路径。张建刚等（2013）的研究发现，西部 OFDI 对就业的影响主要体现为替代效应，东部对外直接投资对就业主要体现为促进效应。余官胜和王玮怡（2013）、余官胜和杨文（2014）利用省级面板数据实证研究表明，OFDI 规模达到一定阶段时对就业呈现最佳状态，当 OFDI 值小于某个值时并不利于就业，而当 OFDI 大于某个值时也会减少就业。张海波和彭新敏（2013）利用省际面板数据进行动态回归表明，OFDI 对国内就业呈现收入和教育水平的效应差异，高收入和高等教育水平地区表现为促进效应，中等收入和中低教育水平地区的 OFDI 对就业呈替代效应，低等收入地区 OFDI 对就业的效应不显著。林（Lin，2016）通过采用 2003 ~ 2014 年省级面板数据的研究表明，我国对外直接投资与出口贸易之间弹性点估计其差距不超过 0.073，但存在区域差异，对发达国家或地区的 OFDI 与出口有替代效应，而对发展中国家的 OFDI 与出口存在促进效应。姜巍（2017）利用省际面板数据和 SYS - GMM 方法的实证研究表明，OFDI 的国内就业效应存在显著的时间滞后性和空间差异性，OFDI 的就业促进效应随市场化程度提高而增强。蒋勇（2017）利用 2000 ~ 2014 年省级面板数据实证研究表明，整体上 FDI 对国内就业呈抑制效应，但环境规制与FDI 交互项对就业呈促进作用。宋林等（2017）采用中国省际面板 2004 ~ 2014 年数据考察对外直接投资对中国就业的影响结果表明，对外直接投资通过出口贸易、反向技术溢出和投资等方式影响国内就业，对区域就业影响呈现东、中、西部依次减弱的显著差异，且在存量、科技水平、开放程度、投资水平和劳动力市场刚性等方面有门槛效应。刘云海和廖庆梅（2017）基于中国制造业对外直接投资存量和国内制造业就业数据实证表明，垂直型对外直接投资显著促进了制造业就业，而在全球价值链位势下对外直接投资抑制了国内就业。廖庆梅（2017）基于区域、制造业、投资结构和服务业等对外直接投资视角实证分析了中国对外直接投资对国内就业的影响，实证研究发现：中西部 OFDI 显著促进了区域内就业，而东部 OFDI 不明显；制造业垂直型 OFDI 存量显著促进了制造业就业；"顺梯度"和"逆梯度"对外直接投资存量拉动了国内就业；服务业 OFDI 显著促进了服务业就业水平。刘海云和石小霞（2018）认为，基于 OFDI 的直接影响、反向技术溢出和结构等方面，通过影响本国要素需求改变了劳动者之间的收入差距，并采用 2003 ~ 2014 年行业面板数据实证表明，区域间 OFDI 有利于收入差距收敛。杨丽丽和盛斌（2019）的研究结论显示，OFDI 存在门槛值，当高于该值时，技术进步效率会逐步降低，进而对国家的竞争力和产业规模等方面呈现负效应。同时，OFDI 的增加会促进产业空心化效应，部分东部地区省份正面临 OFDI 增长引发空心化的潜在风险。韩先锋等（2019）基于 2006～2015 年省级面板数据研究发现，OFDI 并未引发"就业流失"现象，其国内就业效应有显著正向且边际递增规律和空间异质性效应。马光明（2020）利用 2006～2016 年省际面板数据，研究劳动密集型和外向型制造业的区位选择的结论表明，工资、年龄结构和人口密度等是重要的影响因素，"一带一路"沿线国家中东南亚和南亚地区较适合对外直接投资，政府应通过税收和信贷优惠鼓励中国企业进行对外直接投资。区域层面文献研究显示，中国省际区域对外直接投资对区域内就业产生了积极促进作用，省际空间效应还表明区域间存在溢出效应。

三、企业层面文献综述

企业层面文献是从企业微观视角认识中国企业对外直接投资是否促进了子公司和母公司员工数量的增加，由于企业数据比较多样，因此得出的结论也存在很大差异，回归方法多采用固定效应模型和动态面板模型。刘洋和青白（2016）利用跨国企业数据的实证研究表明，跨国企业的就业率比国内企业高 25%。李磊等（2016）的研究显示，跨国企业对国内就业主要以互补形式促进国内就业，中国 OFDI 的国内就业效应与投资规模、地区收入和受教育水平、投资垂直和水平形态、投资动机、中间和最终产品贸易形态及产业类别有关。蒋冠宏（2016）基于企业层面，利用 1 016 家上市企业数据检验 OFDI 是创造还是转移本国就业的研究表明，OFDI 总体对国内就业数量表现为促进效应且呈倒"U"型趋势，具体表现为商贸型和水平生产型 OFDI 对发达国家 OFDI 有显著促进效应，对欠发达国家的 OFDI 未呈现明显的替代效应。刘鹏（2017）利用制造业上市企业匹配数据的实证研究结论表明，整体层面对外直接投资的就业、投资和产出呈负效应，而异质性企业呈现分异效应：市场寻求型企业对外直接投资的就业与产出呈正效应；生产资源寻求型企业对外直接投资的国内产业呈负效应；战略资源寻求型企业对外直接投资的短期就业、投资和产出呈负效应而长期则是投资与产出呈正效应。李宏宾等（2017）结合中国微观企业匹配数据并使用倾向性匹配得分法（PSM）和双重差分法（DID）的研究表明，OFDI 对就业出现两极化现象，即对高技术和低技术企业就业效应显著，而对中等技术企业的促进作用相对较弱。刘海月等（2018）利用 2005～2015 年 761 个制造业上市公司 OFDI 数据，基于东道方和行业层面证实了中国制造业上市公司的对外直接投资存在羊群行为。简虹戎等（2018）基于企业层面，利用中国制造业 614 家上市公司数据实证研究 OFDI 对母公司员工结构影响表明，OFDI 改善了整体就业数量和战略资产寻求型企业的就业结构。具体表现为，对生产与非生产就业均有提升作用和滞后性，且生产就业促进快于销售、技术和管理等非生产就业。刘晓宁（2019）利用工业企业数据与境外直接投资企业名录匹配的数据实证分析表明，企业的跨国并购可能随资本密集度、企业生产水平和东道方经济、关税和制度的提升而增加。贾妮莎等（2019）在区分就业相对量和就业绝对量的基础上，通过异质性动机的 OFDI 就业效应机制分析，并利用制造业企业数据的实证检验结果表明，OFDI 总体上促进了本国就业数量，商贸服务类和技术寻求类的对外直接投资促进了就业绝对数量，发达国家和发展中国家的投资均促进了就业相对量。企业层面文献研究显示，中国工业企业、上市企业和制造业企业等数据实证研究显示，有对外直接投资的企业，其母公司员工数量显著高于没有对外直接投资的企业，且企业性质、投资目的和投资国等因素是影响员工数量增长的重要因素（见表 2 - 1）。

表 2 - 1　　　　　　　　　国内外不同层面文献分布

分类	国外	国内
国家层面	集中于 OECD 国家	集中于"一带一路"和主要国家
区域层面	极少	集中于省际和三大地带
企业层面	集中于欧美企业	集中于工业、上市和制造业企业

第三节　国内外文献述评

一、国外文献述评

通过整理国外文献，笔者发现两个问题：一是欧洲和日本对外直接投资既增加了高质量就业也没有减少中、低质量就业岗位。二是美国对外直接投资促进了高质量就业而减少了中、低质量就业。如何看待这两个问题是正确认识本质的关键。多数美国对外直接投资文献研究认为，对外直接投资导致产业空心化并引发中低端就业岗位流失。美国对外直接投资真的引发了其国内"就业流失"？在文献阅读范围内，对外直接投资替代就业的理论源头是美国经济学家芒德尔（Mundell，1957）的对外投资与对外贸易替代模型，该模型以美国"马歇尔计划"后对外直接投资活动为主要研究对象，后续学者进一步推论得出对外投资替代了就业[①]。但是，日本经济学家小岛清（Kojima，1978）根据日本经验对此进行反驳，并提出跨国投资与国际贸易的促进模型。理论界关于对外直接投资对本国就业究竟是"促进效应"还是"替代效应"的争论从未停止。实证结果也反映了理论上的分歧，美国文献大多是替代中低端就业的结论，而欧洲、日本和发展中国家大多是促进或没有替代本国就业。这种争论随着美国在世界上

———————

① 相关文献见本书第二章第一节微观层面文献综述部分。

的影响增加，似乎更有利于"替代效应"，但事实真如此吗？

文一（2006）表示，事实上，蒙代尔（Mundell，1957）之前的对外投资史，无不论证了对外直接投资活动对本国的促进作用，如西班牙王室资助的海外扩张与投资、英国的"政商联合"的海外投资历史等。蒙代尔之前的理论，也论证了对外投资对国内就业的促进作用，如《国富论》认为，流向海外的金银必然会带回等价值的材料、食料、工具，并最终会雇用国内更多的勤劳人民，演化经济学理论认为英国崛起得益于"进口原材料而出口产成品"的投资殖民地政策。无论经济史还是理论都证明了对外直接投资促进了本国就业。在美国发生的"就业流失"究竟是对外直接投资造成的还是其他原因造成的，值得深入探讨。美国资本在对外直接投资过程中，私有资本难以贯彻宏观经济政策，且整体劳动力素质提升速度严重滞后于其全球价值链地位提升速度，造成就业岗位不断流失。因此，美国对外直接投资与"就业流失"现象，看似相关实无因果。接下来，从对外投资史和投资目的等四个方面详细分析美国对外直接投资与"就业流失"的关系，以原事实、辨真伪、正视听。

第一，美国对外直接投资是长期对外投资史的近代史，长期对外投资史表明对外投资有助于促进国内就业。虽然，当前大量研究以美国对外直接投资作为主要研究对象，但从更长远的历史视角而言，西方对外直接投资史历经数百年，以历史时期与投资主体为标准可以划分为三种模式：（1）西班牙模式，典型的国家或王室为投资主体的对外投资与扩张模式；（2）英国模式，典型的"政商结合"对外投资与扩张模式；（3）美国模式，典型的私营资本为投资主体的对外直接投资模式。首先，西班牙模式代表了大航海时代，西方国家由国家或王室资助的海外投资活动时期，例如，西班牙和葡萄牙等国都是通过王室资助进行对外投资活动，从而发现美洲大陆殖民地，他们判断一个地区是否值得殖民的标志在于是否有金银矿产①。西班牙通过开拓全球殖民地，成为第一代所谓的"日不落帝国"。

---

① 亚当·斯密. 国富论：下册［M］. 郭大力，王亚南译，南京：译林出版社，2011：1.

其次，英国模式通过政商结合模式开拓出国际商路，为其国内输入了源源不断的外部有效需求，从而促进了国内就业。英国对外投资通过重商主义王室资本与私有资本联合进行对外投资活动，开拓了世界市场并引爆了工业革命[①]，海外投资活动对英国的发展作出了重要贡献，使英国打败西班牙成为第二代"日不落帝国"。亚当·斯密由此总结：流往外国的金银，绝非无所谓地流往外国，那必然会带回等价值的某种物品……由此带回来的货物，也许有大部分，至少有一部分，是材料、工具、食料，以雇佣勤劳人民维持勤劳人民[②]。最后，美国模式是美国继承英国世界商路遗产，以私有财团资本为主导的对外直接投资模式。美国是典型的移民国家，无论政治、经济与主体民族国家有多大的区别，都存在强烈的去中心化倾向。世界上大多数国家投资主体属于西班牙模式和英国模式中的类型，两种模式的核心在于：国家主导企业对外投资促进国内经济增长并增加就业。这两种模式在对外投资历史中占据更长时期，而美国模式只是对外直接投资的近代史，是历史的偏态。

第二，美国对外直接投资虽然替代了中低端劳动力，但促进了高端岗位劳动力。根据其他西方国家与美国的发展经验，对外直接投资的就业效应因此产生了严重分歧。文献综述表明，西方大多数国家的对外直接投资的就业效应几乎呈现出较为一致的促进效应，对就业数量和质量均有显著提升。关于美国对外直接投资的文献综述也证实，美国对外直接投资对其国内就业并非完全替代效应，是在促进了美国国内高端就业增长的同时替代了中低端就业增长。

第三，美国对外直接投资仅是就业岗位外流的表象，而劳动力供求矛盾是就业流失的根源。随着经济体在全球价值链中的地位不断提升，经济体需要劳动者素质整体提升，才能稳定其在价值链中的地位。美国的全球价值链顶端地位需要很多高端和中高端就业岗位，高端就业岗位需求与低

---

① 文一. 伟大的中国工业革命——"发展政治经济学"一般原理批判纲要 [M]. 北京：清华大学出版社，2016：Ⅱ.

② 亚当·斯密. 国富论：下册 [M]. 郭大力，王亚南译，南京：译林出版社，2011：79.

端素质劳动力供给的矛盾是美国就业岗位外流的根源。众多低素质人口难以满足其岗位需求。众多低素质人口产生的原因是美国的教育体系问题：美国国内精英教育是成本高昂的私立教育，阻止了多数人接受高端教育的机会，普通大众接受的教育是更普遍的公立教育，公立教育使美国劳动力素质低下已是不争的事实。美国国内的教育体制使其无法提供高素质劳动力以满足在生产过程中所需要的劳动者。美国私立精英教育使其满足了高端人才需求，但高昂教育成本的精英教育培养出来的人才数量远远不能满足高端价值链地位经济体所需。大量中高端劳动者缺失，促使美国跨国企业为了追求利润而不得不吸引外国人才，或者将产业转移到国外。美国技术优势的立国之本与精英教育的教育制度相互对立，美国通过与他国保持技术代差而维持其全球价值链的高端地位，也因此获得全球市场的超额利润，此为其国本。美国进行全球 OFDI 旨在增加高端产业的企业和就业岗位，同时减少中低端产业就业，以获得更多的超额利润。但技术优势的维持需要大量高素质人力资本，高素质人才需要相适应的教育制度支撑。美国教育制度是私有化的精英教育，昂贵的教育投入使大多数人无法接受良好的教育，众多非白人族裔的人力资本水平难以胜任美国价值链顶层的人才需求。为维系其国本，美国向全球实施"掐草尖"的人才移民战略。这导致美国对移民的复杂心理，既希望吸引高技能人才又排斥低技能劳动力。当经济上行时，美国依靠其全球价值链高端地位尚能吸引全球人才趋之若鹜，一旦经济受阻就很难吸引更多人才，此即中国海归近年来突然增加的背景。美国作为世界上 GDP 产值最高的国家，其国内却有较高的失业率。因此，美国 OFDI 对国内就业出现替代效应的原因并不是 OFDI 的增加减少国内就业，而是国内低技能水平的普通民众不能适应美国"技术优势"的岗位要求，迫使美国在全球寻求人才资源作为替代。

第四，私营企业对外直接投资以利润为唯一目的，国内劳动者就业不是企业经营目的。企业是经济体中的微观主体，就业问题是宏观经济政策问题，是区域与国家层面追求的社会稳定与经济体健康运行的宏观目标。企业微观主体与国家宏观主体的巨大差异使其在生产经营过程中，不会贯彻国家发展战略，更不会为人民谋求福祉。稳定劳动者就业是宏观经济问题，关系社会稳定与经济体健康发展，而这却不是企业的发展目标。美国对外直接投资以私营企业为主导，在全球寻求最廉价劳动力是企业资本的特征，在任何国家的企业都如此。企业层面的微观目标，不可能贯彻并解决国内就业矛盾。因此，私营资本必须纳入国家战略规划下，进行对外直接投资，才能促进国家稳就业战略的推进。特朗普的"制造业振兴计划"的难以执行便是最好的证明。

虽然，美国对外直接投资与其国内就业流失有相关性，但并不表明中国也会发生类似现象。美国模式是世界上大多数国家所不具备的，其国内的教育体制使其无法提供高素质劳动力以满足在生产过程中所需要的劳动者。随着经济体在全球价值链中的地位不断提升，经济体需要劳动者素质整体提升，才能稳定在价值链中的地位。

中国对外直接投资不会引发国内就业流失，反而会因开拓更广阔世界市场而增加就业岗位。首先，中国对外直接投资在国家"走出去"战略指导下，国有与民营资本各司其职，共同拓展更大市场。中国对外直接投资为什么能促进国内就业？关键在于国有资本与非国有资本有机结合。国有资本坚持了政府立场，基于国家层面贯彻执行国家的宏观经济战略，确保对外直接投资为促进国内经济增长与就业的宏观目标。国有资本既为构建世界市场提供了支撑和保证，也为国内引入了外部有效需求。非国有资本则在世界市场中通过经营活动为国内获得资源、技术和资本等要素，直接促进了国内就业岗位增长。其次，中国教育制度保证了高中低端素质劳动力源源不断的供给。随着中国在全球价值链中的地位攀升，需要更多高素质劳动力与其地位相匹配。面向全体公民培养并选拔人才才能创造巨量人力资本剩余，通过对外直接投资将人力资本剩余转换成竞争优势。中国在没有技术优势的前提下，通过对外直接投资战略将丰裕劳动力和人力资本转换成竞争优势实现崛起。中国对外直接投资将提升其在全球价值链中的地位并稳步提升就业质量，与之相适应的人才培养制度能帮助中国实现并维系技术优势地位。在以"一带一路"倡议为主的"走出去"战略中，中国应坚定深化开放，积极对外直接投资，通过国际市场将人力资本转变成为竞争优势。英国崛起转换的是丰裕产能，美国崛起转换的是技术资源，而中国崛起需要转换丰裕劳动力和人力资本。对中国而言，拓展境外市场是转换过剩劳动力和人力资本，推动境内就业增长的最佳途径。中国对外直接投资并不会导致中国境内"就业流失"，反而会促进境内就业增长。中国教育体制使中国劳动者整体素质逐步提升，随着中国经济开放程度和在全球价值链中的地位不断攀升，劳动力素质能胜任相应工作。中国劳动者不会因对外直接投资而失去工作，反而会因为更大的世界市场而获得更多发展机会。

二、国内文献述评

根据国内文献综述可知，中国对外直接投资对境内就业的影响成为近年来的研究热点，这与中国对外直接投资规模不断增长息息相关。中国40多年的对外直接投资发展历程是西方国家几百年发展的缩影，认真总结中国经验有利于得出对外直接投资就业效应的正确结论。中国对外直接投资的发展并非有别于西方国家，而是与英国早期发展道路类似。具有强大的重商主义政府资本引领，而民营资本沿着国有资本开辟出来的道路不断延伸。但是，这些经历对于西方人太久远，已成为模糊的历史记忆，忘记了走过的路。这也是《国富论》的价值所在，它揭示了一个国家经济发展的要领，而不是类似美国极为特殊且不可复制的发展道路。中国对外直接投资从探索时期到波动时期，经历了加入世界贸易组织（以下简称"入世"）后的飞跃时期，再到现阶段的稳步发展阶段，对外直接投资的规模不断增长。我们有幸再次经历了对外直接投资如何通过政府引领从无到有，见证了对外直接投资对国内经济与就业的由浅入深的影响。中国对外直接投资在短短几十年的时间内，走完了英美等西方国家上百年甚至几百年的历程。用更长远的历史视角来看待中国对外直接投资发展，中国发展经验再一次重现了西方国家早期对外直接投资的正确过程，是政府资本引领与民营资本延伸相结合的过程。因此，中国对外直接投资为学术研究提供了完整翔实的数据资料，使学术界得以不再片面地依据美国经验认识对外直接投资的就业效应。

中国对外直接投资现实与当前跨国直接投资理论存在以下差异。

（1）投资主体差异引致就业效应差异。发达国家跨国公司的经营活动从本国转移到东道方后对本国就业存在替代与促进两方面效应，而发展中国家主要存在促进效应。

（2）投资客体差异引致就业效应差异。发达国家之间的投资存在促进效应，发达国家投资发展中国家有替代效应。反之，发展中国家投资发展中国家效应不显著，但投资发达国家则呈现促进效应。发达国家对外直接投资引致其国内产业空心化与失业，并促使产业结构与就业结构发生变化，具体表现为跨国公司的对外直接投资减少了其国内的低技能就业岗位却增加了管理和服务型等高级技能就业需求，由于低技能就业弹性较大而引致严重低技能劳动力的失业问题。

（3）双向直接投资对解决中国就业非常重要。中国的二元经济结构正经历城市资本与农村劳动力相对剩余的突出问题，倘若没有双向直接投资获取全球市场资源来推动就业转移，中国就业将面临前所未有的困境。而发达国家的要素资源比中国要素资源更丰富，实行国内经济循环也能勉强维持。因此，关键不在于中国是否应该进行双向直接投资，而是应该研究如何驾驭双向直接投资，使其能更好地为国内就业质量提高和就业数量增长提供动力。

中国对外直接投资与国外对外直接投资既有相似之处，也有鲜明的自身特点。中国对外直接投资的现实状况并不符合国际资本流动模型和对外直接投资理论的理论条件。麦克杜格尔—肯普（MacDuall - Kemp）宏观国际资本流动模型假设一国国内资本完全过剩时会进行对外直接投资，该模型并不能对现实经济有很好的解释。因为，经济体往往出现 OFDI 与 IFDI 双向直接投资并存，由此可知一国的资本过剩与不足往往并存，这是由区域与行业阻隔及投资固有周期使资本不能完全自由流动造成的。利率与汇率理论建立在美国成熟资本市场和美元作为世界货币的基础上，汇率与利率或许能成为调节资本流入与流出的杠杆，其他国家则难以使用汇率与利率调节资本进出。对外直接投资理论直接源于 H－O 理论，该理论吸收了新古典的研究方法，满足了精确性却牺牲了适用性。H－O 理论的假设条件之一是国内劳动力充分就业，国内经济要素过剩的情况不在该理论分析范围内。然而，现实情况却往往是对外直接投资和国内劳动力过剩并存。无论微观还是宏观的对外直接投资理论，都是建立在这种假设前提下。以海默（Hymer，1960）创始的垄断优势理论为代表的微观对外直接投资理论及后续经济学家的相关研究，主要基于经历完整工业发展周期的欧美发达国家对外直接投资经济活动，对世界上大多数发展中国家借鉴意义甚微。

中国对外直接投资的发展现状更符合英国通过重商主义政府引领、私人资本不断延伸的发展事实，更符合"有为政府、有效市场"的发展理论。中国对外直接投资对就业的影响，需要回到理论的最终源头找答案。亚当·斯密的国际分工贸易与就业思想仍然是指导现有对外直接投资的就业效应的理论源头。VFS 理论忠实于亚当·斯密思想，是迈因特（Myint，1958）根据亚当·斯密的国际分工与贸易思想进行系统总结与阐述形成的较为完善的过剩要素理论。该理论认为经济要素的过剩与不足源于国内有效需求不足，而国际有效需求是化解国内过剩产能与要素的最佳方式。对外直接投资理论涉及资本过剩与不足，就业理论则涉及劳动力过剩与不足，两者相互作用可以解决彼此的过剩与不足问题。VFS 理论的假设条件是在国内出现过剩与不足时会通过引入国际市场需要弥补不足化解过剩，这是对现实经济的高度还原，该理论的内涵与推导将在第三章的理论分析框架中详细阐述。

三、文献总述评

（一）对外直接投资是实现将国内过剩要素转换成有效需求的桥梁与纽带

要素禀赋是国家的外生条件而竞争优势则是内生因素，善于将过剩要素禀赋转换成竞争优势的国家能实现经济崛起。英国通过将丰裕产能转化成制造优势实现经济崛起，美国通过将丰裕技术转化成技术优势实现经济崛起，而中国必定将通过将丰裕人力资本转换成竞争优势而实现崛起。在产能、技术和劳动力三个要素中，人是社会发展的起点和目的，更是发展的核心动力。只有人才能发展生产力，也只有人才需要发展生产力。新中国经济崛起得益于短期内产生的大量劳动力与数千年文化积淀形成的高素质人力资本，进而迸发出来的巨大生产力。长期以来，中国囿于狭小市场，丰裕劳动力与人力资本只能蛰伏在有限的土地上。但中国一直致力于"引进来"和"走出去"战略，拓展了国际市场，成功将中国丰裕劳动力与人力资本转换成为竞争优势。"引进来"的吸引外商直接投资战略对就业的正向效应已被有关文献证实，本书主要关注"走出去"的 OFDI 战略对就业的效应。通过中国工业企业数据的实证分析可知，无论是静态分析还是动态分析，OFDI 对就业都存在显著正向效应。

（二）对外直接投资是获取外部市场的代价

对外直接投资具有市场寻求、技术寻求、资源寻求的功能，是经济中"济"的功能，即疏通调剂功能。对外直接投资能为国内过剩产能与资源拓展通路，同时中国也可以从国际市场获取稀缺资源，为国家进出口贸易顺利进行开拓商路。对外直接投资类似企业开拓市场的费用，为获取市场、资源和技术，企业需要投入广告和促销费用。这些开拓费用都是为了增加企业产品销售量、扩大企业产能，也促进了企业的就业量。对外直接投资通过对过剩产能与稀缺资源进行调剂，寻找国际市场出口，为国内市场引进稀缺资源。因此，无论出口还是进口，只要是调剂丰裕劳动力或补充稀缺资源，最终都有助于促进经济体的经济发展和就业增长。

（三）对外直接投资是经济体资本累积到一定程度的产物

事物发展过程中内因决定外因，中国经济发展过程也符合这个规律。不是改革开放造就了中国经济发展，而是中国在经济上的长期准备及在风云变幻的国际环境中抓住了时机，造就了改革开放并最终推动中国经济迅猛发展。综上所述，中国文化上的准备、劳动力与人才上的准备和对国际环境时机的准确判断造就了中国改革开放战略的实施与进行，从而推动了经济的迅猛发展。世界上有许多国家一直并长期处于开放状态，但并没有实现经济腾飞，反而坠入各种发展"陷阱"，如拉美国家、非洲国家等国家与地区。可见，在新中国长期的历史进程中，开放并不是发展的充分条件而是必要条件。在新中国历史中，中国长期为经济发展储备了大量劳动力与人才，但是由于外在条件不允许，使得中国经济发展十分缓慢。同时，因为劳动力长期得不到资本、技术与资源而处于休眠状态以至发生数次危机。当国际环境变化后，中国有获得国际市场以获得劳动力就业的机会时，再也没有力量可以阻碍中国经济的发展道路。如果人们忽略中国为获得改革开放而进行的长期劳动力准备及为此付出的巨大代价，仅用改革开放这个必要条件来解释中国经济腾飞，容易将因果互换而得出片面的结论。

（四）对外直接投资对中国国内就业增长有重要作用

国际市场对中国经济发展的重要性不言而喻，外部有效需求将过剩劳动力与人力资本转换成竞争优势是经济发展更为普遍的原理。为什么中国劳动力长期相对丰裕？主要有以下三个原因。

（1）新中国对大量人口的渴望。新中国初期百废待兴，需要大量人口补充因战争而死亡的人口，大量人口也是国防安全和民族延续的保证。

（2）文化基因作用。中国文化中重视人的生存与繁衍文化基因，即使在严重困难时期仍有大量人口产生。

（3）缺乏资本与技术。劳动力需要结合资本技术才能产生高效生产力，但是中国长期遭遇技术与原材料封锁，大量劳动力资源未能获得相应的资本、技术与资源而被迫休眠在有限土地上。

中国虽然长期遭遇国际封锁，但对外开放的大门并未完全关闭，而是随着国际环境时机而变化。加入 WTO 后，中国可以充分利用机会，抓住时机。2008 年金融危机后，中国已然成为国际经济新秩序的构建者，对外直接投资变得越来越重要。

接下来的分析中，本书通过回答以下问题来阐述中国对外直接投资的就业效应：问题一，对外直接投资真的促进了境内就业增长吗？这个问题将在第三章理论分析中得到答案。问题二，为什么中国对外直接投资不仅没有减少境内就业，反而促进了就业人员增长？这将在第四章的总体实证分析中得到答案。问题三，中国为什么既存在大规模对外直接投资，又存在大规模待就业劳动力？这是区域经济不平衡造成的，东部沿海地区的资本和中西部劳动力并存的问题将在第五章中详细阐述。问题四，中国企业对外直接投资怎样促进了总员工数量和母公司员工数量增长？这将在第六章的企业对外直接投资实证分析中得到答案。回答这些问题将是本书的主要工作，也将帮助读者更清晰全面地认识中国对外直接投资的国内就业效应。

第三章

稳就业的对外直接投资理论机制

当前对外直接投资研究起始于海默（Hymer，1960）的博士论文（朱巧玲和董莉军，2011），从美国推行"马歇尔计划"后至今，以美国为代表的西方跨国企业对外直接投资非常活跃。但更早期的对外直接投资活动，可往前追溯到以英国为代表的西欧国家数百年的海外投资历史。美国的私营资本主导对外直接投资的历史阶段，并非全部历史且比较短暂。仅从纯粹学术而言，中国对外直接投资资本更符合国有资本与私营资本共同主导的特征，当前大部分相关研究，要么基于跨国直接投资理论，要么基于国际资本流动模型。前者以私营资本对外直接投资为研究对象，而后者假设国内充分就业，诸如此类，与中国资本和劳动力双重过剩的经济现实不符。因此，理论上探究中国对外直接投资活动，需要从更长远的思想源头才能看得清楚。《国富论》第四篇重商主义原理中阐述了对外直接投资和国际贸易思想，清晰地论证了一国金银流出促进国际贸易对国内经济与就业的重要性。迈因特基于亚当·斯密国际贸易思想，构建 VFS 理论，旨在多重过剩要素假设条件下，研究如何通过国际贸易引入外部有效需求，促进劳动力就业。因此，VFS 理论比跨国直接投资理论和国际资本流动模型更适合分析中国对外直接投资的就业效应。但是，VFS 理论在国际市场培育和有效需求促进就业两个环节没有详细阐述。因此，本书在 VFS 理论基础上吸收凯恩斯就业理论"有效需求促进就业"和新阶段理论"市场

是代价高昂的公共品"两个思想，完善 VFS 理论，并据此构建本书理论
分析框架。结构安排顺序如下：首先，简要分析跨国直接投资理论和就业
理论的演变；其次，阐述 VFS 理论思想、内容，构建理论框架；再次，进
行理论模型分析；最后，进行数学模型推导。

第一节　理 论 基 础

本书以 VFS 理论作为本书理论框架的基础理论，原因有以下三个方
面：第一，VFS 理论忠实于亚当·斯密的分工与国际贸易思想，是理解国
际资本流动的思想源头；第二，VFS 理论是海拉·迈因特在研究东南亚经
济体多种要素丰裕条件下，构建的发展经济理论，符合中国资本与劳动力
双重过剩的经济现状；第三，不少学者使用 VFS 理论解释中国改革开放
后，国际资本流动和国际贸易解决中国过剩劳动力就业的产生的有效促进
效应。英格丽·里马（Ingrid H. Rima，2004）认为，与传统李嘉图－赫克
歇尔－俄林贸易理论（Ricardo－Heckscher－Ohlin）的比较优势原理相比，
中国改革开放后引入外部有效需求促进经济发展和就业的发展方式更符合
亚当·斯密的 VFS 原则。傅晓岚等（Xiaolan Fu et al.，2005）和毛日昇
（2009）用 VFS 理论解释了国际资本流动与出口促进东道方就业增长，并
用实证检验了该理论。更多研究，在后续内容中将详细阐述。但该理论在
国际市场培育和有效需求促进就业两个环节未能阐述清晰，因此，本书吸
收新阶段理论和凯恩斯就业理论完善该理论，使之适合分析对外直接投资
对本国就业的影响。接下来，本节将介绍三个理论来源：一是 VFS 理论；
二是凯恩斯就业理论；三是新阶段理论。

一、VFS 理论

VFS 理论是缅甸裔英籍经济学家迈因特（Myint，1958）根据亚当·
斯密的国际贸易思想，在多种过剩要素条件下，通过国际贸易解决国内过

剩劳动力的发展经济理论。他在研究东南亚经济时发现，一国之中多种经济要素过剩并存是发展中国家存在的普遍现象，如何利用过剩自然资源（包括土地）通过国际贸易交换解决过剩劳动力是该理论的主要内容。胡家勇（1995）指出，迈因特与刘易斯同时代，最重要的理论贡献是提出了发展经济学的二元性理论，不同于刘易斯封闭的二元经济体结构，他是基于开放条件下研究经济体的二元性。在研究东南亚经济时，他发现一国之中多种经济要素过剩并存是发展中国家存在的普遍现象，如何利用过剩自然资源通过国际市场交换，发展经济并解决过剩劳动力就业是他研究的核心问题。迈因特构建 VFS 理论，旨在研究如何通过过剩资源获取国际市场以弥补国内有效需求不足，从而启动国内经济增长并解决过剩就业。VFS理论以发展中国家为研究对象，基于过剩产生交易的思想研究国际市场有效需求对发展中国家发展的意义，属于发展经济学范畴。

（一）VFS 理论的基本内容

迈因特的 VFS 理论思想忠实于亚当·斯密分工与国际贸易思想，亚当·斯密国际分工与国际贸易思想虽已历经两百多年，但仍是解释当前国际资本流动的思想基础。用亚当·斯密分工与国际贸易思想理解国际资本流动，可简单表述为：国际分工专业化带来各经济体效率和生产力提升，促进市场深化和各经济体资本积累，各经济体资本积累出现过剩则是国际资本流动的前提，国际资本流动促进了国际贸易的发展。国际资本流动和国际贸易发展加速了国际要素配置效率，进而激活各国劳动力要素，使之卷入国际生产循环中，使更多劳动者获得工作岗位和收入。这是本书研究对外直接投资如何影响本国就业的思想基础。

《国富论》中对此有详细阐述：

"金银输入，不是一国经营国外贸易所得的主要利益，更不是唯一利益。经营国外贸易的地方，无论是什么地方，都可以从此得到两种不同的利益，即输出本国不需要的剩余部分的土地劳动年产物，输回本国所需的别种物品以为报答。以剩余物品交换他物来满足他们欲望的一部分，从而增进他们的享乐品，即是给剩余物品以价值。赖此，国内市场之狭隘，得不至于妨碍各工艺部门之分工，使不能达至最高程度。又赖此，国内消费不了的劳动生产物部分，得开放一个更广阔的市场，鼓励他们改进劳动生产力，极度增加他们的年产物，从而增加社会之真实财富与收入。这对于国外贸易进行中诸国，是何等伟大重要的贡献，但继续这种贡献的便是国外贸易。固然，经营国外贸易的商人，会在更大的程度上供应本国人民的需要，输出本国的剩余物品，所以，最受国外贸易的利益的，是商人所在的国家。但通商各国，都将受莫大利益。以金银输入无金银矿山但又需要金银之国，固然是国外商业事物的一部分，但比较是最无意义的一部分。"①

"流往外国的金银，绝非无谓地流往外国，那必然会带回等价值的某种物品……由此带回来的货物，也许有大部分，至少也有一部分，是材料、工具、食料，以雇佣勤劳人民维持勤劳人民。勤劳人民，必能再生产他们所消费的全价值及其利润。于是，社会死资财的一部分，得一变而为活资财，从而比较往昔，能推动更大量的产业。"②

迈因特（Myint，1958）根据亚当·斯密思想发展了发展中国家的国际贸易思想，并完善成为 VFS 理论：国际分工推动生产力增长，企业产能增加导致国内产能过剩，进一步促使要素过剩，国内有效需求出现不足。拓展更广阔的国际市场可以弥补有效需求不足，化解要素和产能过剩危机，从而增加社会财富和居民收入。国际市场为国内过剩产能提供了有效需求，使国内闲置的资源卷入经济生产中，实现闲置资源的价值。迈因特认为，一国进行国际投资与贸易的出发点在于国内某种产能过剩和国内市场需求对此种产能缺乏弹性，市场作用机制完备的发达国家或许不会产生

---

① 这段文字被许多文献引用，如迈因特（Myint，1958）、傅晓岚等（Xiaolan Fu et al.，2005）等，见原著：Adam Smith. An Inquiry into the Nature and Causes of the Wealth of Nations [M]. 上海：上海世界图书出版公司，2012：327；也被许多国内学者引用，如陈正炎（1987）、金祥荣（1987）、李洁（2003）和王佃凯（2005）等，见译著：亚当·斯密. 国富论：下册 [M]. 郭大力，王亚南译，南京：译林出版社，2011：16。

② 亚当·斯密. 国富论：下册 [M]. 郭大力，王亚南译，南京：译林出版社，2011：79。

绝对过剩，但发展中国家由于市场机制不完善致使其消费能力与生产能力产生结构性失衡进而引致经济资源要素和产能过剩，过剩的根源是有效需求不足而不是供给过剩，寻找国外有效需求成为化解国内过剩劳动力的主要思路。

有关对外投资、国际贸易引入外部有效需求促进国内经济增长和就业的论述，在《国富论》中有多处①，这些论述表明了亚当·斯密对于对外投资扩大世界市场并促进国内就业有积极效应，化解过剩资源与产能。生产剩余促进贸易开展，投资是贸易的桥梁，贸易是经济增长的结果。迈因特在大量著作与论文中，详细阐述了 VFS 理论原理、机制及其对东南亚经济体的成功解释②。

（二） VFS 理论与相关理论比较

与 VFS 理论相关的理论主要有赫克歇尔－俄林贸易理论与刘易斯模型。HOS 理论假设条件是国内通过价格机制消除要素与产能过剩，所有资源充分利用、劳动力充分就业，没有资源闲置。刘易斯模型的假设条件是在封闭经济体中，农业部门劳动力无限供给，在现有工资水平上其供给曲线没有弹性（Lewis，1954）。VFS 理论的假设条件是经济体在国内市场过剩时，会拓展更广阔的国际市场，通过国际有效需求化解自身过剩的产能。接下来，我们通过比较分析法分别阐述 VFS 理论和赫克歇尔－俄林贸易理论与刘易斯模型的差异，以加深对 VFS 理论内容的认识。

---

① "为购买外国货物而输出金银，不必会减少国内的金银量。反之，还往往会增加国内的金银量。因为，设若外货消费额不致因此而在国内增加，此等货币即可再输出到外国，而以大利润在那里售去，所以，带回来的财宝，也许会比原来输出去的购买费，要多得多（亚当·斯密. 国富论：下册 ［M］. 郭大力，王亚南译，南京：译林出版社，2011：3. ）。"

"美洲的发现，诚然增加了欧洲的富，但致富之由，非输入金银……欧洲的情形确曾因美洲发现而发生非常大的变化，此中理由，究在哪里呢？即为欧洲各种商品，开放了一个无尽的新市场！这样一来，分工进步了，技术改良了。劳动生产力遂改良了，欧洲各国的生产物遂增加了，居民的真实收入与财富遂亦跟着增大了（亚当·斯密. 国富论：下册 ［M］. 郭大力，王亚南译，南京：译林出版社，2011：17. ）。"

② 迈因特论著详情见参考文献 Hla Myint ［200］～［212］ 的一系列文献。

1. VFS 理论与赫克歇尔 - 俄林贸易理论的比较

跨国直接投资理论直接源流是赫克歇尔 - 俄林贸易理论，其假设条件是国内实现充分就业后进行跨国直接投资，其间接源头是亚当·斯密的国际分工与贸易思想，该思想并没有上述强假设条件。赫克歇尔 - 俄林贸易理论思想源于李嘉图的比较优势理论，而李嘉图的比较优势理论思想则依据亚当·斯密的国际分工与贸易思想嬗变而来。因此，跨国直接投资的理论源头是亚当·斯密国际分工与国际贸易思想，但糅合了其他经济学家思想并采用新古典经济学的研究范式，已经不是亚当·斯密思想的真实表达。VFS 理论的思想直接源自亚当·斯密的思想，是亚当·斯密思想的忠实表达。VFS 理论与赫克歇尔 - 俄林贸易理论都源流于亚当·斯密的国际分工与国际贸易思想，前者是其思想的真实表达且符合经济现状，后者则是亚当·斯密思想与其他经济学家思想的糅合，并在严格的假设条件下成立。两个理论有如下差异：（1）价格机制能实现过剩产能出清。例如，假如土地相对劳动力过剩，那么工资会增长而地租会减少，劳动密集型产品会比土地密集型产品更贵；（2）VFS 理论强调通过调剂现有资源比例而非增加现有资源的生产率来实现产能增长；（3）赫克歇尔 - 俄林贸易理论假设所有资源充分利用、劳动力充分就业，没有资源闲置。VFS 理论假设在进行国际贸易前，产能或要素存在过剩，过剩是进行国际贸易的前提条件；（4）VFS 理论假设国际资本投资在化解过剩产能方面扮演了重要角色，国际资本投资的角色不在于提高资源的生产效率，而在于通过拓展国际市场通路使过剩或闲置资源实现其自身价值；（5）产生过剩产能或许并非因为供给侧要素过剩，而是因为存在有效需求不足；（6）国内有效需求不足而引发的要素供给过剩其根源在于国内经济组织不成熟与不完善。

2. VFS 理论与刘易斯模型比较

VFS 理论与刘易斯模型的共同点在于经济要素过剩研究，但它们存在很大不同。以刘易斯模型为代表的发展经济学劳动力过剩与转移理论研究封闭经济体内的二元经济结构的剩余劳动力转移，而 VFS 则侧重研究在开放经济体下过剩劳动力的转移问题。刘易斯模型在以下假设条件下成立：（1）刘易斯模型的研究对象是一个封闭的经济体，其工业部门充分就业；（2）国内市场的有效需求充足，可以化解日益增长的产出，因而扩张产能有利可图，过剩要素能得以充分利用；（3）农业部门的劳动存在过剩是因为土地短缺，而非产能的有效需求不足；（4）经济体的工业化一旦启动，农业部门的剩余劳动力会自动转移到工业部门。VFS 理论没有设定上述假设条件，它仅假设要素和产能过剩源于有效需求不足，这是对现实经济的高度还原。

同一国内多种要素过剩与不足并存是普遍现象，仅存在某一种要素过剩是特殊现象。VFS 理论研究的是一般现象，而赫克歇尔－俄林贸易理论和刘易斯模型研究的是特殊现象。根据上述理论分析，笔者将 VFS 理论与其他相关理论进行比较，总结如表 3－1 所示。

表 3－1　　　　　　　　VFS 理论与相关理论比较

比较内容	VFS 理论	赫克歇尔－俄林贸易理论	刘易斯模型	跨国直接投资理论	国际资本流动模型
假设条件	过剩产生交易	要素禀赋差异产生国际贸易	农业劳动力无限供给	投资国充分就业	投资国充分就业
是否开放	开放经济体	开放经济体	封闭经济体	跨国企业	开放经济体
过剩要素	多种要素	不涉及过剩要素	劳动力要素	资本要素	资本要素
理论性质	多重过剩理论	不涉及过剩要素	劳动力过剩理论	资本过剩理论	资本过剩理论
思想渊源	亚当·斯密	比较优势原理	刘易斯	HO 理论	HO 理论

注：HO 是赫克歇尔－俄林（Heckscher－Ohlin）国际贸易理论的简写，简写使表格简洁。

3. VFS 理论的应用

VFS 的首创者并不是迈因特①，却由他完善并用例证检验形成有实证

---

① 该思想最早由约翰·穆勒（J. H. Mill，1848）在 *Principles* 一书中提及，"Vent For Surplus"一词系威廉姆斯（Williams，1929）创造。

基础的理论。众多杰出经济学家们指出，当劳动力和土地同时存在剩余的条件下，迈因特的 VFS 理论非常好地解释了东南亚经济增长的现实。鲍尔和斯卡特（Power & Sicat，1971）认为，菲律宾应该关注 VFS 理论所阐述的增长模式以便为经济发展作出贡献。德雷克（Drake，1972）的研究证实了东南亚经济发展符合亚当·斯密的贸易获得收益的理论。英厄姆·巴巴拉（Ingham Barbara，1979）肯定了迈因特复兴亚当·斯密的 VFS 理论的贡献，殖民地解放运动后发展中国家通过农业生产过剩促进出口获取经济发展的事实，有效验证了理论的正确性。此外，19 世纪和 20 世纪初加纳黄金海岸的经验证据表明，迈因特的 VFS 应该能为经济学家们接受，VFS 理论将这种方法牢牢地建立在新古典微观经济学和静态比较分析的框架内。路易斯（Lewis，1984）认为，VFS 理论适合解释缅甸和泰国的经济现象。布斯（Booth，1988）也认为印度尼西亚的经济情况也适合用 VFS 理论解释。麦德西翁（Madddsion，1990）进一步将研究范围扩展到印度支那和印度尼西亚。海因茨·库尔茨（Heinz D. Kurz，1992）通过分析亚当·斯密 VFS 理论中的生产协作问题，允许生产者通过对外贸易而换取国外生产的国内需求产品，实现过剩产品的价值交换，促进经济发展。芬德利和伦达尔（Findlay & Lundahl，1994）根据 VFS 理论对缅甸和马来亚进行实证分析。阿查里亚·拉雅（Acharyya Rajat，1994）基于有效需求原理和迈因特的 VFS 理论构建了一个三部门的研究模型，认为亚当·斯密的出口获取收益的理论比理查多（Richardo）的比较优势原理更有效。胡利（Hooley，1996）则认为，菲律宾应该关注 VFS 理论所阐述的增长模式以便为经济发展作出贡献。布莱克·罗伯特（Blecker Robert A.，1997）通过深入分析绝对优势、市场扩张和 Vent For Surplus 三个理论，对亚当·斯密的贸易理论进行了新的阐释，并认为"非自然和倒退秩序"发展模式符合西欧的实际发展道路。国际发展高级研究基金会的速水佑次郎（Hayami Yujiro，2001）分析了印度尼西亚、菲律宾和泰国等国近 30 年的生态和历史对经济发展的影响，结论表明三国的经济发展形态符合土地和劳动力过剩换取出口进而促进经济发展的迈因特的 VFS 发展模式。布鲁斯·埃利姆斯利和诺曼·塞奇利（Bruce Elmslie & Norman Sedgley，2002）认为，亚当·斯密的贸易获得收益的理论在经济学家中引发了巨大争议，贯穿始终的是亚当·斯密认为市场能更好地配置资源。但是，贸易获得收益的理论与其完全自由的思想体系存在出入。该文为 VFS 理论提供了新的证据，认为亚当·斯密的贸易理论是其国内市场理论和劳动效率与无效率理论的延伸，如果这个理论成立，那么亚当·斯密的贸易理论可以和市场自由理论自洽。格拉斯哥大学的胡夫（Huff，2003）分析了东南亚经济增长和金融受限于殖民地统治的事实，认为东南亚大部分地区的增长源自多重经济要素过剩特征，国际贸易为有效利用剩余资源进行生产商品提供了"出路"，若没有国际市场需求商品则不值得生产，过剩资源就无法转换成为经济增长。英格丽·里马（Ingrid H. Rima，2004）认为，中国的改革开放使 FDI 成为促进出口导向产业的主要方式，与传统李嘉图–赫克歇尔–俄林贸易理论的比较优势原理相比，中国改革开放后的政策举措更符合凡登定律（Verdoorn's Law）和亚当·斯密的 VFS 理论。傅晓岚等（Xiaolan Fu et al.，2005）使用中国改革开放以来 FDI 与乡镇企业的出口贸易发展论证了 VFS 理论，并用乡镇企业的相关数据实证检验了该理论。李月芬和张宾（2008）用凡登定律从理论上阐述了中国和印度的经济发展，并认为中国和印度的经济发展成就来自三个方面：一是 FDI 与中国和印度低成本、受教育劳动力的结合缩短了两国的工业化进程；二是国际资本快速流动和全球制造业、服务业的细分；三是以市场为导向的改革和贸易自由化的激励机制，鼓励要素流动到生产性更强的部门。奥斯汀·加雷斯（Austing Gareth，2014）通过对加纳种植业的案例研究，检验了饱受批评但从未被取代的 VFS 理论，解释了出口扩张将有助于劳动力就业而不是闲置。肖恩·特内尔（Sean Turnell，2014）认为，海拉·迈因特是一位智者和圣人，是一位经济发展研究和贸易与制度驱动经济增长研究的先驱经济学家，毕生致力于发展中国家的经济发展研究。波茨坦大学的莱因哈德（Reinhard S.，2015）认为现代 VFS 理论对亚当·斯密原理有误解，并认为与亚当·斯密的思想相比，迈因特采用的分类法是不成立的，并认为古典经济学家对亚当·斯密的批判并非针对 VFS 理论本身，而是使用范围与方向。印度尼西亚拉贾瓦利基金会主席平卡斯·乔纳森（Pincus Jonathan，2015）基于卡尔多·尼古拉斯（Kaldor Nicholas，1978）的第二增长定律和迈因特的 VFS 理论分析了东南亚经济体，尤其是越南利用过剩劳动力和资源出口获得国际有效需求对经济体发展的重要作用。勒文特·阿赫（Levent ŞAHiN，2016）使用 VFS 理论对南共同体（southern African development community，SADC）国家的 FDI 与失业进行理论分析，并用 SADC 数据检验了该理论，结论表明 FDI 与就业间存在密切正相关关系。

毛日昇（2009）使用 VFS 理论分析跨国资本流动与出口贸易对国内就业的影响，并将 VFS 理论译成"剩余缺口"理论，但该翻译似乎并未表达 VFS 理论的真实思想。根据《国富论》原典表述和后续学者注述，VFS 理论可翻译成"过剩资源通路"或"过剩转换通路"理论，并定义为研究如何为经济体的过剩产能和经济要素拓展通路并将其转换成竞争优势的理论。其含义是经济体要善于将过剩要素资源同其他经济体进行国际贸易以实现其价值，积极为过剩要素和资源拓展通路以获得国际有效市场，将经济体的过剩要素转变成竞争优势，在实现各经济体互利共赢的同时实现全球经济的共同发展。VFS 理论是研究经济要素过剩与不足并存的有效理论，也是分析 OFDI 拓展国际资源、技术和市场通路并影响国内就业的有效理论。

4. VFS 理论的不足之处

VFS 理论是理解当前跨国直接投资与国际贸易的有效理论，但经济思想史能告诉我们亚当·斯密说了英国应当怎么做，但却没有一个学科能告诉我们英国到底是怎么做的，而后者却与亚当·斯密的建议截然不同[①]。因此，VFS 理论中两个重要环节未能阐述清楚：一是促进过剩劳动力就业的核心机制是什么；二是国内过剩要素如何通过国际市场实现其价值。第一个问题，笔者将通过梳理凯恩斯就业理论及其衍生理论来阐述，有效需

---

① 埃里克·S. 赖纳特. 富国为什么富 穷国为什么穷 [M]. 杨虎涛，陈国涛，等译，北京：中国人民大学出版社，2013：10.

求促进就业的核心机制。第二个问题，将通过引入新阶段理论的"市场是代价高昂的公共品"来补充。

二、凯恩斯就业理论

有效需求能促进就业的思想是凯恩斯就业理论的基石，现代就业理论基于此建立。通过总结现代就业理论及其思想，有助于为稳就业政策提供合理建议。

（一）有效需求促进就业是凯恩斯就业理论的重要思想

有效需求与就业存在唯一相关关系，有效需求能促进就业是凯恩斯的就业理论基石。《就业、利息与货币通论》中"就业函数"一章写道："有效需求不足时，就业量亦不足，所谓就业量不足者，是指有人愿意接受比现行真实工资更低的报酬去工作，但无业可就；故当有效需求增加时，就业量亦增，但真实工资率则比现行者小，或至多相等，如此继续下去，一直到一点为止，在该点时，依照届时通行的真实工资率，已经没有可用的剩余劳力。"[①] 古典就业理论始于亚当·斯密，经过西斯蒙地、萨伊和马歇尔等的不断修正，庇古（Pigou，1933）成为集大成者[②]。根据新古典经济学的研究范式，庇古构建了在既定市场工资水平上单个劳动者就业抉择的微观就业理论。庇古的理论有两个重要结论：（1）市场工资等于劳动的边际产出；（2）在总就业量保持不变时，工资效用与边际负效用恰好相等[③]。凯恩斯在批判这两个结论的基础上构建以企业总就业量为基础的宏观就业理论函数。凯恩斯认为市场无法自动出清是由于经济活动中存在三个心理规律：（1）边际消费倾向递减；（2）资本边际效率递减；（3）货币流动性偏好。这些因素进而导致有效需求不足，有效需求不足引致

---

①②③　约翰·梅纳德·凯恩斯. 就业、利息和货币通论［M］. 徐毓枬译，北京：华夏出版社，2011.

失业，消费需求不增加的情况下，增加投资是实现充分就业的有效路径。[①]

（二）现代就业理论对有效需求促进就业思想的继承

现代就业理论分化成三个主要流派：凯恩斯主义就业理论、发展经济学劳动力过剩与转移理论和效率工资就业理论。（1）凯恩斯主义就业理论，包括凯恩斯主义就业理论和新凯恩斯主义就业理论。凯恩斯主义就业理论分为新古典综合派和新剑桥派两派，前者认为失业缘于劳动者技术、劳动力市场结构变化及地区间缺乏流动性等因素，通过市场调节与政府人力资源政策才能实现充分就业；后者主张放弃边际生产力分配理论，从收入分配的角度来解释失业和通货膨胀并存的现象。新凯恩斯主义就业理论基于凯恩斯主义就业理论对"滞涨"的解释无能为力而提出，该理论基于理性预期与利润最大化的微观基础解释非自愿失业、生产过剩和总需求管理政策作用。凯恩斯主义就业理论是需求管理理论，通过税收、财政与货币政策直接调剂国内投资，推动就业增长。（2）发展经济学劳动力过剩与转移理论。殖民地解放运动瓦解了殖民体系，殖民地成为独立主权的发展中国家，但并未改变殖民地时期提供原材料的偏重农业的经济结构。这是发展中国家农村劳动力剩余的根源，但劳动力转移的原因却众说纷纭。刘易斯（Lewis，1954）提出收入差距原因论并构建刘易斯模型。拉斯和费（Rains & Fei，1961）发展刘易斯的思想并提出生产效率差距原因论并构建刘易斯－拉斯－费景汉模型（Lewis－Rains－Fei）。托达罗（Todaro，1969）和哈里斯（Harris，1970）在该模型基础上，提出预期收入差距原因论并构建哈里斯－托达罗模型（Harris－Todaro）。发展经济学劳动力过剩与转移理论是在封闭经济体内研究劳动力转移的就业理论，不涉及国际贸易与投资对经济体内就业的影响。（3）效率工资就业理论。索洛（Solow）提出效率工资就业理论，探究工资率与工作效率之间的关系，为解释工资刚性而提出。韦斯（Weiss）、夏皮罗和斯蒂格利茨（Shapiro & Stiglitz）、阿克

---

① 约翰·梅纳德·凯恩斯. 就业、利息和货币通论 [M]. 徐毓枬译，北京：华夏出版社，2011.

洛夫和耶伦（Akelof & Yellen）等完善并丰富了该理论。

（三）凯恩斯就业理论的局限与 VFS 理论的优势

凯恩斯旨在通过政府财政与货币政策增加投资化解过剩劳动力的国内小循环战略创造有效需求，而 VFS 理论则致力于构建通过跨国投资促进国际贸易的国际大循环战略寻求国际有效需求。劳动力在某种情况下会出现过剩与不足，不足与过剩往往相伴相生。有效不足是失业的根源，注入有效需求是实现稳就业的重要核心思想。因此，从对外直接投资和就业理论探索其源头，获得其思想可以为解决现在的多重要素过剩提供更加合适的理论依据。现代就业理论充分吸收了凯恩斯的有效需求不足引致失业的思想，而有效需求思想源于亚当·斯密。有效需求不足是劳动力过剩的体现，就业不充分必然引发有效需求不足。凯恩斯就业理论旨在通过政府财政与货币政策增加投资化解过剩劳动力的国内小循环战略创造有效需求，而 VFS 理论则致力于构建通过跨国投资促进国际贸易的国际大循环战略寻求国际有效需求。以刘易斯模型为代表的发展经济学劳动力过剩与转移理论研究封闭经济体内的二元经济结构的剩余劳动力转移，而 VFS 理论则侧重研究在开放经济体中的过剩劳动力转移问题。但也有不足之处：（1）凯恩斯主义就业理论以主要发达国家为分析对象，认为区域与行业阻隔和劳动者固定技能是影响劳动者自由流动的重要因素；（2）发展经济学劳动力转移理论以发展中国家为研究对象，认为二元经济结构的阻隔是劳动力在农村过剩而在城市不足的重要原因；（3）效率工资理论仅涉及工资对就业的影响，而没有涉及劳动力过剩问题。

三、新阶段理论

新阶段理论（new stage theory，NST）也称为胚胎发育理论（embryonic development theory，EDT），属于发展经济学范畴，是文一在其著作及一系列论文①中提出的市场创造推动经济发展的理论。该理论认为，由政府

---

① 新阶段理论的论著和一系列论文见参考文献［103］~［107］。

主导的"市场创造"到循序渐进的产业升级的发展战略对于国家工业化成败是最为关键的。一个成功的工业化过程自始至终都是一个自下而上的，不断由底层需求驱动，并由前一个阶段的储蓄来获得后一个阶段融资的产业升级过程。每一个阶段都会遇到更新和更大规模市场的创造、发现和扩大的问题，因此都需要政府和市场参与者的集体行动来克服在市场创造和公共品提供方面所面临的巨大社会成本①。

（一）世界市场对经济发展的支撑作用

谁控制了世界贸易，谁就控制了世界财富和世界本身②。新阶段理论认为，没有世界市场，就不可能有工业革命，英国的工业革命得益于对全球市场的控制，大工厂的出现从来都是对大市场出现的反应。中国高速经济发展成就，并不违背西方国家发展的经验，而是遵循英国工业革命表现出来的，市场扩张可以为引发下一次经济革命提供养料。事实上，重商主义对市场的保护与开拓正是西方工业革命爆发并引领西方经济发展的必要条件。国家经济和工业发展正是在不断的市场培育阶段中，通过壮大市场而对工业和经济起到支撑作用。

（二）市场是代价高昂的公共品

投资在于为剩余产能构建市场，市场既不自由也不免费，开拓新市场需要持续不断的投资。"自由"市场并不自由也不是免费的，它实质上是成本高昂的公共品。正在中国大地上展开的工业革命，其源泉并非来自技术升级本身，而是来自一个有为的重商主义政府所引领的连续不断的市场创造（文一，2016）。全球化时代，世界市场是各个国家的公共产品，如同海洋之于陆地。但世界市场并非自由且免费可得，需要持续不断的对外直接投资构建并维护。

---

① 文一. 伟大的中国工业革命——"发展政治经济学"一般原理批判纲要［M］. 北京：清华大学出版社，2016：138.

② Sir Walter Raleigh, c.1600, 引自文一. 伟大的中国工业革命——"发展政治经济学"一般原理批判纲要［M］. 北京：清华大学出版社，2016：234.

（三） 市场需要不断培育

新阶段理论认为，如果工业是一个复杂有机体，那工业革命就是根据这个有机体顺序展开的"胚胎发育"过程。其中每一个阶段都需要前一个阶段的"原始"积累来创造市场并获得融资。每个经济体在其不同经济发展阶段都需要相应的市场培育发展，改革开放使中国通过吸引外商直接投资的方式进入全球化。但是，现今中国境内资本已经成长到一定规模，并且出现相对丰裕。丰裕的资本可以为中国经济和就业培育更多外部市场，通过对外直接投资进行国际市场培育，可以使中国经济处于更大更广阔的世界市场之中。更大的世界市场为中国经济增长提供更大的动力，也为解决劳动力就业提供更多有效需求。

（四） 国有资本对培育国际市场的重要作用

英国光荣革命并没有使英国政府在向劳苦大众分享政治权力方面变得更加"包容"，它不过是使得英国政府在征税、创造市场、开辟国际商业渠道、实行重商主义的贸易政策及全面驾驭英国经济方面变得更为集权和强大而已[1]。国有资本对整个社会而言是中流砥柱，皮凯蒂（2014）认为，中国公共资本的作用是社会稳定器，公共资本的外部性能缩小经济结构差距。市场规模是由国家能力实现的……今天，是中国而非印度做好了在 21 世纪取代美国制造业和技术创新地位的准备，也是因为中国在过去三十多年间开创并继续开创着一个比美国还要巨大的超级市场[2]。

总之，根据以上思想与理论来源可知，有效需求是促进就业的根本，对外直接投资通过培育外部市场，将外部有效需求引入国内，进而促进国内就业，是对外直接投资的国内就业效应理论机制。接下来，将在三个理论来源基础上构建本书的理论分析框架，使之成为适宜分析中国对外直接投资的就业效应经济现实。

---

①② 文一. 伟大的中国工业革命——"发展政治经济学"一般原理批判纲要 [M]. 北京：清华大学出版社，2016：Ⅰ－Ⅲ.

第二节　国际直接投资理论及其局限

国际直接投资理论分为微观与宏观两大类，微观理论是以跨国公司为研究对象的微观国际直接投资理论，宏观理论则是以国家或地区为研究对象的宏观国际资本流动模型，本书将其统称为国际资本直接投资理论。

一、概念界定

（一）国际直接投资

国际直接投资是指一个经济体其自然人或法人，单独或共同投资其他国家的境内企业拥有有效管理控制权的投资行为，包括跨国并购和股权与非股权参与两种主要形式，前者分为跨国并购和绿地投资，后者分为股权与非股权参与。

（二）对外直接投资

根据国家统计局的定义，对外直接投资是指中国企业、团体等（以下简称"境内投资主体"）在国外及中国港澳台地区以现金、实物、无形资产等方式投资，并以控制国（境）外企业的经营管理权为核心的经济活动。对外直接投资的内涵主要体现在一经济体通过投资于另一经济体而实现其持久利益的目标。对外直接投资企业境内投资者直接拥有或控制 10% 或以上的股票、投票权或其他等价值的境外企业。对外直接投资的国家（地区）按境内投资者投资的首个境外目的地国家（地区）进行统计。

（三）跨国并购

跨国并购是跨国公司投资的主要形式，通常跨国公司对外直接投资又包括两种基本方式：其一，新建投资，又称"绿地投资"，是跨国公司等投资者在东道方投资建立新企业产生新产能的投资行为。其二，跨国并购是指某经济体企业通过某种支付方式与渠道将另一经济体企业的资产或是足以行使经营控制权的股份买下来。

（四）有效需求

有效需求（effectual demand）是指生产商品，送商品上市，必须支付地租、劳动与利润，愿意支付全部地租、劳动与利润的人们，其需求便是有效需求。

（五）就业效应

本书的就业效应（employment effect）是指对外直接投资通过引入外部有效需求进而对本国就业产生促进或者替代效应。替代效应是指对外直接投资与内部投资具有替代性，对外直接投资因替代了内部生产或出口而减少了内部就业机会。促进效应是指境外的对外直接投资需要本国提供互补产品、技术、管理和销售等支持而实现与内部投资互补，进而促进本国就业机会增加。组合效应是指对外直接投资对本国就业的影响并非简单的替代或促进效应，而是受东道方吸收投资动机、要素资源禀赋、人力资本、区域和经济状况等因素影响，而显示出复杂效应的现象。对外直接投资对就业是促进效应还是替代效应，学术界尚未定论，因区域与行业差异而分异。

二、国际直接投资理论

（一）微观国际直接投资理论脉络

沿着海默（Hymer，1960）的微观思路，后续经济学家们基于跨国企业对外直接投资对国际经济活动产生的影响构建微观理论体系。弗农·雷蒙德（Vernon Raymond，1966）构建了产品周期理论。巴克利和卡森（Buckley & Casson，1976）构建了内部化理论。小岛（Kojima，1978）构建了比较优势理论，他根据日本经验提出的国际直接投资与国际贸易的促进模型认为，国际资本流动促进了资本、高技术人力资本、经营管理及技术等要素的整体流动，而不仅单纯地促进资本要素在国际流动。韦尔斯（Wells，1983）构建了小规模技术理论。拉奥（Lall，1983）构建了技术地方化理论。坎特韦尔和托伦蒂诺（Cantwell & Tolentino，1990）构建了技术创新产业升级理论。邓宁（Dunning，1981，1993，2001，2008）是集大成者，在前人基础上提出了国际生产折衷（OLI）、投资发展路径（IDP）和贸易发展路径（TDP）等理论，极大地推动了国际直接投资理论研究。在微观基础上，他构建了有微观基础的宏观资本流动规律，将双向直接投资同时纳入统一分析框架中研究它们与经济发展水平的关系，并总结出从吸收外商直接投资转变为对外直接投资的过程中存在四个特点鲜明的阶段。邓宁观察到了 IFDI 与 OFDI 两者间的数量变化，却没有探析其中的理论机制。鉴于此，后续学者的研究更侧重双向直接投资间的理论逻辑机制（Yasar et al.，2015；潘文卿等，2015；Stoian，2013）。

（二）宏观国际资本流动理论脉络

沿着麦克杜格尔－肯普（MacDougall－Kemp）的宏观思路，后续学者以国际资本流动模型为基础构建了宏观理论体系。爱德华（Edwards，1989）和埃尔巴达维（Elbadawi，1994）的均衡实际汇率机制：IFDI 与 OFDI 决定了资本项目，而本国汇率均衡的条件之一是资本项目需要保持均衡状态，这个理论机制得到了不少实证的检验（吴丽华和傅广敏，2014；聂飞和刘海云，2018；Ghosh & Reitz，2012）。奥布斯·特费尔德和罗格夫（Obstfeld & Rogoff，1996）的新开放宏观经济学在蒙代尔－弗莱明－多恩布什（Mundell－Fleming－Dornbusch）传统开放经济学基础上，构建了在一价定律、国际自由借贷、名义价格黏性和垄断竞争等假设条件下的两国模型。陈铭（2002）、马相东和刘跃生（2018）提出资源配置优化理论，认为国际资本的流入或流出是在全球范围内寻求资源、优化配置的有效方式。从理论渊源与内涵可知，利率和汇率的传导机制与资源配置优化机制存在内在逻辑联系，利率和汇率的传导机制是资源优化配置的内在驱动力，而资源配置优化则带来利率与汇率的均衡。

三、理论局限

（一）假设条件局限

从理论渊源上，国际直接投资理论直接源于 HOS 理论，它适合西方较为完备的市场经济体系下的对外直接投资的研究，却并不适合发展中国家和新兴市场国家，这些国家存在过剩与不足并存的多重要素过剩现状，而非在国内充分就业条件下的资本过剩状况。该理论吸收了新古典的研究方法，满足了精确性却牺牲了适用性。HOS 理论的假设条件之一是国内劳动力充分就业，国内经济要素过剩的情况不在该理论分析范围内。然而，经济现实却往往呈现对外直接投资和国内劳动力过剩并存的现象。虽然国际直接投资理论的源头可以追溯到亚当·斯密的国际分工与国际贸易思想，却已经不是亚当·斯密思想的真实表达。该理论有两个不足之处：（1）研究主体是欧洲、美国、日本等发达国家和地区，几乎不涉及发展中国家和新兴经济体。国际直接投资理论为企业和国家或地区的国际资本投资提供理论依据，直接起源于"二战"后美国的以振兴欧洲、日本为目的的"马歇尔计划"。因此，其研究的主体是美国和欧洲、日本等发达国家和地区的经济体，几乎不研究发展中国家和新兴市场国家的对外直接投资现象。因此，发展中国家的对外直接投资理论需要根据自身的实际情况来构建。（2）该理论是在国内充分就业的假设条件下研究资本过剩的理论。在跨国直接投资理论形成理论体系之前，蒙代尔（Mundell，1957）基于 HOS 理论提出国际贸易与国际投资替代模型，后续学者则在该模型的基础上建立国际直接投资理论。因此，无论微观还是宏观的国际直接投资理论均源于 HOS 理论，即仅有资本过剩而没有涉及多种要素过剩的状况，因此，国际直接投资理论的不足是在国内充分就业假设条件下研究对外直接投资对国内经济的影响。发展中国家和新兴市场国家大多存在多种要素过剩与不足并存的经济现状，单一的资本过剩理论不足以解释多种要素过剩与不足的经济现象。

（二）研究对象局限

目前国际对外直接投资理论确立了以海默（Hymer，1960）为开端的研究私营跨国企业为主的学术传统。但在现实经济中，每个国家都有国有资本和私营资本，它们在经济体中分别充当不同角色，也会产生不同作用。在国际资本流动中，不仅有私营企业进行海外投资，也有国企的海外投资。完全基于私企资本跨国直接投资的理论传统，难以分析国有资本的投资目的、性质与作用。

（三）历史局限

当前国际投资理论建立在美国企业海外投资活动为主导的时期，这与发展中国家的海外投资性质有较大差异。卡萝塔·佩蕾丝（2007）、张夏准（2009）、李根（2016）、贾根良（2018）等提出"技术优势"来解释美国因技术优势占据全球价值链高端环节而获得国际分工与国际贸易的优势地位。美国占据全球价值链优势地位，得益于废除"摩根索计划"并推行"马歇尔计划"，该计划是美国进行全球对外直接投资战略的具体实施（赖纳特，2013）。美国占据全球价值链的高端研发环节，中端生产环节迁至欧洲、日本地区，欧洲、日本地区将低端环节迁移至不发达国家，形成全球产业链雁阵。既不是法国也不是德国，而是美国在 19 世纪末 20 世纪初赶超英国成为世界超级大国，关键在于美国政商结合体通过合作共同打造了比英国更大的国内与国外市场（文一，2016）。

往前追溯，赖纳特（2013）总结文艺复兴以来的经济演化史发现，英国经济崛起得益于"进口原材料和出口制造品"殖民地产业政策。不是荷兰，而是英国爆发了工业革命，根源在于其政商联合体制开辟了 18 世纪以来世界最大规模棉花原料供应链和纺织产成品市场，这必然使其全国范围内采用纺纱机和工厂体系变得有利可图（文一，2016）。英国通过对外直接投资控制世界贸易，进而促进了国内经济发展。"进口原材料和出口制造品"的殖民地产业政策认为，国际分工中，专注于制造业分工比专注于农业分工的国家能获得更有利的国际贸易条件，制造品比农产品具有更高的附加价值。英国以全球直接投资战略为依托实施"进口原材料和出口制造品"的殖民地产业政策，通过从殖民地获取原材料并向殖民地销售制造品来促进英国国内就业、增加国民收入并推动经济迅猛发展。英国与西班牙的盛衰转化是最好的例证，英国借助制造业实现经济崛起，击败西班牙并顺势抢占其"日不落帝国"称号，此时西班牙被畜牧业组织控制了政权。

再往前追溯，更早期的对外直接投资活动，是西欧国家数百年的海外扩张史。所谓资本主义就是一个海盗抢掠的高级体系①，数百年的英格兰国际贸易政策都遵循最简单的原则，那就是进口原料资源而出口制造品②。赖纳特由此总结，西欧国家的百年扩张史，通过三重租金结构实现国家富强，即制造业、国际贸易和原材料控制。以国家或王室资本为主体进行海外投资活动，控制世界各地原材料并低价买入，再雇佣国内劳动者进行制造业生产，进而通过国际贸易将高价制造品销售到世界各地。赖纳特重视制造业的作用，而文一则认为是世界市场成就了西方国家。西方国家对外直接投资史可大致分为三个时期：一是重商主义时期国家或王室资本主导的对外投资史；二是英国"政商联合"的国有资本与私营资本共同主导的殖民地投资史；三是美国私营资本主导的对外直接投资史。由此可知，美国私营资本主导对外直接投资的历史阶段并非全部历史且更短暂。仅纯粹学术而言，中国对外直接投资资本更符合英国的国有资本与私营资本共同

---

① 埃里克·S. 赖纳特. 富国为什么富 穷国为什么穷［M］. 杨虎涛，陈国涛等译，北京：中国人民大学出版社，2013：10，出自托斯丹·凡勃仑（Thorstein Veblen）的观点。

② 埃里克·S. 赖纳特. 富国为什么富 穷国为什么穷［M］. 杨虎涛，陈国涛等译，北京：中国人民大学出版社，2013：61，出自弗里德里希·李斯特（Friedrich List，1841）的观点。

主导历史时期。

总之，现有国际资本流动理论仅考虑经济体资本要素过剩情况，且主要以美国的跨国企业为研究对象的理论，假设条件、研究对象和历史范围有很大局限性。它没有考虑世界上大多数国家，包括新兴国家、发展中国家和欠发达国家，多种要素过剩并存的一般对外直接投资情况，更与中国的资本与劳动力双重相对过剩的经济现实不符。因此，如何在一般情况下，研究不同国家在多种要素过剩并存情况下，通过引入外部有效需求缓解国内劳动力过剩压力。中国的对外直接投资的就业效应的理论分析，需要在多种要素过剩条件下研究，如何使用对外直接投资解决过剩劳动力，更一般的对外直接投资理论应满足哪些内容？

四、理论比较与选择

（一）理论比较

现有跨国投资理论以发达国家海外生产活动为基础而构建，美国跨国企业是典型代表。该理论假设国内充分就业，难以解释大多数国家多种要素过剩并存的经济现状，以微观私营资本为主体研究对象没有考虑到国有资本与私营资本之间的根本差异。中国既有国有资本和私营资本对外直接投资，又存在多种要素相对过剩，需要更合适的理论来解释。虽然，现有理论并不适用中国经济现实，但它为探索合适理论提供了线索。陈铭（2002）认为，当前的跨国直接投资理论虽然起始于海默（Hymer，1960），但跨国直接投资理论的思想原理则是蒙代尔（Mundell，1957）基于赫克歇尔 - 俄林（Heckscher - Ohlin，H - O）模型提出的贸易与投资替代模型。H - O 理论思想继承了李嘉图的国际贸易比较优势原理，李嘉图的国际贸易比较优势原理是对亚当·斯密国际贸易理论的修正。通过理论溯源发现，当前的国际资本流动最终的思想源头仍是亚当·斯密的国际贸易思想，但经过两次修正，其思想已经偏离了亚当·斯密思想的真实表达。经过反复思考与理论探索，本书认为，亚当·斯密思想仍是正确理解国际资本流动促进国内就业的思想源头。如图 3 - 1 左列所示，当前国际资本流动的理论思想源于亚当·斯密的国际贸易理论，但经过两次思想修正继承，已经偏离了亚当·斯密的真实思想表达。

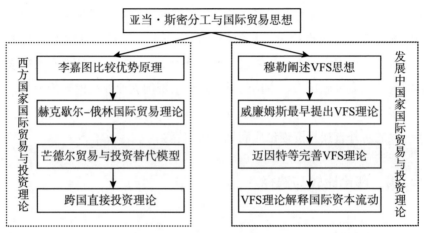

图 3 - 1 理论比较与选择

（二）理论选择

现有跨国直接投资理论不符合中国的经济现实，需要依据更普遍的原理和思想，在多重要素相对过剩条件下，理解对外直接投资对本国就业的影响。在西方国家国际贸易与国际投资理论体系之外，不少学者忠实地继承亚当·斯密分工与国际贸易思想，来解释更广泛的发展中国家之间要素流动和国际贸易现象，构建成 VFS 理论。VFS 理论忠实于亚当·斯密分工与国际贸易思想，是发展经济学的国际贸易理论，如图 3 - 1 右列所示。VFS 理论完全忠实于亚当·斯密的国际贸易思想，是理解国际资本流动的源头，它基于在开放经济条件下，研究多重要素过剩的发展中国家的国际贸易发展。中国目前存在资本与劳动力要素相对过剩的现状，符合该理论的假设条件和适用范围。因此，本书选择以 VFS 理论为基础构建中国对外直接投资的国内就业效应的理论基础。

第三节 理论框架

理论框架以 VFS 理论为基础，吸收凯恩斯就业理论的有效需求促进就业的思想和新阶段理论中的资本对市场创造的思想，形成了本书的对外直接投资对国内就业效应的理论分析框架。

一、理论思路

通过上述理论来源分析可知，对外直接投资通过培育国外市场，并通过国际贸易和价值增值回流的方式（朱闵铭，2001），将国外有效需求引入国内，增加国内有效需求，有效需求的增加促进了国内就业增长。

首先，VFS 理论提供了过剩要素的理论框架。过剩资本要素通过对外直接投资获得国外有效需求，促进国内就业增长。VFS 理论认为，当国内资本要素过剩时，将对外直接投资，不过剩时对内投资。

其次，新阶段理论阐述了对外直接投资对构建国际市场与培育国外有效需求的作用。"自由"市场既不自由也不免费，是代价高昂的公共品，而对外直接投资是构建国际市场的代价。新阶段理论认为，国际市场是需要高昂的代价才能构建的，对外直接投资将开拓并培育国外市场，并通过某种价值增值回流的方式，如利润、资源或者技术等方式，回流国内，促进国内有效需求增加，从而促进国内就业增长。

最后，凯恩斯就业理论阐述了有效需求促进就业的作用。有效需求增加促进就业增长。凯恩斯就业理论认为，有效需求与就业呈唯一的正向相关关系。外部有效需求也是促进国内就业增长的重要力量。

图 3-2 可以从左边向右边解读，在开放经济中总有效需求来自国内和国外两部分，国内有效需求是凯恩斯就业理论的主要内容却不是本书探究的内容。对外直接投资引导出口进而刺激产出与就业的走出去政策，与

国家实施的积极财政政策和货币政策有异曲同工之处，都是缓解就业压力的有效方式（寻舸，2002）。国外有效需求需要通过对外直接投资进入国外市场进行培育，而对外直接投资的资本来源于国内过剩或低效率投资资本。因此，本书研究主线是：国内资本－对外直接投资－国外市场培育－国外有效需求引入－总有效需求增加－国内就业增长。

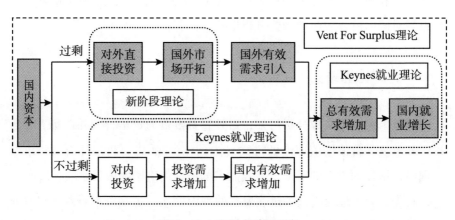

图 3－2　理论逻辑思路

二、理论主要内容

第一，VFS 理论是理论分析框架的基础。VFS 理论是研究多重要素过剩下的理论，是分析过剩资本如何通过对外直接投资进行国际贸易进而促进国内就业增长的理论。通过对 VFS 理论的分析可知，VFS 理论比其他相关理论的假设条件更弱，因而有更强的适用性。但该理论没有涉及国有资本的作用，这与中国以国有资本为主导的对外直接投资格局不相符。因此，有必要在 VFS 理论基础上，根据现有研究理论成果补充国有资本对国际市场创造的重要性，以完善 VFS 理论，使之成为适宜分析中国 OFDI 的就业效应研究的理论。

第二，有效需求是促进就业的关键。有效需求不足是就业减少的根源，增加有效需求便能促进就业，不完善的市场机制诱致有效需求不足进而引发要素过剩。该思想是凯恩斯就业理论的核心思想。凯恩斯的就业理论基于边际消费倾向递减、资本边际效率递减和货币流动性偏好三个心理规律而构建，并认为这三个心理规律会导致有效需求不足。有效需求不足会减少就业，如此循环将使均衡就业量不断下降，直至出现大规模失业。

第三，有效需求获取有对内和对外两种方式。对内方式是通过国内财政政策和货币政策注入有效需求的凯恩斯思路；对外方式是通过国际市场交换实现有效需求双赢的 VFS 理论的思想。凯恩斯思路是封闭经济体中解决就业问题的方式，而本书主要阐述国际市场获取有效需求的思路，即如何通过对外直接投资培育并将外部有效需求引入国内。引入国际市场的有效需求，可以撬动国内要素使之卷入有价值的经济生产中，促进生产规模扩张和就业增长。

第四，开拓并培育国际市场需要宏观与微观两个层面共同作用。新阶段理论认为，"自由"市场并不自由，也不是免费的，它本质上是一种成本高昂的公共品。因此，国际市场的开拓离不开国有资本或公共资本的主导作用，市场对外直接投资分为国家主导的宏观对外直接投资和企业为主体的微观对外直接投资。国有资本对外直接投资构建国际市场，企业资本基于国际市场进行对外直接投资获得有效需求。国际市场虽然是个成本高昂的公共品，但也能带来巨大收益，不过需要持续不断的投资来进行创造并维护。投资既有国有资本的宏观投资，也有微观资本的微观投资。国家层面 OFDI 与企业 OFDI 的差异：只有当收缩战略付出的成本高于预期的对外直接投资的费用时，企业才会更倾向于选择进行对外直接投资。企业能否成功实现对外直接投资，取决于宏观和微观环境。宏观环境是国家对企业对外直接投资的支持，例如，构建"一带一路"中国与东盟自由贸易区、中非论坛等均是国家宏观经济层面构建的国际市场通路。微观环境则是企业自身的规模、企业结构和市场方向等，它是决定企业是否能寻求国际市场的决定因素。如果宏观环境是高速公路，那么企业则是行驶在高速路上的车，在同样的高速路上有的车能顺利到达而有的车却会发生交通事故。只有将宏观环境与微观环境充分结合，企业才能在国际市场中更好的定位。产能过剩的企业应该循着国家构建的国际平台，借助国家已构建的国际公共品去寻求国际市场的有效需求，从国内竞争激烈的"红海"市场进入广阔的"蓝海"市场，为化解当前的国内就业压力贡献力量。既要研究宏观层面的 OFDI，也要研究企业层面的 OFDI 才能对 OFDI 对就业效应有充分的认识。国家层面的 OFDI 是从整体上对国家经济和就业水平产生间接效应，但是更直接的促进效应在于企业层面。仅着眼于宏观层面容易忽略微观层面直接作用，产生隔靴搔痒之感，使传导机制问题难以得到透彻的解析。仅着眼于微观层面则容易忽视宏观作用，如盲人摸象般局限于部分而不能鸟瞰整体，最终产生错误的结论。因此，OFDI 对就业效应的研究中，宏观与微观两者不可偏废。

第五，对外直接投资是开拓并培育国际市场的主要支撑。生产剩余推动了贸易开展，而投资是贸易开展的桥梁，贸易经济发展的结果。投资在于为剩余产能构建市场，市场既不自由也不免费，市场的开拓需要投资支撑。

三、理论传导机制

理论传导机制是外部有效需求促进本国就业理论思路和内容的具体化，理解对外直接投资对本国的就业影响，依然可以基于亚当·斯密思想：流往外国的金银，绝非无谓地流往外国，那必然会带回等价值的某种物品，由此带回来的货物，也许有大部分，至少也有一部分，是材料、工具、食料，以雇佣勤劳人民维持勤劳人民生活。归纳现有文献研究发现，不同类型对外直接投资通过分异的传导机制影响了本国就业，主要分为市场寻求型、资源寻求型、技术寻求型和属地生产寻求型，而属地生产寻求型又分为水平属地生产寻求型和垂直属地生产寻求型两种不同类型（Braconier & Ekholm, 2000; Hanson et al. , 2001; Ekholm & Markusen, 2002; 蒋冠宏和蒋殿春，2014; 李磊等，2016; 贾妮莎等，2019）。因此，本书传导机制分五种不同类型进行阐述。各种类型 OFDI 所获取的市场与物质大体上对应了亚当·斯密所说的流往海外的金银获取材料、工具和食料等。接下来分别阐述五种不同类型的 OFDI 传导机制：

（一）资源寻求型 OFDI 的传导机制

在自然资源要素丰富的国家进行对外直接投资是为了获得当地的资源，运输回国内进行制造业生产。资源寻求型是较为典型的"引进原材料，输出产成品"的制造业模式，为促进国内制造业提供了更多就业岗位。资源寻求大致符合亚当·斯密所说的流往国外金银带回来的材料和食料，是为了促进国内企业生产所必需的原料物质。现在跨国企业所投资的材料更多的是石油、矿产等战略资源，而食料是指农业领域投资，为国内带回更多粮食和食品。跨国企业开发东道方自然资源并将其运回国内为国内生产提供源源不断的生产资料，企业生产必然为国内劳动力提供更多就业岗位。

（二）市场寻求型 OFDI 的传导机制

市场寻求型也有文献称为商贸服务型，即指企业以产品出口为目的建立海外商贸企业，以扩张投资国市场份额的 OFDI 类型。市场寻求型 OFDI 是企业走向世界市场的重要对外直接投资类型，是企业打开海外市场的重要保障。此类 OFDI 的重要作用是为在东道方顺利销售母公司的产成品，提供产品售后服务而构建。例如，华为在全球市场销售手机而建立的直营门店投资和售后服务投资，为华为产品走向世界构建了有力支撑与保障。多项研究发现，跨国企业为了在东道方产品销售顺利进行通常会在东道方设立批零系统进行仓储、配送和售后等职能。市场寻求型通过促进母公司出口产成品而引入世界市场有效需求，增加了本国产能和投资需求，进而促进了本国企业提供更多就业岗位以雇用更多勤劳人民。

（三）技术研发型 OFDI 的传导机制

技术研发型也称研究开发型，是指投资有技术优势的东道方获取或利用东道方先进技术研发新产品，类似亚当·斯密所说的带回了先进工具。技术研发的对外直接投资虽非直接对国内就业产生影响，但该类投资引发的技术反向溢出有三个有利于：一是有利于促进母公司技术提升；二是有利于新产品研发；三是有利于提升产品竞争力扩大企业国际市场份额。这三个方面将促进国内竞争力，并进一步开拓更多的国际市场，进而增加企业劳动力就业数量并提升就业质量。

（四）属地水平生产型 OFDI 的传导机制

属地水平生产型简称属地水平型，是指在不同东道方设立相同或类似的生产分支机构而进行的对外直接投资。属地水平生产产品有三种可能：一是在东道方销售，获得利润回流国内，将促进国内投资需求，并促进国内就业增长；二是通过进口贸易将产品流入国内，将替代国内同类产品生产，进而替代国内就业；三是从东道方出口到其他国家，利润回流也会促进国内投资需求增加，但回流会替代一部分国内同类产品出口，存在替代与促进两方面效应。总体而言，属地水平型 OFDI 对本国就业效应不确定。

（五）属地垂直生产型 OFDI 的传导机制

属地垂直生产型 OFDI 的传导机制简称属地垂直型，是指在国际分工和全球价值链体系下，按照要素优势原则将不同生产环节分散到各经济体中，每个经济体承担不同的生产任务并产出相应的中间产品。例如，在现行全球价值链中，美国占据高端研发和高端产品生产任务，因此属地垂直OFDI 有利于增加其高端生产环节劳动力就业岗位。属地垂直型 OFDI 符合亚当·斯密的国际分工思想，分工提升了生产效率并促进了市场化，进一步实现资本积累并进一步提升生产效率。市场扩张，有利于整个分工体系的每一个生产单位，有利于从整体上促进就业岗位增加。

综上所述，对外直接投资对本国就业存在较普遍的促进效应和一定的替代效应。资源寻求、市场寻求、技术研发和属地垂直型 OFDI 对本国就业有促进效应，而属地水平型 OFDI 仅当其产品进口国内的情况下替代本国就业，而在东道方市场销售则促进本国就业。根据现有研究和经济现实，对外直接投资的本国就业效应的理论传导机制如图 3-3 所示。

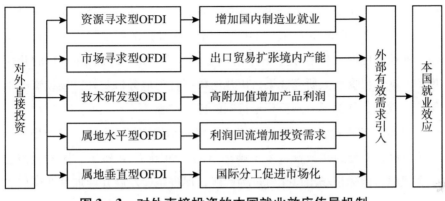

图 3-3 对外直接投资的本国就业效应传导机制

对外直接投资理论假设资本或劳动者在同一经济体内的流动不存在地域与行业的阻隔，也不存在投资周期与劳动技能阻碍，忽略了同一国内资本分布不均和结构不匹配引致劳动力与资本双重过剩与不足的经济现实。OFDI 具有资源寻求、市场寻求、技术寻求和生产寻求等功能，是经济中"济"的功能，即疏通调剂功能。OFDI 能为国内过剩产能与资源拓展通路，同时也从国际市场获取稀缺资源，为国家进出口贸易顺利进行开拓商路。

第四节 理论机制图形分析

几何图形①是经济理论分析的惯用方法，如供给与需求模型、蛛网模

---

① "几何图形分析"受张五常先生《佃农理论》的启发。该书第二章构建佃农理论部分从三个方面阐述：定义上的解、数学上的解和几何上的解。本书理论分析分成三个部分：第三节理论构建是"定义上的解"，第四节理论模型分析是"几何上的解"，第五节理论数理分析是"数学上的解"。

型等。本部分内容得益于里马（Rima，2004）和傅晓岚等（Xiaolan Fu et al.，2005）等前人研究成果，用几何模型的方式对第三节中的理论机制进行图形分析，以便更直观地理解理论传导机制。里马（Rima，2004）认为中国改革开放以后的发展适用 Verdoorn's law 结合 VFS 理论来解释。傅晓岚等（Xiaolan Fu et al.，2005）用 VFS 理论解释国际直接投资的东道方就业效应时，借鉴了罗伯津斯基定理（Rybczynski therorem）的几何模型。本书根据前人研究成果，用几何模型直观地分析对外直接投资的本国就业效应，从图形上阐释理论机制的传导过程。

根据 VFS 理论，假设一个典型企业面临国内市场饱和或外部市场投资溢价更高，对外直接投资进入了国际市场，如图 3-4 所示。该模型描述了企业通过国际市场出口化解过剩产能，促进企业发展并增加就业岗位的过程。

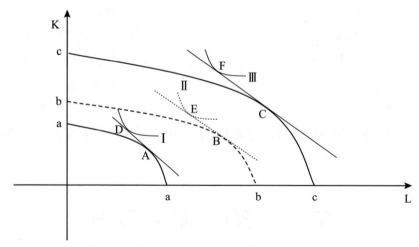

图 3-4　对外直接投资的企业就业岗位的影响几何模型

图 3-4 中，企业生产简化为劳动力要素与非劳动要素两种，X 轴代表企业劳动力数量（L），Y 轴代表企业非劳动力数量（K）。aa、bb 和 cc 分别代表企业的生产曲线边界，Ⅰ、Ⅱ 和 Ⅲ 曲线代表消费曲线，生产曲线与消费曲线共同的切线代表生产与消费最优线，相应的切点 A、B、C 和

D、E、F 代表生产曲线与消费曲线的最优点。当企业获得了国际市场的有效需求时，企业生产曲线会从 aa 外推至 bb。产能扩张一方面需要更多的非劳动力要素，如资本和资源；另一方面需要更多的劳动力。由于企业进行对外直接投资，资本要素相对劳动力要素更稀缺，因而倾向于选择更多劳动力要素投入代替资本要素投入。因此，OFDI 寻求的国际市场有效需求对国内就业水平提升有直接促进效应。通过 OFDI 获取的国际市场对就业的促进效应显著，提高经济体的收入水平，从而使消费曲线从 Ⅰ 移至 Ⅱ。收入水平提升和财富增长进一步推动经济体产能扩张，此时资本要素可以从 OFDI 在国际上所获得的价值增值回流补充，资源可以通过 OFDI 的资源获取功能寻求，劳动力要素可以通过增加就业量来获取。从而使生产曲线从 bb 外推至 cc。通过 OFDI 和国际贸易的作用，生产曲线从 aa 最终外推至 cc，而消费曲线从 Ⅰ 外推至 Ⅲ。消费水平提升进而推动国内有效需求的更进一步提升，有效需求扩大再次为扩张产能和增加要素投入提供了基础，如此良性循环。因此，OFDI 寻求的国际市场有效需求通过促进国内市场有效需求的扩大，对就业产生间接促进效应。结果是，企业 OFDI 通过寻求国际市场有效需求促进国内市场有效需求增加，对就业水平的提升产生直接与间接的促进效应。

对外直接投资是企业的市场选择，往往企业会根据实际情况持续地进行而非一次性投入。因此，OFDI 是累积的结果，其产生效应会通过企业规模扩张、资本投入增加和就业水平提升来体现，从 OFDI 的实施到最终结果的显现需要一定时间。其间尚有失败的概率，失败的企业比收缩战略的企业更容易破产，因为对外直接投资的费用要比收缩战略的成本更高昂。失败的企业会更大程度地降低就业水平。只有获得成功的企业，OFDI 对经济增长和就业才有促进效应，其他两种结果都会降低就业水平。因此，并非所有企业的 OFDI 都会对就业产生促进效应，只有成功获得国际市场的企业才能对国内就业产生直接与间接的促进作用。OFDI 会存在失败的可能性，因此部分企业 OFDI 与就业水平会呈现负相关效应。即使成功的企业，从实施 OFDI 战略到对企业就业水平提升需要经历几个阶段，因此存在滞后效应。滞后效应将在第六章实证分析中得到证实，企业 OF-DI 对公司总员工数和母公司员工数有促进且滞后效应。

第五节　理论机制数理分析

数理模型推导来源于第三节理论框架，是理论分析与实证分析的桥梁。数理推导用数学公式对理论进行更加严密的数学推导，使理论机制中的变量因果变化关系更直观具体。数理模型是实证分析设定计量模型的理论依据，为实证分析作准备。本部分基于 VFS 理论的过剩产生交易的假设条件，通过放松凯恩斯就业函数的适用范围，推导开放经济中的就业函数。开放经济中的就业函数满足了对外直接投资对本国就业效应的要求，将对外直接投资和就业置于同一个数理模型中，分析对外直接投资对本国就业的直接影响。

一、就业函数

凯恩斯就业函数[1]是以有效需求为基础、测度有效需求与就业量之间关系的就业函数。有效需求包括两部分：（1）消费需求，由国民收入决定；（2）投资需求，由储蓄与利率决定。因此，总需求函数公式如下：

$$D = C(Y) + I \tag{3-1}$$

其中，D 代表总有效需求，C（Y）代表消费需求，I 代表投资需求。凯恩斯认为有效需求决定就业量，因此就业函数如下：

$$N = F(D) = F[C(Y) + I] \tag{3-2}$$

其中，N 代表就业量，与总有效需求 D 存在函数关系。

————————

[1]　本部分内容主要根据《就业、利息与货币通论》第二十章就业函数内容推导而来，见文献：约翰·梅纳德·凯恩斯. 就业、利息和货币通论 [M]. 徐毓枏译，北京：华夏出版社，2011：242.

二、开放经济体就业函数推导

本书是在 VFS 理论基础框架下，研究开放经济中总有效需求与就业的因果关系。鉴于凯恩斯就业函数没有涉及开放经济，本书试图在凯恩斯就业函数基础上推导开放经济的就业函数，以便将 OFDI 与本国就业两个变量置于同一个数理模型中分析其动态变化，也为设计实证计量模型奠定理论基础。

开放经济中，任一国家的有效需求并不局限于该国范围内。式（3-3）中的总有效需求包括三部分：一是国内消费需求；二是国内投资需求；三是国外消费需求。根据新阶段理论可知，市场并非免费获得，国外消费需求（D_o）需通过 OFDI 获取。德赛等（Desai et al.，2009）的研究认为，一国获取国际市场有效需求的方式主要通过对外 OFDI，并且，国外有效需求与国外国民收入呈函数关系。因此，本书认为国外消费需求是国民收入（Y_o）与本国 OFDI 的函数，即 $D_o = C_o(Y_o, ofdi)$。因此，开放经济中，一国的总有效需求如式（3-3）所示：

$$D = D_n + D_o = [C_n(Y_n) + I_n] + C_o(Y_o, ofdi) \qquad (3-3)$$

其中，n 代表国内，o 代表国外。D_n 代表国内有效需求，D_o 代表国外有效需求，$C_n(Y_n)$ 代表国内消费需求，I_n 代表国内投资需求，$C_o(Y_o, ofdi)$ 代表国外消费需求。

国内投资需求 I_n 如何计算？假如一国没有对外直接投资，那么其投资需求是 I（见式（3-1）），当一国既有对外直接投资也有吸引外商直接投资时，国内投资需求分为两部分：一是原有国内投资需求减去对外直接投资资本创造的投资需求，二是吸引外商直接投资创造的投资需求。如何分析 OFDI 对国内有效需求的影响？我们做反事实实验，假如 OFDI 不在国外而在国内投资，它在国内创造的投资需求是 OFDI 的函数，即 $I_{ofdi} = \varphi(ofdi)$，代表该投资额因对外投资而对国内有效需求可能产生的有效需求损失，相当于 OFDI 的机会投资需求。IFDI 在国内创造的投资需求是 IFDI 的函数，即 $I_{ifdi} = \phi(ifdi)$。因此，国内投资需求 I_n 等于原有国内投资需求减去 OFDI 的机会投资需求 $\varphi(ofdi)$，再加上 IFDI 创造的有效需求 $\phi(ifdi)$，公式如下：

$$I_n = I - \varphi(ofdi) + \phi(ifdi) \tag{3-4}$$

综合式（3-2）、式（3-3）和式（3-4）可知，开放经济中一国的总有效需求由国内消费需求、国外消费需求、国内投资需求加总，再减去 OFDI 的机会有效需求。因此，开放经济中的国内就业函数如下：

$$N = F(D) = F\left[C_n(Y_n) + I + \phi(ifdi) + C_o(Y_o, ofdi) - \varphi(ofdi)\right]$$

$$\tag{3-5}$$

式（3-5）用直观的变量表达了国内国民收入、投资需求、吸引外商直接投资、国外国民收入和对外直接投资等变量与本国就业之间的函数关系。式（3-5）的意义在于，将 OFDI 与本国就业纳入同一个函数中，为实证分析设定计量模型提供了理论基础。

三、数理函数的理论解释

根据式（3-5）可知，OFDI 究竟是促进国内就业还是替代国内就业？关键在于 $\left[C_o(Y_o, ofdi)\right]$ 与 $\left[\varphi(ofdi)\right]$ 的比较，前者是 OFDI 创造国外消费需求，后者是假如 OFDI 留在国内可能创造机会有效需求 $\left[\varphi(ofdi)\right]$。假如 $\left[C_o(Y_o, ofdi)\right] > \left[\varphi(ofdi)\right]$，OFDI 将促进国内就业增长，若 $\left[C_o(Y_o, ofdi)\right] < \left[\varphi(ofdi)\right]$，OFDI 将替代国内就业。

根据前述理论分析和 VFS 理论假设条件可知，过剩产生交易。国际资本流动源于一国资本出现相对过剩情况：一方面，过剩资本通常在国内无法找到更好的投资机会，或者国外投资获益显著高于国内投资；另一方面，国内投资 I_n 不能满足国内投资需求，需要 IFDI 弥补。相对过剩促使资本国际流动，在国际市场作用下，资本要素配置效率达到最佳，因此无论是 OFDI 还是 IFDI，其创造的投资需求将达到最优。IFDI 在国内创造的投资需求大于每单位 OFDI 的机会有效需求，即 $\phi(ifdi)/ifdi > \varphi(ofdi)/ofdi$。换而言之，OFDI 和 IFDI 均有利于促进国内总有效需求增长。IFDI 创造的投资需求高于假如 OFDI 留在国内所创造的机会投资需求。这也是一个国家为什么会存在双向直接投资的原因。

仅从 OFDI 一方面而言，假如 OFDI 多由相对过剩资本组成，要么在国内难觅投资机会，要么国外投资收益显著高于国内投资。显然，OFDI 创造的有效需求通常会大于其创造的机会有效需求，即 $Co(Yo, ofdi) > \varphi(ofdi)$。因此，每单位 OFDI 在国外所创造并引入的消费需求 $[C_o(Y_o, ofdi)]$ 必然大于其在国内创造的投资需求 $[\varphi(ofdi)]$，即 $C_o(Y_o, ofdi) > \varphi(ofdi)$。因此，根据理论与数理模型分析可知，将相对过剩资本进行对外直接投资比在国内投资能增加更多总有效需求，最终促进国内就业增长。数理模型用数学公式直观地分析了理论机制中各变量的作用机理，为理论机制与实证分析搭建了桥梁，是实证计量模型的理论基础。

第四章

稳就业的总体对外直接投资路径分析

　　本章总结了中国 OFDI 在世界中的地位和 1982～2019 年对外直接投资趋势与就业趋势，并根据第三章理论分析了对外直接投资如何影响总体就业，最后基于时间序列数据分析了规律并检验了理论。首先，对外直接投资与就业的趋势显示，对外直接投资增长与城镇就业人员、第三产业就业人员和其他所有制企业就业人员增长有相关关系。其次，根据第三章理论分析可知，对外直接投资是通过开拓国际市场、增加国内有效需求，进而促进国内就业增长。最后，基于对外直接投资、出口和就业人员的平稳时间序列数据，采用格兰杰因果检验和脉冲响应函数等时间序列研究方法的实证结论表明，对外直接投资是总就业、城镇就业、第三产业就业和其他所有制企业就业人员的格兰杰因，对外直接投资显著促进了这四种就业人员增长。总之，中国对外直接投资的就业效应实证研究既有利于探索稳就业战略，又有利于完善本书理论。

第一节　中国对外直接投资的
国际比较与发展阶段

一、我国对外直接投资的国际比较

（一）我国 OFDI 是国际直接投资的重要力量

中国资本成为全球资本市场中越来越重要的力量。2006～2018 年，中国 OFDI 净额与存量占世界比重的增长幅度得到极大提升。2006 年，世界 OFDI 净额和存量分别为 1 415 094 百万美元和 12 474 261 百万美元，中国 OFDI 净额和存量分别为 21 160 百万美元和 73 330 百万美元，中国 OFDI 净额和存量占世界比重分别为 1.5% 和 0.59%。2018 年，世界 OFDI 净额和存量为 1 014 172 百万美元和 30 974 931 百万美元，中国 OFDI 净额和存量分别为 129 830 百万美元和 1 938 870 百万美元，中国 OFDI 净额和存量占世界比重分别为 12.80% 和 6.26%。2006～2018 年，世界 OFDI 净额在 2007 年达到峰值 2 198 025 百万美元，受 2008 年金融危机影响，此后呈波动下降趋势，2018 年跌至近十年最低点 1 014 172 百万美元。与此相反，中国 OFDI 净额呈上升趋势，2016 年达到峰值 196 149 百万美元，近几年受国际环境影响而呈下降趋势，但 2018 年占世界比重仍达到 12.8%（见表 4 - 1）。

表 4 - 1　　　　2006～2018 年中国与世界 OFDI 比较　单位：百万美元

年份	世界 OFDI 净额	中国 OFDI 净额	净额比重（%）	世界 OFDI 存量	中国 OFDI 存量	存量比重（%）
2006	1 415 094	21 160	1.50	12 474 261	73 330	0.59
2007	2 198 025	22 469	1.02	15 602 339	95 799	0.61

续表

年份	世界 OFDI 净额	中国 OFDI 净额	净额比重（%）	世界 OFDI 存量	中国 OFDI 存量	存量比重（%）
2008	1 969 336	52 150	2.65	16 205 663	147 949	0.91
2009	1 175 108	56 530	4.81	18 982 118	229 600	1.21
2010	1 451 365	68 811	4.74	20 310 855	317 211	1.56
2011	1 694 396	65 117	3.84	21 168 489	365 981	1.73
2012	1 369 508	87 804	6.41	23 592 739	509 001	2.16
2013	1 376 642	107 844	7.83	26 312 635	613 585	2.33
2014	1 298 772	123 120	9.48	25 874 757	729 585	2.82
2015	1 682 584	145 667	8.66	25 044 916	1 010 202	4.03
2016	1 550 130	196 149	12.65	26 159 708	1 280 975	4.90
2017	1 425 439	158 290	11.10	30 837 927	1 482 020	4.81
2018	1 014 172	129 830	12.80	30 974 931	1 938 870	6.26

资料来源：联合国贸发会议（UNCTAD），2007~2019年《世界投资报告》。

（二）我国 OFDI 将成为驱动世界经济的重要力量

2017 年以前，美国 OFDI 净额长期以来是世界主要国家中最多的，中国 OFDI 净额大多是紧跟美国和日本之后的第三名（2016 年中国是第二名），如表 4 - 2 所示。但是，受 2017 年美国税收制度改革影响，美国 2018 年 OFDI 净额竟然下降为 - 63 550 百万美元，意味着美国出现了大规模撤资回国的行为。国际资本流动对于推动国际经济复苏与贸易发展有重要的意义，而美国的 OFDI 净额为负值是美国反全球化思想的体现。世界经济的全球化趋势不可逆转，任何逆全球化的操作都将损害世界经济。尤其在新冠疫情肆虐全球的严峻形势下，国际资本流动无疑为经济复苏注入了强劲动力。

表 4 – 2　　　　　　世界主要国家 OFDI 净额比较　　　单位：百万美元

年份	世界	中国	美国	俄罗斯	日本
2012	1 369 508	87 804	318 196	28 423	122 549
2013	1 376 642	107 844	303 432	70 685	135 749
2014	1 298 772	123 120	333 014	64 203	130 843
2015	1 682 584	145 667	264 359	27 090	136 249
2016	1 550 130	196 149	289 261	26 951	151 301
2017	1 425 439	158 290	300 378	34 153	160 449
2018	1 014 172	129 830	– 63 550	36 445	143 161
年份	法国	德国	意大利	英国	印度
2012	35 438	62 164	8 007	20 700	8 486
2013	20 369	42 270	25 134	40 486	1 679
2014	49 783	91 842	26 316	– 151 286	11 783
2015	53 197	109 892	22 310	– 66 821	7 572
2016	64 803	71 244	17 751	– 22 516	5 072
2017	41 257	91 799	25 673	117 544	11 141
2018	102 421	77 076	20 576	49 880	11 037

资料来源：联合国贸发会议（UNCTAD），2013～2019 年《世界投资报告》。

中国 OFDI 将成为驱动世界经济的重要力量。自提出"一带一路"倡议以来，中国 OFDI 在基建、绿地投资等领域的 OFDI 推动了沿线国家的投资与贸易活动，使"一带一路"成为全球化中的两条互联互通的经济带。中国对制造业的绿地投资使长期下滑局面在 2018 年得到停止，宣布的项目总值与 2017 年的低值相比增加了 35%。《2019 年世界投资报告》的主题是经济特区对世界经济的驱动作用。经济特区在大多数发展中经济体和许多发达经济体得到广泛发展。在这些限定的地理区域内，政府通过财政和监管激励措施及基础设施支持来促进工业活动。今天，在 147 个经济体共有近 5 400 个经济特区，较 5 年前的 4 000 个有所增长，还有 500 多个新经济特区正在筹建中[①]。经济特区的繁荣标志着新一轮的产业政策，也是对国际流动投资日益激烈的竞争的回应。许多新型经济特区和创新区发展方案正在出现。其中一些专注于高新技术、金融服务或旅游业等新兴产业，超越了传统经济特区的贸易密集型和劳动密集型制造业活动。另一些则关注环保绩效、科学商业化、区域发展或城市再生。特区发展方面的国际合作日益普遍。发展中国家的许多特区是通过双边伙伴关系或作为发展合作方案的一部分建立的。区域开发区和跨越两三个国家的跨界特区正在成为区域经济合作的一个特点。中国在经济特区建设方面有丰富的经验，尤其是深圳经济特区的发展奇迹，可以为世界经济特区发展提供中国经验。

二、我国对外直接投资的发展阶段

分析中国对外直接投资如何在严峻国际环境中逐步发展，有助于认识其内在主导力量。中国对外直接投资从无到有已历经四十多年的发展（黄梅波和李泽政，2018），中国总体对外直接投资演变是国际环境变化和"走出去"推动力相互交织的经济现象。国际环境风云变幻时而有利于中国对外开放，时而不利于对外开放，而国内"走出去"战略始终坚定地推动国内剩余资本去国际市场寻求市场和资源。因此，国内政策是对外直接投资发展的内因，而国际经济环境的变化则是对外直接投资的外因。"走出去"战略是主导对外直接投资的主要政策因素，中国总体对外直接投资增长的宏观分析必须置于中国经济发展的宏观环境下。不同时代领导人根据国内外环境风云变幻，制定出相应的对外政策，进而影响了"走出去"战略的变化，从而影响了总体对外直接投资增长。本章根据国内外环境变化，对 1982～2019 年对外直接投资的发展阶段进行划分。因为国际环境变化而产生的政策机制对 OFDI 发展的影响往往有滞后效应，对外直接投资的发展阶段仅大致符合相应阶段。因此，本章根据"走出去"战略和中

---

① 资料来源：《2019 年世界投资报告》。

国对外直接投资历程，借助图 4-1、图 4-2 的图形趋势和表 4-1 数据演变规律，将对外直接投资增长根据不同时代大致划分为探索、波动、飞跃和调整四个主要时期。

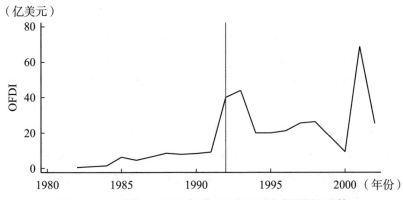

图 4-1　1982~2002 年中国 OFDI 净额增长趋势

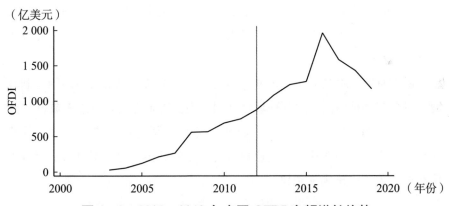

图 4-2　2003~2019 年中国 OFDI 净额增长趋势

（一）1979~1991 年探索时期

1979~1991 年探索阶段，从无到有且加快发展是国际环境友好与国内对外开放政策初步形成的结果：国际环境友好，西方国家对中国相对友好有利于中国企业"走出去"；国内政策初步形成，中国对外直接投资管理审批制度基本完善，例如，中国对外直接投资从个案审批转变为规范性审批、外汇总局出台支持政策等，"走出去"得到有序发展并向其他领域辐射，如交通运输和制造加工等行业。邓小平的对外开放思想孕育了"走出去"战略，为实行对外直接投资活动、探索构建对外直接投资政策奠定了理论基础。

自 1979 年国务院提出"出国办企业"的建议以来，中国对外直接投资拉开了序幕。从 1979～1991 年，中国对外直接投资从无到有，经历了 1979～1985 年起步阶段和 1986～1992 年加快发展两个阶段。起步阶段 1979～1983 年每年 OFDI 净额均小于 1 亿美元，1984 年对外直接净额为 1.34 亿美元，1985 年的对外直接投资净额是 6.29 亿美元[①]。OFDI 的领域主要涉及出口加工产业、对外建筑工程、自然资源开发等。虽然起步阶段的对外直接投资规模仍很小，但它为中国的对外直接投资如何"走出去"探索出一系列审批制度。随着国际环境对中国友好，从 1986～1993 年中国"走出去"步伐加快，对外直接投资规模进入加快发展阶段。1986 年中国 OFDI 净额是 4.5 亿美元，到 1993 年增长为 44 亿美元[②]。对外直接投资的起步与发展得益于改革开放思想的推动，为缓解当时严峻的就业危机贡献了力量。

探索时期是艰难的起步时期，主要得益于国内思想解放和国际有利环境。思想解放是内因，国际环境是外因，内因决定外因。思想解放是"走出去"战略的基础，而"出国办企业"的政策制定则是"走出去"战略的具体实施。中国从政府到企业顺应时机抓住机会，为中国对外直接投资探索出一条"走出去"道路。

（二）1992～2002 年波动时期

1992～2002 年，中国对外直接投资净额的剧烈波动是国际阻力与国内推动力相互博弈呈现出来的起伏现象：一是国际环境遇冷，西方国家对中国的不友好态度决定了"走出去"战略遇阻；二是国内开放政策延续，中

---

①② 资料来源：历年《中国对外直接投资统计公报》。

国延续并扩大对外开放，国家作出各种努力"走出去"办企业。

江泽民多次指出要将对外投资提到关系发展全局和前途的战略地位①。国内推动力对冲了国际环境的部分阻力，但国际环境的阻力始终大于国内推动力，因而波动时期中国 OFDI 呈现整体小幅上升的趋势。1994 的 OF-DI 净额为 20 亿美元，2002 年的 OFDI 净额为 25.18 亿美元。波动时期也是中国对外直接投资的艰难发展时期，波动时期的逆境中，中国对外直接投资始终保持稳定略微上升的态势，为接下来的发展奠定了坚实基础。

（三）2003～2012 年质变时期

2003～2012 年中国对外直接投资增长处于飞跃时期，主要得益于"入世"成功与国内政策成熟完善，两股正向动力叠加形成：国际环境相对友好，中国成功"入世"使中国被纳入世界经济体系中；国内开放政策成熟完善②，基于前两个时期对外开放政策成熟和现有对外直接投资规模，中国对外直接投资实现从量变到质变的飞跃。

2003 年中国对外直接投资净额为 28.55 亿美元，在 2002 年基础上小幅增长③。此后，中央又指出"要积极鼓励和支持有条件的企业'走出去'，更多更好地利用国外资源和国际市场，要进一步完善相关政策法规，加强对境外投资的统筹协调，改善服务和监管，务求实效""要积极稳妥地实施'走出去'战略，在取得实效上下功夫。这既是新形势下充分利用

---

① 党的十四大报告指出务必"积极扩大我国企业的对外投资和跨国经营"；党的十五大报告指出要"更好地利用国内国外两个市场、两种资源，积极参与区域经济合作和全球多边贸易体系，鼓励能够发挥我国比较优势的对外投资"；江泽民在 2000 年向中央政治局通报"三讲"情况的讲话中，首次把"走出去"战略上升到"关系我国发展全局和前途的重大战略之举"的高度；在党的十六大报告中提出要"坚持'走出去'与'引进来'相结合的方针，全面提高对外开放水平"。

② 2003 年，胡锦涛在第十六届三中全会指出"继续实施'走出去'战略……'走出去'战略是建成完善的社会主义市场经济体制和更具活力、更加开放的经济体系的战略部署，是适应统筹国内发展和对外开放的要求的，有助于进一步解放和发展生产力，为经济发展和社会全面进步注入强大动力"。时任国务院总理温家宝在《2005 年政府工作报告》中提出"要进一步实施'走出去'战略。鼓励有条件的企业对外投资和跨国经营，加大信贷、保险外汇等支持力度，加强对'走出去'企业的引导和协调。建立健全境外国有资产监管制度"。

③ 资料来源：历年《中国对外直接投资统计公报》。

两个市场、两种资源的重要途径，也是扩大国际经济技术合作、提高企业竞争力的重大举措"。

2003～2012 年，中国对外直接投资净额从 28.55 亿美元增长为 878.04 亿美元①。中国对外直接投资从量的增加发展为质的变化，实现了从量变到质变的飞跃。随着中国对外直接投资规模增长，中国对世界从几乎完全的引进外商直接投资转变为双向直接投资并重的格局。中国不再仅是外国资本获得利润的经济体，中国资本也得以通过对外直接投资从世界获得"资本红利"，更重要的是中国有机会参与并影响全球范围的某些经济与金融规则。中国标准越来越多地成为世界经济规则中的一部分，中国对外直接投资可以使某些中国标准成为世界标准，意味着中国企业在国际上有更多话语权。

（四）2013 年至今的调整时期

2013 年至今中国进入新时代，对外直接投资转向调整是受到西方国家经济危机困扰和国内深化改革开放政策这两个国内外因素的影响：国际环境，西方国家陷入经济危机泥潭和新兴国家兴起；国内政策，根据国际环境调整"走出去"方向，例如，"一带一路"倡议、中非论坛等国际商路的建立使中国对外直接投资从依赖西方发达国家的格局调整为分布更加均匀的格局。转向调整期分为两个阶段：2013～2016 年的高速发展阶段和 2016 年至今的稳步调整阶段。

2013～2016 年的高速发展阶段是飞跃时期快速发展阶段惯性使然。2013 年对外直接投资净额突破千亿美元，达到 1 078.44 亿美元，2014 年 OFDI 净额 1 231.20 亿美元，首次超过中国吸引外国直接投资净额的 1 195.62 亿美元。2015 年、2016 年连续成为全球第二大对外投资国，2016 年对外直接投资存量排在世界第六位，OFDI 净额为 1 961.50 亿美元，分布在全球80%的国家和地区，涵盖了所有国民经济行业类别且高科技产业 OFDI 净额创出新高。

---

① 资料来源：历年《中国对外直接投资统计公报》。

2016 年至今是稳步调整阶段。对外直接投资出现过热现象，2016 年底有关部门出台相关政策对"走出去"政策进行调整（郭凌威等，2018）。在配合"三去一降一补"和稳就业等政策下，政策对 OFDI 引导效果非常显著，2017 年和 2018 年房地产和文体娱乐业几乎没有新增 OFDI 项目，而租赁商务服务业、制造业、批零业及信息和通信技术产业（information communications technology，ITC）成为四个对外直接投资集中的领域，其中 ITC 行业也成为自然人对外直接投资聚集的行业。对外直接投资政策调整使 OFDI 更加能促进国内政策的实施，促进国内就业增长。对外直接投资净额从 2016 年最高值下降至 2017 年的 1 582.9 亿美元和 2018 年的 1 430.3731 亿美元。《2018 年中国对外直接投资统计公报》显示，在非金融类直接投资存量 17 643.7 亿美元存量中，国有企业 OFDI 占 48%，非国有企业 OFDI 占 52%，其中：有限责任公司占 17.7%，股份公司占 8.8%，私营企业占 7.1%，个体经营占 5.9%，港澳台商投资企业占 5.4%，外商投资企业占 3.1%，股份合作企业占 0.5%，集体企业占 0.3%，其他占 3.2%[①]。虽然，近年来中国 OFDI 呈下降趋势，但是对外直接投资的产业结构得到优化，更有利于国家总体战略的执行和缓解就业的严峻局面，对外直接投资通过稳步调整回归理性。

表 4-3　　　　　　中国 OFDI 与 IFDI 历年数据表　　　单位：百万美元

年份	OFDI	IFDI	年份	OFDI	IFDI	年份	OFDI	IFDI
1982	44	—	1987	645	2 314	1992	4 000	11 007
1983	93	920	1988	850	3 194	1993	4 400	27 510
1984	134	1 420	1989	780	3 392	1994	2 000	33 767
1985	629	1 960	1990	830	3 487	1995	2 000	37 521
1986	450	2 240	1991	913	4 366	1996	2 114	41 725

---

① 资料来源：《2018 年中国对外直接投资统计公报》。

续表

年份	OFDI	IFDI	年份	OFDI	IFDI	年份	OFDI	IFDI
1997	2 562	45 257	2005	12 261	60 325	2013	107 844	117 586
1998	2 634	45 463	2006	21 160	63 020	2014	123 120	119 562
1999	1 774	40 319	2007	26 510	74 770	2015	127 560	126 267
2000	916	40 720	2008	55 910	92 395	2016	196 150	126 001
2001	6 885	46 878	2009	56 530	90 033	2017	158 290	131 035. 13
2002	2 518	52 740	2010	68 811	105 730	2018	143 037. 31	134 965. 89
2003	2 855	53 505	2011	74 654	116 011	2019	117 120	138 100
2004	5 498	60 630	2012	87 804	111 716	—	—	—

注：因数据来源不同，表4-3与表4-1、表4-2中的中国OFDI数据有出入。为了保持数据一致性，表格中直接使用文献中的原始数据。

资料来源：历年《中国对外直接投资统计公报》《中国统计年鉴》、NBS网站及商务部网站。

总之，中国40年的对外直接投资增长是"走出去"战略的直接体现，大约以10~12年为一个周期。周期主要根据国际环境对中国的友好与否为依准。根据探索、波动、飞跃与调整四个时期的中国对外直接投资增长分析，本章厘清了中国"走出去"战略，总结了国内外环境对OFDI的影响。中国"走出去"战略是对外直接投资规模增长的决定因素，而国际环境的风云变幻则是发展的外因。

第二节　中国就业总体现状分析

长期以来，中国劳动力在总体上呈现绝对过剩局面。但是全球没有一个地方能像中国那样吸引如此多的资本，这样的吸引力源于中国劳动者在健康、教育和自我管理能力上的高素质，以及市场流动性的不断增强，这些因素的产生是基于中国文化传统创造的。事实上，在"走出去"过程中，中国投资者与劳动者也将同样展现出高素质。我国对外直接投资在促进东道方经济增长的同时，也为国内劳动者创造了更多就业岗位。文化传统造就的高素质劳动者是中国双向直接投资大规模出现并持续增长的不竭动力，也是中国构建命运共同体并引领全球经济的核心因素。亚当·斯密关于在西方征服者与非西方征服者之间的力量将逐步拉平的预测有可能最终成真（乔万尼·阿里吉，2009），而中国的劳动者在此过程中扮演了重要角色。

经过几十年高速发展，劳动力由绝对丰裕转变为相对丰裕与不足，即部分发达区域和行业出现劳动力不足而部分欠发达地区与行业则出现劳动力丰裕局面。丰裕与不足往往相伴相生，有效需求不足会导致要素丰裕，而要素丰裕反过来会加剧有效需求不足。市场不完全自由流动是中国出现资本与劳动力双重丰裕与不足并存的原因。那么，有效需求和市场究竟对哪部分人员就业影响大，对哪部分就业人员影响小？接下来，我们将分析城乡就业人员、三次产业就业人员和城镇单位中不同所有制企业就业人员的就业趋势，并归纳其演变规律。

一、总体就业人员现状

就业人员与失业人员逐步增加是总体就业人员的基本趋势。图4-3是1952~2018年全国劳动力和总就业人员增长趋势图，图4-4是1990~2018年全国劳动力和总就业人员趋势图。虚线部分是全国劳动力增长趋势，而实线部分是就业人员增长趋势。1990年以前的全国劳动力数据不完善，总就业和劳动力的差距无法直观显现。1990年以后，全国劳动力和总就业人员数据较为完善，从两者呈现出来的差距来看，全国劳动力的增长趋势要大于就业增长趋势，失业人员不是在减少而是在增加。因此，中国将面临更加严峻的就业压力，这也是中国为什么要将稳就业提高到宏观政策层面且放在"六稳"之首的原因。

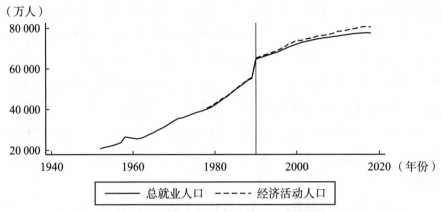

图 4 – 3　1952 ~ 2018 年全国劳动力和总就业趋势

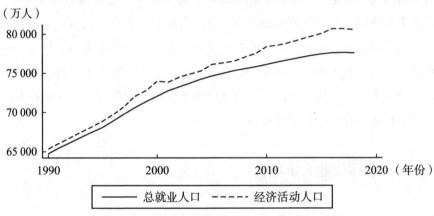

图 4 – 4　1990 ~ 2018 年全国劳动力和总就业趋势

二、城乡就业人员现状

　　城乡就业人员趋势是农村丰裕劳动力向城镇转移的过程，城镇就业人员快速增长和农村就业人员稳步减少是城乡就业人员的总趋势。1952 ~ 2018 年城乡就业人员趋势如图 4 – 5 所示，长期以来，我国农村就业高于城镇就业人员，直到 2014 年城镇就业人员（39 310 万人）才首次高于农村就业人员（37 943 万人）。农村是中国劳动力的蓄水池，是中国稳定的重要保障（温铁军，2009）。但是，中国历史形成的"三农问题"使农业成为经济效率洼地，农村虽然稳定了大量丰裕劳动力，但过量的农村劳动力并不会使农业生产效率提升。农村丰裕劳动力转移会出现三个效应：第一，促进城镇经济增长。中国经济发展需要将更多剩余农村劳动力转移到城镇，在促进城镇经济发展的同时释放更多农村劳动力。第二，促进农业生产效率提升。促使农地顺利流转，为农业现代化经营顺利实现提供保障。中国农业生产效率低下是困扰中国经济长期增长的一个方面，农业效率提高是中国经济整体提升的基础。因此，农村剩余劳动力转移是中国经济的长期工程。第三，农村富裕是共同富裕的重要组成。只有农村富裕起来，中国才能真正实现共同富裕。

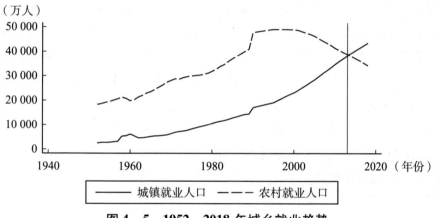

（万人）

图 4 - 5　1952 ~ 2018 年城乡就业趋势

　　由前述分析可知，中国城镇失业人员不是减少而是在增加，城镇失业人员为城市治理增加了更多成本与困难。但是，农村丰裕劳动力不能尽快顺利转移到城镇就业，则会使农业效率进一步降低，进而拖累中国整体经济发展。因此，稳就业肩负短期与长期的双重任务：一是如何减少城镇失业人员数量，实现短期充分就业目标；二是转移农村丰裕劳动力进入城镇就业，在长期内提高农业效率进而提升中国整体经济效率。如何实现这个相互矛盾且同样困难重重的任务，需要从总体分析三次产业的就业结构与所有制企业的就业结构，从中得到更具体的方向。

三、三次产业就业人员趋势

三次产业中第三产业已经成为吸纳就业人员的主要产业，如1952～2018年三次产业就业人员趋势如图4-6所示。第一产业以农业就业为主，第一产业就业人员从1991年（39 098.1万人）后呈现逐年下降趋势，2011年第三产业就业人员（27 281.9万人）首次超越第一产业就业人员（26 594.2万人），2014年第二产业就业人员（23 099万人）首次超越第一产业就业人员（22 790万人）。第一产业就业人员呈现下降是大势所趋，这类人员在城乡就业人员趋势中已作出分析，此处不再赘述。第二产业以工业为主，在2013年达到最高值后呈稳步下降趋势。第二产业无法成为吸纳新增就业的领域，是因为工业效率提高，工业机器大规模使用使劳动力的效率远逊于机器生产效率。因此，第三产业成为吸纳就业人员的重要产业形态。但是，随着人工智能的发展与普及，服务领域正在产生新的效率革命，许多简单的服务业工作岗位也面临消失的风险。因此，虽然第三产业成为吸纳劳动力的主力，但长期面临风险。如何正确引导劳动力进行职业和区域抉择，既是缓解短期新增就业压力，也是解决长期劳动力丰裕应该思考的问题。

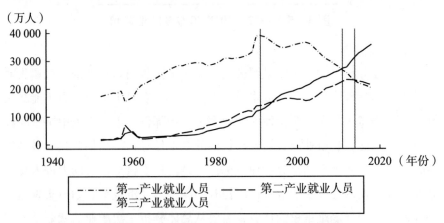

图4-6 1952～2018年三次产业就业趋势

四、城镇单位中各种所有制企业的就业现状

民营企业已经成为吸纳就业的主要领域。中国企业所有制演变大致经历了改革开放前后两个阶段：第一阶段从新中国成立到改革开放，经过社会主义改造，是逐步消灭私有制企业的过程；第二阶段从改革开放至今，经过改革开放逐步产生私营企业的过程。我们重点分析第二阶段，所有制的两极是全民所有制企业和私营企业，中间地带则是集体所有制企业。傅晓岚等（Xiaolan Fu et al.，2005）使用中国乡镇企业数据证实了 IFDI 对中国乡镇企业的就业增长有促进作用。这是在特殊的历史时期呈现出来的特殊现象。乡镇企业作为尚未全面认可私营企业的思想环境下一种折中的处理方式，代表了当时较为宽松、有活力、更接近市场的企业所有制形式。时至今日，曾经异军突起的乡镇企业走向集体和私营两个方向，而私营企业也不再被排斥、受歧视。现阶段，私营企业成为比乡镇企业更接近市场、更有活力的所有制企业类型的代表。

如图 4-7 和图 4-8 所示，私营企业成为城镇单位中吸纳就业人员的主力企业。国有企业和集体企业则成为技术和资本密集型企业，是高质量发展的代表，但它们无法吸纳大量丰裕劳动力。总体就业分析发现，失业人员增长是就业面临的短期压力。对城乡就业分析可知，农村丰裕劳动力转移是长期就业压力。对三次产业就业人员分析显示，第三产业是吸纳就业人员的主要领域。所有制企业就业人员分析发现，民营企业是解决、吸纳丰裕就业的主要所有制形式。第三产业和民营企业并非相互独立，而是在不同视角下分解出来的经济组织形式，民营企业中从事第三产业的占很大比重。

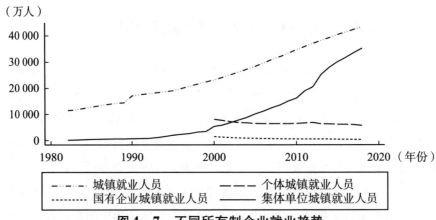

图4-7 不同所有制企业就业趋势

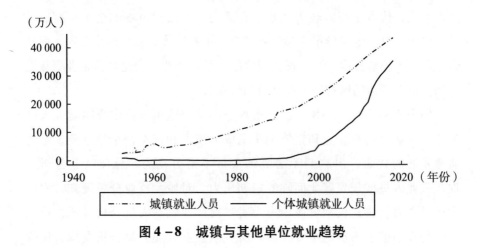

图4-8 城镇与其他单位就业趋势

第三节 稳就业的对外直接投资理论机制分析

一、我国对外直接投资的就业效应理论

工业时代，资本不足将使丰裕劳动力休眠在有限的土地上而无法形成

真正就业，资本丰裕将使社会过度依赖资本而非劳动创造财富，并最大程度替代劳动力从而减少就业，通过资本引入有效需求，匹配相应劳动力是解决就业问题的正确思路。"大分流"（Kenneth Pomeranz，2000）以来，中国落后于主流工业时代，长期面临资本不足和劳动力丰裕的困境。改革开放前，我国资本极度稀缺而劳动力极度丰裕的历史现状决定了吸收境外直接投资是必然选择。吸收外商直接投资一方面可以通过直接投资创造大量就业，另一方面可以获取国际有效需求市场，促进国内产能扩张，并间接促进国内就业。资本稀缺背景下，吸收境外直接投资成为撬动境内过剩劳动力进入经济生产中的重要支点。这是当时中国政府的亲资本立场并给予外商资本超国民待遇的最好注解（温铁军，2013）。改革开放尤其是入世后，随着外商直接投资大规模涌入中国，资本分布不均衡和结构不匹配成为新问题。这个新问题导致了我国既要不断吸收外商直接投资以补充资本不足的地区与行业，又要通过对外直接投资将地区与行业丰裕的资本引导出去，以获取市场、技术与资源，大规模双向直接投资由此产生。不同地区和产业间资本丰裕与不足并存引致地区与行业间劳动力丰裕与不足并存。解决资本不均衡和结构不匹配问题可实行国内小循环和国际大循环战略。就中国而言，国内小循环战略容易内卷而使经济窒息，国际大循环战略是正确的选择（温铁军，2013）。"走出去"的对外直接投资是国际大循环战略的重要支撑，它通过引入国际有效需求推动国内产能扩张与产业升级以扩大国内就业。那么，一个国家究竟如何通过对外直接投资引入外部有效需求促进国内就业？

一个国家用于国际贸易的资本来源于国内直接生产物，直接生产物取决于劳动力熟练程度和就业劳动者与失业劳动者的比例。反过来，当国内劳动力资源丰裕时，国际贸易可以通过拓展国际市场来化解丰裕劳动力资源。这是国际贸易与国内就业关系的经典表述。劳动力丰裕已经成为中国最重要的经济问题，如何拓展境外市场将丰裕劳动力资源转变为竞争优势是中国经济面临的重要课题。

根据中国总体对外直接投资发展阶段的分析可知，国际环境变化和境内"走出去"战略是主导 OFDI 的因素。根据总体就业趋势分析可知，就业存在城乡差异、产业差异和所有制性质的企业差异。第三章理论分析框架显示，对外直接投资通过引入国际有效需求对境内就业产生影响。但具体而言，中国总体 OFDI 是如何影响中国的境内就业？中国总体对外直接投资受到国有资本对外直接投资的宏观影响和非国有资本的微观影响。中国总体对外直接投资是国有企业和非国有企业对外直接投资的总和，《2018 年中国对外直接投资统计公报》显示，在非金融类直接投资存量中，国有企业 OFDI 占 48%，非国有企业 OFDI 占 52%。中国总体对外直接投资与其他国家对外直接投资的最大差异在于，国有企业资本对外直接投资净额占很大比重，是中国"走出去"战略的坚定执行者，也对非国有企业资本对外直接投资产生积极影响。国有资本通过构建国际商路，引入国际市场有效需求，侧重于间接影响境内就业。非国有资本则通过获取订单，促进技术管理人员输出，直接地影响了境内就业。两者互相促进，对境内就业产生了积极促进效应。

二、我国对外直接投资的就业效应传导机制

第三章的理论框架告诉我们，总体 OFDI 的就业效应是宏观与微观效应的总和。对外直接投资通过对国内产业结构、价值链和经济增长等因素的传导进而促进国内就业增长（聂飞和刘海云，2019；贾尼莎和雷宏振，2019；王杰等，2019；孔群喜等，2019）。国有资本对外直接投资主要是为了构建国际市场通路，通过国际市场将外部有效需求引入国内。因此，国有资本对外直接投资大多进行影响经济命脉的基础建设，这些投资企业难以完成且回收周期长。例如，国际交通线、国际金融通道、国际输油管道等，大多由国有资本对外直接投资主导建设。企业则通过国际市场进行经营活动。因此，国有资本 OFDI 是宏观环境，间接影响国内就业，而非国有资本 OFDI 则是微观环境，直接影响了国内就业，两者对国内就业均有影响。如果只着眼于国家 OFDI 对就业的影响难免陷入无法实证的境地，如果仅看到企业 OFDI 对就业的影响则将忽略国有资本的重要作用而得出

片面结论。如图 4-9 所示，总体对外直接投资从不同方向促进了国内就业增长。

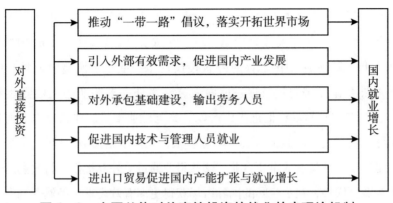

图 4-9 中国总体对外直接投资的就业效应理论机制

国有资本对外直接投资通常在国家政策下进行对外直接投资活动，体现国家的意志，是中国对外直接投资的中流砥柱。在宏观层面配合国家"走出去"战略展开经营活动。通常从三个方面影响国内就业：（1）建立国际商路。国有企业在"一带一路"等国家"走出去"战略的商路上发挥重要作用。（2）引入外部有效需求促进国内就业增长。国有企业对外直接投资获取了国际市场有效需求，有效需求增加为国内产业与企业规模扩张提供了市场，进而促进产业链整体扩张，为劳动力提供了岗位。（3）宏观上促进就业增长。中国基础建设工程企业大多是国有企业，在遍布全球的基础建设中，国有企业既配合国家"走出去"战略畅通商路又带动国内劳动力输出，缓解国内就业压力。中国作为制造业大国、基础建设大国，每年对外合作经济规模持续增长，直接带动了境内大量劳动力到境外谋求职业。国家宏观资本通过构建国际市场，将外部有效需求引入境内，进而从整体上对促进境内就业效应有积极显著的效应。

非国有资本对外直接投资通常基于已建立的国际市场进行对外直接投资活动，从微观环境影响母公司及其相关产业就业。非国有企业通常是实力较强的民营企业，从三个方面促进国内就业增长：（1）促进国内技术、管理和劳务人员输出。非国有企业对外直接投资通常会在海外建立子公司或者分公司，这些分公司需要国内大量的技术与管理人员进行指导与管理工作。根据《中国统计年鉴》显示，2016 年、2017 年和 2018 年中国对外承包工程年末在外人数分别是：372 880 人、376 827 人和 390 719 人，对外劳务合作年末在外人数分别是 595 976 人、602 342 人和 606 102 人①。虽然 2016～2018 年中国总体对外直接投资净额在稳步调整中下降，但是中国对外合作经济规模及促进境内人员到境外谋求职业的人数则逐年递增。（2）进出口贸易将促进国内产能扩张与就业增长。非国有企业通过获取国际市场有效需求促进母公司产能扩张，尤其是制造业、ITC、批零业等行业是中国吸纳就业的重要行业，这些行业通过对外直接投资将过剩产能转换成为竞争优势，在更广阔的国际市场获得更多有效需求。虽然受到中美贸易摩擦和全球经济下行的影响，但是中国与其他国家的进出口贸易总额仍呈增长趋势。2016 年、2017 年和 2018 年中国进出口总额分别是：36 855.5741 亿美元、41 071.38 亿美元和 46 224.15 亿美元②。这主要得益于中国"走出去"战略的方向调整使 OFDI 调整到制造业等更加能促进就业的行业领域，控制容易发生资产转移的行业。（3）寻求国际资源匹配国内劳动力，促进就业增长。通过在国际市场上寻求国内需要的资源和技术，国内的工厂得以运转，从而招聘更多的工人就业，促进就业增长。正如《国富论》所言："如果他用这巨量的金银，购外国货物来供本国消费，那买进来的货物，不是游惰阶级消费的货品，就一定是勤劳工人（勤劳工人每年消费的价值，可以再生产出来，兼提供利润）生活所依赖的材料、食料和工具。"③

第四节　向量自回归模型与数据平稳性检验

根据对外直接投资和就业趋势阐述及 OFDI 的就业效应理论分析可

---

①②　资料来源：《中国统计年鉴》（2017～2019 年）。

③　亚当·斯密. 国富论：上册 [M]. 南京：译林出版社，郭大力，王亚南译，2011：256.

知，中国总体 OFDI 对境内就业产生积极影响，但由于国际环境风云变幻和国家"走出去"战略调整，对外直接投资方向和领域会随之发生改变。因此，OFDI 并不是对所有类型的就业均有促进作用，而是表现为在某个时期对某类就业呈正向效应、对某类就业没有效应、对有的就业呈负向效应。根据前述趋势与理论分析结果，设定相应模型，采用对应数据进行合理分析，以探析中国总体就业对哪些就业会产生积极促进效应（见图 4 - 10、图 4 - 11）。

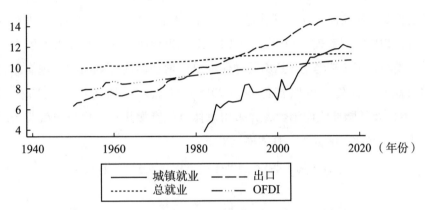

图 4 - 10　OFDI、出口、总就业与城镇就业趋势

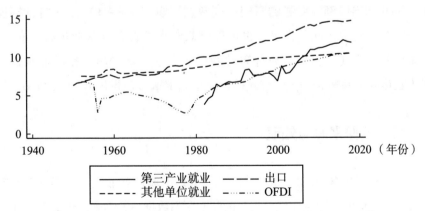

图 4 - 11　OFDI、出口、第三产业与其他企业就业趋势

一、向量自回归模型设定

本章模型根据第三章数理模型而设定。对外直接投资对东道方经济绩效和经济增长存在长期正向的单向因果关系（Chew Ging Lee，2010），对东道方出口贸易有正向的促进效应（Vera Silva & Rosa Forte，2009；隋月红和赵振华，2012；张凤纪和黄平，2013；蒋冠宏和蒋殿春，2014；傅玉玢，2014；王晓兰，2015；王杰等，2016），而出口贸易对就业的促进效应已得到大量文献证实（唐东波，2012；魏浩和李晓庆，2018；聂飞和刘海云，2018；刘钧霆，2019）。OFDI、出口和就业之间存在显著的因果关系，模型设定主要考虑 OFDI 通过促进出口增加国内有效需求，进而促进国内就业。首先，借鉴江虹等（2015）的做法，构建向量回归模型（VAR）及其脉冲响应函数，并采用总体对外直接投资、出口与就业的时间序列数据做实证分析。具体模型如下：

$$y_t = \psi_0 + \psi_1 y_{t-1} + \psi_2 y_{t-2} + \cdots + \psi_p y_{t-p} + \upsilon_t \qquad (4-1)$$

$$\frac{\partial y_{t+s}}{\partial \upsilon_t'} = \psi_s \qquad (4-2)$$

VAR 模型（4-1）中，y 代表时间序列的向量，包括年就业量、OFDI、IFDI 和出口额等变量的时间序列数据。模型（4-1）是双向直接投资与就业的向量自回归模型，也可以对双向直接投资与就业进行 Granger 因果检验。式（4-2）是通过向量移动平均过程（VMA）推导而来，公式中左边是 n 维列向量 y_{t+s} 对 n 维行向量 υ_t' 求偏导，得出 n×n 矩阵 ψ_s。

二、数据来源与处理

实证数据包含 OFDI、出口、总就业人员、城镇就业人员、第三产业就业人员和其他所有制企业就业人员的时间序列数据，数据来源于1952～2018年《中国统计年鉴》、国家统计局（NBS）和《中国人口和就业统计年鉴》。OFDI 数据来源于中华人民共和国商务部历年公布的《中国对外直接投资统计公报》。

三、平稳性检验

平稳性检验分别对 OFDI、出口与城镇就业人员的时间序列数据进行单位根检验。鉴于 DFGLS 检验比 DFULLER 检验更有效，因此本书使用 DF-GLS 检验三种时间序列数据。时间序列数据的 DFGLS 检验结果如表 4－4 所示，所有变量的一阶滞后项几乎都不平稳，意味着不能使用原始数据进行时间序列分析，必须将原始数据进行一阶差分处理。

表 4－4　　　OFDI、出口与就业人员对数项 DFGLS 的检验结果

| lags | DF－GLS tauTest Statistic（对数项） | | | | | | 1%临界值 | 5%临界值 | 10%临界值 |
	OFDI	出口	总就业	城镇就业	服务业就业	其他企业就业			
10	—	－2.155	－1.486	－0.179	－3.151	－1.095	－3.705	－2.739	－2.461
9	－2.753	－2.067	－1.389	－0.174	－2.898	－1.188	－3.705	－2.788	－2.510
8	－2.096	－2.230	－1.308	－0.423	－2.395	－0.906	－3.705	－2.837	－2.558
7	－2.153	－2.218	－1.183	－0.542	－2.189	－0.942	－3.705	－2.887	－2.605
6	－2.068	－1.727	－1.129	－0.560	－2.031	－0.887	－3.705	－2.935	－2.652
5	－2.055	－1.450	－0.877	－0.486	－1.565	－0.943	－3.705	－2.982	－2.696
4	－1.702	－1.400	－0.701	－0.412	－1.329	－1.164	－3.705	－3.026	－2.737
3	－1.549	－1.547	－0.616	－0.424	－1.250	－1.169	－3.705	－3.067	－2.775
2	－1.614	－1.667	－0.423	－0.496	－1.092	－1.066	－3.705	－3.104	－2.809
1	－1.980	－1.921	－0.062	－0.496	－1.134	－1.241	－3.705	－3.136	－2.837

注：OFDI 数据是 1982～2018 年的数据，检验数据取 9 阶滞后项，这种差异并不影响结果，一阶滞后项是关注重点。

根据原始数据进行对数一阶差分处理后，其 DFGLS 检验结果如表 4－5

所示，除其他所有制企业就业人员变量在 5% 水平上平稳外，其余变量对数一阶差分及其滞后项的值皆在 1% 水平上显著平稳。表 4 – 5 中的 DF-GLS 平稳性检验结果显示，取对数并进行一阶差分处理后，对数的一阶差分项是平稳数据，接下来的分析将基于对数一阶差分项时间序列数据进行向量自回归分析。

表 4 – 5　　　　　　　OFDI、出口与就业人员对数一阶
差分项的 DFGLS 检验结果

lags	DF – GLS tauTest Statistic （一阶差分项）						1% 临界值	5% 临界值	10% 临界值
	OFDI	出口	总就业	城镇 就业	服务业 就业	其他企 业就业			
10	—	− 2.643	− 2.016	− 3.224	− 1.821	− 2.181	− 3.709	− 2.736	− 2.457
9	− 1.243	− 2.322	− 2.151	− 3.590	− 1.689	− 2.326	− 3.709	− 2.785	− 2.506
8	− 1.136	− 2.509	− 2.271	− 4.165	− 1.813	− 2.248	− 3.709	− 2.835	− 2.556
7	− 1.361	− 2.400	− 2.377	− 4.104	− 2.252	− 2.919	− 3.709	− 2.885	− 2.604
6	− 1.302	− 2.499	− 2.562	− 4.193	− 2.461	− 2.794	− 3.709	− 2.935	− 2.651
5	− 1.205	− 2.952	− 2.656	− 4.447	− 2.609	− 2.817	− 3.709	− 2.983	− 2.697
4	− 1.396	− 3.609	− 3.153	− 5.308	− 3.305	− 3.044	− 3.709	− 3.028	− 2.739
3	− 1.967	− 4.263	− 3.358	− 5.251	− 3.573	− 2.683	− 3.709	− 3.070	− 2.778
2	− 2.968	− 4.444	− 3.692	− 6.119	− 3.868	− 2.755	− 3.709	− 3.108	− 2.812
1	− 4.540	− 5.048	− 4.484	− 6.196	− 3.905	− 3.299	− 3.709	− 3.140	− 2.842

注：OFDI 数据是 1982 ~ 2018 年的数据，检验数据取 9 阶滞后项。

第五节　时间序列数据实证分析

通过对中国总体 OFDI 与全国就业人员分析，我们得出初步结论，

OFDI 与城镇就业人员、第三产业就业人员和其他城镇单位就业人员的增长趋势存在增长一致性。接下来通过对 OFDI、出口贸易额和就业人员三者之间的时间序列分析揭示 OFDI 是否可以促进国内第三产业就业量和其他城镇单位就业量进行实证检验。

一、我国 OFDI 对总就业的脉冲响应

基于时间序列数据，我们构建向量自回归模型分析 OFDI 的就业效应，包括平稳性判定、格兰杰因果检验和脉冲响应分析三个部分。

第一，平稳性判定。对全国 OFDI、出口和就业人员三个时间序列数据进行平稳性分析，其对数表现为不平稳特征，进行一阶差分后数据平稳。在进行向量自回归前，检验 VAR 系统是否平稳，可以进一步使用 varstable 命令检验。如图 4 – 12 所示，全部特征根在单位圆内均匀分布，据此可知系统稳定且数据平稳。

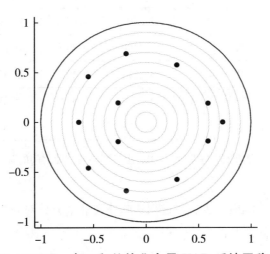

图 4 – 12　OFDI、出口和总就业人员 VAR 系统平稳性判别

第二，格兰杰因果检验。通过对数据的反复实证，对 1982～2018 年和 2001～2018 年两个时期进行格兰杰因果检验。1982～2018 年结果显示，

OFDI 是出口与总就业的因，而出口不是 OFDI 与总就业的因，总就业也不是 OFDI 与出口的因。2001～2018 年的格兰杰因果检验结果则显示，OFDI 是出口与总就业的因，出口是 OFDI 与总就业的因，而总就业也是 OFDI 和出口的因。综上所述，2001～2018 年在 OFDI、出口和总就业组成的 VAR 系统中，三者之间均有因果关联（见表4－6）。

表4－6　　　OFDI、出口与总就业人员的 VAR 系统
格兰杰因果检验结果

Granger causality Wald tests			1982～2018 年检验结果		2001～2018 年检验结果	
Equation	Excluded	df	chi2	Prob > chi2	chi2	Prob > chi2
OFDI	出口额	4	10.5610	0.032	41.268	0.000
OFDI	总就业人员	4	13.0230	0.011	12.360	0.015
OFDI	联合效应	8	24.6390	0.002	45.971	0.000
出口额	OFDI	4	3.1157	0.539	33.550	0.000
出口额	总就业人员	4	2.3791	0.666	53.165	0.000
出口额	联合效应	8	7.4400	0.490	57.875	0.000
总就业人员	OFDI	4	3.3891	0.495	33.801	0.000
总就业人员	出口额	4	3.0334	0.552	15.874	0.003
总就业人员	联合效应	8	4.6071	0.799	76.599	0.000

注：不同时段分析能更好测度 OFDI、出口贸易与就业之间的阶段性关联。

第三，脉冲响应分析。通过创建脉冲文件来分析对外直接投资、出口和就业三者之间的脉冲响应。根据 1982～2018 年和 2001～2018 年两个时期的脉冲响应分析，OFDI、出口与总就业组成的 VAR 系统存在两个不同时期的脉冲响应效应，这里只将 1982～2018 年结果呈现出来。总结果如图4－13 所示，正交化脉冲响应图中的 oxe，分别代表 ofdi、export 和 employment 的简写，分为九个小图形，每个小图的标题依次为脉冲响应（irfname）、脉冲变量（impulse variable）和响应变量（response variable）。第一行的三个图形的脉冲变量是就业（d_lnemploy），分别描绘了就业对就业（d_lnemploy）、出口（d_lnexport）和 OFDI（d_lnofdi）的动态效应。第二行的三个图形的脉冲变量是出口，分别描绘了出口对就业、出口和 OFDI 的动态效应。第三行的三个图形的脉冲变量是 OFDI，分别描绘了 OFDI 对就业、出口和 OFDI 的动态效应。图形整体效应可以分别反映出 OFDI、出口与就业之间呈现出动态效应，尤其是总就业对出口和就业、出口对出口和 OFDI、OFDI 对出口和 OFDI，这六者之间存在显著效应。OFDI 对出口和就业的脉冲响应在总图中显示的效果不能直观展示出来，需要单独显示。

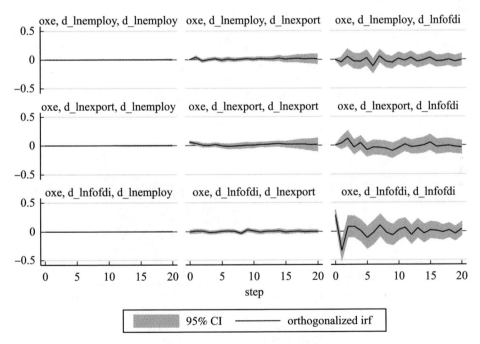

图 4 - 13　OFDI、出口和总就业的正交化脉冲响应

注：变量次序为 OFDI、出口与总就业人员。

整体图形中每个图形都较小，很难直观看出效果，为了探究 OFDI 对出口和就业的影响，有必要将 OFDI 对出口和出口对就业的单个脉冲响应图单独呈现出来，分别如图 4 - 14、图 4 - 15 所示。从图形可以看出，OFDI 对出口的影响呈现波动效果，而出口则对就业产生了显著的正向促进效应。

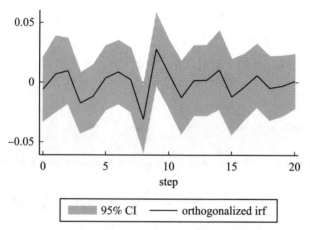

图 4 - 14　OFDI 对出口正交脉冲的响应

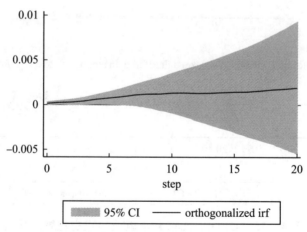

图 4 - 15　出口对总就业正交脉冲的响应

正交化脉冲响应图中，对外直接投资对出口的影响呈现波动状态，是国际环境变化影响中国资本"走出去"和 OFDI 规模增长呈现出来的表象。图 4-15 很显著地显示，出口对境内就业产生积极正向的影响，表明外部有效需求是促进境内总体就业的根本原因。依照上述分析方式，接下来分别对城镇就业人员、第三产业就业人员和其他所有制企业就业人员进行脉冲响应分析。

二、我国 OFDI 对城镇就业的脉冲响应

（一）VAR 系统平稳性分析

在进行向量自回归前，我们对 OFDI、出口与城镇就业人员三者之间的 VAR 系统进行平稳性判定，结果如图 4-16 所示。由判别图可知，全部特征根在单位圆内均匀分布，据此可知系统稳定且数据平稳。平稳性检验表明，OFDI、出口与城镇就业人员的时间序列数据可以进行向量自回归分析。

（二）格兰杰因果检验

本书分别检验了 1982~2018 年和 2000~2018 年两个时间段的格兰杰因果关系，结果如表 4-7 所示。1982~2018 年的格兰杰因果检验，对比前述总就业 VAR 系统结果，城镇就业人员表现出更好的因果关系。因为，总就业中含有乡村就业人员，而 OFDI 对乡村就业人员不是促进效应而是替代效应。本部分内容更充分说明，OFDI 对总就业中的城镇就业有更好的促进效应。

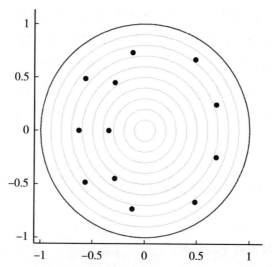

图 4 - 16 OFDI、出口和城镇就业人员 VAR 系统平稳性判别

表 4 - 7 OFDI、出口与城镇就业人员的 VAR 系统
格兰杰因果检验结果

Granger causality Wald tests			1982～2018 年检验结果		2000～2018 年检验结果	
Equation	Excluded	df	chi2	Prob > chi2	chi2	Prob > chi2
OFDI	出口额	4	7.9863	0.092	33.3270	0.000
OFDI	城镇就业人员	4	14.7870	0.005	9.2076	0.056
OFDI	联合效应	8	26.8580	0.001	39.4400	0.000
出口额	OFDI	4	3.6555	0.455	8.3293	0.080
出口额	城镇就业人员	4	3.7279	0.444	29.3780	0.000
出口额	联合效应	8	8.9873	0.343	32.5360	0.000
城镇就业人员	OFDI	4	2.6677	0.615	20.1840	0.000
城镇就业人员	出口额	4	5.4272	0.246	13.2180	0.010
城镇就业人员	联合效应	8	7.2972	0.505	24.6550	0.002

1982～2018 年的格兰杰因果检验结果显示，OFDI 是出口和城镇就业人员的因，反之则不是。2000～2018 年的格兰杰因果检验结果显示，OF-DI 是出口与城镇就业的因，出口是 OFDI 与城镇就业的因，而城镇就业也是 OFDI 和出口的因。也就是说，在 OFDI、出口和城镇就业组成的 VAR系统中，三者之间均有因果关联。OFDI、出口和城镇就业人员 VAR 系统的格兰杰因果检验结果，支持了 OFDI、出口和总体就业人员 VAR 系统的格兰杰因果检验结果。

（三）脉冲响应分析

通过分析 1982～2018 年的脉冲响应函数和 2000～2018 年脉冲响应函数，发现 1982～2018 年的 OFDI 对城镇就业人员的脉冲响应呈负向，但是2000～2018 年的脉冲响应则呈正向促进效应。因此，给出 2000～2018 年的脉冲响应结果，1982～2018 年脉冲响应结果留存备索。通过创建脉冲文件来分析对外直接投资、出口和就业三者之间的脉冲响应。总结果如图 4－17 所示，正交化脉冲响应图中的 oxue，分别代表 ofdi、export 和 ur-ban_employment 的简写。第一行的三个图形的脉冲变量是出口，分别描绘了出口对出口、OFDI 和就业的脉冲响应。第二行的三个图形的脉冲变量是 OFDI，分别描绘了 OFDI 对出口、OFDI 和就业的脉冲响应。第三行的三个图形的脉冲变量是城镇就业（d_lnurban_employ），分别描绘了城镇就业对出口（d_lnexport）、OFDI（d_lnofdi）和就业（d_lnurban_employ）的脉冲响应。图形整体效应可以分别反映出 OFDI、出口与就业之间呈现的脉冲响应，尤其是城镇就业对 OFDI、出口对 OFDI、OFDI 对 OFDI 的脉冲响应，这三者之间存在显著效应。其他六个图形效果较不直观，因此，需要单独显示。

为了更清楚反映 OFDI 对出口和就业的脉冲响应，将第二行的第一个小图和第三个小图单独展现出来，它们分别是 OFDI 对出口和就业的脉冲响应。从图形可以看出，OFDI 对出口的影响呈现波动效果，而出口则对就业产生了显著的正向促进效应。

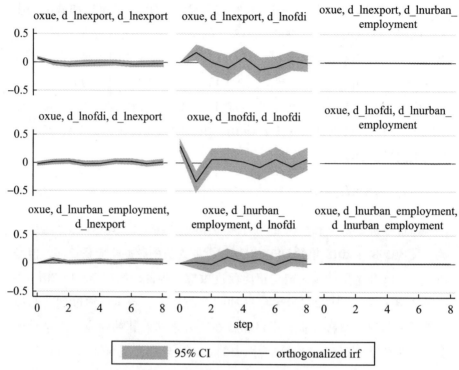

图 4-17 OFDI、出口和城镇就业的正交化脉冲响应

注：变量次序分别是出口、OFDI 和城镇就业人员。

图 4-18 的 OFDI 对出口的正交化脉冲响应图显示，OFDI 对出口的脉冲响应呈现波动正向效应，表明 OFDI 获取的国际市场有效需求能促进出口规模扩张。图 4-19 中 OFDI 对城镇就业正交脉冲响应显示，OFDI 对城镇就业是积极正向脉冲影响，OFDI 对城镇的就业有积极正向效应。总就业和城镇就业是多种产业和多种所有制企业就业的总和，接下来从产业视角和所有制视角将总就业和城镇就业区分为三次产业和各种所有制企业，以便更细致地检验 OFDI 对第三产业和其他所有制企业就业的效应。

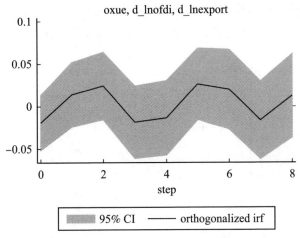

图 4 - 18　OFDI 对出口正交脉冲的响应

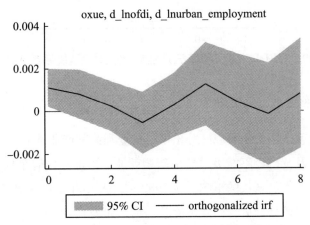

图 4 - 19　OFDI 对城镇就业正交脉冲的响应

三、我国 OFDI 对第三产业就业的脉冲响应

(一) VAR 系统平稳性判定

OFDI、出口和第三产业就业人员的 VAR 系统平稳性判定结果如图 4 - 20 所示。与前述两个 VAR 系统的结果一样，由判别图可知，全部特征根在单位圆内均匀分布，据此可知系统稳定且数据平稳。VAR 系统的稳定性

为格兰杰因果检验与脉冲响应分析提供了依据，为更好地分析 OFDI、出口与第三产业就业人员之间的格兰杰因果关系和脉冲响应打下了基础。

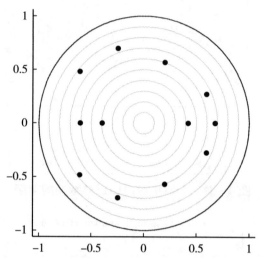

图 4 - 20　OFDI、出口和第三产业就业人员 VAR 系统平稳性判别

（二）格兰杰因果检验

从城镇就业中大致可以区分出第二产业和第三产业就业，第二产业由于机器的普及，已经不能吸纳更多新增就业。本部分内容是检验 OFDI 对第三产业就业人员增长的影响。对 1982～2018 年和 2002～2018 年两个时间段的第三产业分别进行格兰杰检验，结果如表 4 - 8 所示。

表 4 - 8　　　OFDI、出口与第三产业就业人员的 VAR
系统格兰杰因果检验结果

Granger causality Wald tests			1982～2018 年检验结果		2002～2018 年检验结果	
Equation	Excluded	df	chi2	Prob > chi2	chi2	Prob > chi2
OFDI	出口额	4	10.3250	0.035	167.550	0.000
OFDI	第三产业就业人员	4	9.2542	0.055	69.643	0.000

续表

Granger causality Wald tests			1982～2018 年检验结果		2002～2018 年检验结果	
Equation	Excluded	df	chi2	Prob > chi2	chi2	Prob > chi2
OFDI	联合效应	8	19. 8980	0. 011	208. 760	0. 000
出口额	OFDI	4	3. 8928	0. 421	10. 504	0. 033
出口额	第三产业就业人员	4	2. 2426	0. 691	10. 225	0. 037
出口额	联合效应	8	7. 2834	0. 506	12. 904	0. 115
第三产业就业人员	OFDI	4	5. 8175	0. 213	52. 609	0. 000
第三产业就业人员	出口额	4	4. 8209	0. 306	54. 307	0. 000
第三产业就业人员	联合效应	8	8. 5003	0. 386	98. 739	0. 000

1982～2018 年格兰杰因果检验结果显示，OFDI 是出口和城镇就业人员的因，而出口不是 OFDI 和城镇就业的因，城镇就业也不是 OFDI 和出口的因。2002～2018 年的格兰杰因果检验结果显示，OFDI 是出口与第三产业就业的因，出口是 OFDI 与第三产业就业的因，而第三产业就业也是 OFDI 和出口的因。综上所述，在 OFDI、出口和第三产业就业组成的 VAR 系统中，三者之间均有因果关联。OFDI、出口和第三产业就业人员 VAR 系统的格兰杰因果检验结果，支持了前述两个 VAR 系统的格兰杰因果检验结果。

(三) 脉冲响应分析

通过分析 1982～2018 年的脉冲响应函数和 2002～2018 年的脉冲响应函数，发现 1982～2018 年的 OFDI 对第三产业就业人员的脉冲响应呈负向影响，但是 2002～2018 年的脉冲响应则呈正向促进效应。因此，这里给出 2002～2018 年的脉冲响应结果。通过创建脉冲文件来分析对外直接投资、出口和就业三者之间的脉冲响应。如图 4－21 所示，正交化脉冲响应图中的 oxte，分别代表 ofdi、export 和 third_industry_employ 的简写。第一行的三个图形的脉冲变量是出口（export），分别描绘了出口对出口、OF-DI 和就业的动态效应。第二行的三个图形的脉冲变量是 OFDI，分别描绘了 OFDI 对出口、OFDI 和就业的动态效应。第三行的三个图形的脉冲变量是第三产业就业（d_lnthird_industry_employ），分别描绘了就业对出口（d_lnexport）、OFDI（d_lnofdi）和就业（d_lnthird_industry_employ）的动态效应。图形整体效应可以分别反映出 OFDI、出口与就业之间呈现出脉冲效应，尤其是出口对出口和 OFDI、OFDI 对出口和 OFDI、就业对出口和OFDI，这六者之间存在显著脉冲响应效应。OFDI 对就业的脉冲响应在图4－21 中显示的效果不能直观展示出来，需要单独显示。

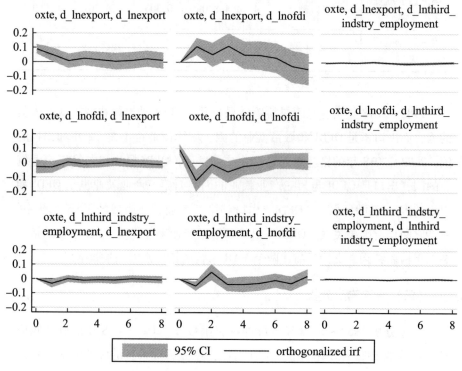

图 4－21　OFDI、出口和第三产业就业的正交化脉冲响应

注：变量次序分别是出口、OFDI 和第三产业就业人员。

　　为了更好地探究 OFDI 对第三产业就业和出口对就业的脉冲响应，此处将 OFDI 对第三产业就业和出口对就业的单个脉冲响应图单独呈现出来，分别如图 4 - 22、图 4 - 23 所示。从图形趋势可以看出，OFDI 对第三产业就业的影响呈现波动效果，而出口则对第三产业就业产生了剧烈的波动效应，并在近期呈现上升的正向促进效应。

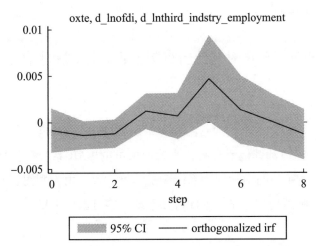

图 4 - 22　OFDI 对第三产业就业正交脉冲的响应

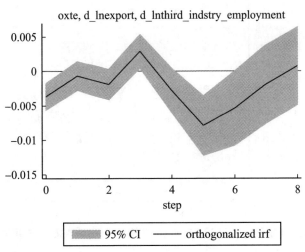

图 4 - 23　出口对第三产业就业正交脉冲的响应

图 4 – 22 OFDI 对第三产业就业正交脉冲响应显示，OFDI 对第三产业就业的脉冲响应呈现出正负交替的波动效应，这是由于中国 OFDI 在世界市场中产生的波动效应。图 4 – 23 很显著地显示，出口对第三产业就业产生剧烈波动的脉冲效应，并在近期呈现正向的脉冲响应效果。第三产业是从产业视角细化就业类型，接下来需要从所有制类型视角分析 OFDI 对其他企业就业的脉冲响应。

四、我国 OFDI 对其他所有制企业就业的脉冲响应

（一）VAR 系统平稳性判定

OFDI、出口和其他所有制企业就业人员的 VAR 系统平稳性判定结果如图 4 – 24 所示。与前述三个系统显示结果一致，由判别图可知，全部特征根在单位圆内均匀分布，据此可知系统稳定且数据平稳。

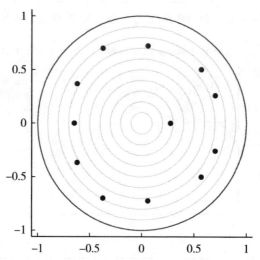

图 4 – 24　OFDI、出口和其他企业就业人员 VAR 系统平稳性判别

（二）格兰杰因果检验

与第三产业就业平行的是其他所有制企业就业人员，其他所有制企业包括股份制、有限责任制、私营企业等形式。其他所有制企业就业人员是城镇就业人员的重要组成部分，且越来越成为吸纳就业的主要领域。OFDI、出口与其他企业就业人员的 VAR 系统的格兰杰因果检验分 1982 ~ 2018 年和 2003 ~ 2018 年两个时期进行，结果如表 4 – 9 所示。

表 4 – 9 　　　OFDI、出口与其他企业就业人员的 VAR
系统格兰杰因果检验结果

Granger causality Wald tests			1982 ~ 2018 年检验结果		2003 ~ 2018 年检验结果	
Equation	Excluded	df	chi2	Prob > chi2	chi2	Prob > chi2
OFDI	出口额	4	53.282	0.103	7.7171	0.000
OFDI	其他企业就业人员	4	25.539	0.047	9.6326	0.000
OFDI	联合效应	8	95.592	0.009	20.3740	0.000
出口额	OFDI	4	12.108	0.264	5.2338	0.017
出口额	其他企业就业人员	4	14.359	0.818	1.5462	0.006
出口额	联合效应	8	21.727	0.593	6.4845	0.005
其他企业就业人员	OFDI	4	15.388	0.478	3.5010	0.004
其他企业就业人员	出口额	4	94.49	0.078	8.4116	0.000
其他企业就业人员	联合效应	8	96.736	0.098	13.4130	0.000

1982～2018 年格兰杰因果检验结果显示，OFDI 是出口和城镇就业人员的因，而出口不是 OFDI 和城镇就业的因，城镇就业也不是 OFDI 和出口的因。2003～2018 年的格兰杰因果检验结果显示，OFDI 是出口与其他所有制企业就业的因，出口是 OFDI 与其他所有制企业就业的因，而其他所有制企业就业也是 OFDI 和出口的因。综上所述，在 OFDI、出口和其他所有制企业就业组成的 VAR 系统中，三者之间均有因果关联。OFDI、出口和其他所有制企业就业人员 VAR 系统的格兰杰因果检验结果，支持了前述三个 VAR 系统的格兰杰因果检验结果。

（三）脉冲响应分析

通过分析 1982～2018 年的脉冲响应函数和 2003～2018 年脉冲响应函数，OFDI、出口与总就业组成的 VAR 系统存在两个不同时期的脉冲响应效应，发现 1982～2018 年的 OFDI 对其他所有制企业就业人员的脉冲响应为负，但是 2003～2018 年的脉冲响应则呈正向促进效应。故仅呈现 2003～2018 年的结果，结果如图 4 - 25 所示，正交化脉冲响应图中的 oxoe，分别代表 ofdi、export 和 other_employment 的简写。第一行的三个图形的脉冲变量是出口，分别描绘了出口对出口、OFDI 和就业的动态效应。第二行的三个图形的脉冲变量是 OFDI，分别描绘了 OFDI 对出口、OFDI 和就业的动态效应。第三行的三个图形的脉冲变量是其他所有制企业的就业人员，分别描绘了就业对出口、OFDI 和就业的脉冲响应。图形整体效应可以分别反映出 OFDI、出口与就业之间呈现出动态效应，尤其是其他企业就业对出口和就业、出口对出口和 OFDI、OFDI 对出口和 OFDI，这六者之间存在显著效应。OFDI 对出口和其他企业就业的脉冲响应在图 4 - 25 中显示的效果无法直观显现，因此进行单独显示。

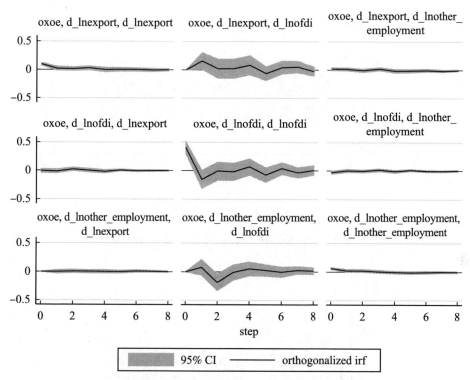

图 4 - 25　OFDI、出口和其他企业就业的正交化脉冲响应

注：变量次序分别是出口、OFDI 和其他所有制企业就业人员。

鉴于图 4 - 25 无法直观地看出 OFDI 对出口和就业的影响，为了探究 OFDI 对出口和对其他所有制企业就业的影响，我们把 OFDI 对出口和 OF-DI 对其他就业的单个脉冲响应图单独呈现出来，分别如图 4 - 26 和图 4 - 27 所示。从图形可以看出，OFDI 对出口和其他所有制企业就业的影响呈波动效应，但总体呈正向促进效应。

图 4 - 26 中的 OFDI 对出口的正交脉冲响应表明，OFDI 对出口的冲击效果是正向冲击，表明 OFDI 对出口有正向促进效应。图 4 - 27 中 OFDI 对其他企业就业的脉冲响应表明，对外直接投资对其他所有制企业就业有正向影响，由此可知对外直接投资促进了其他企业就业增长。

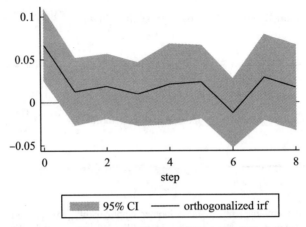

图 4 – 26　OFDI 对出口的正交脉冲响应

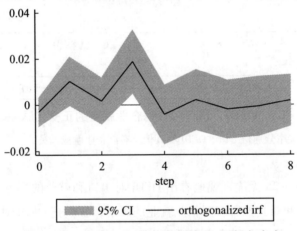

图 4 – 27　OFDI 对其他就业的正交脉冲响应

第六节　本 章 小 结

本章梳理了中国对外直接投资和就业增长趋势,从理论上分析了总体
OFDI 的就业效应,并采用时间序列数据检验了相关理论,结论显示中国
对外直接投资从总体上对城镇就业人员、第三产业就业人员和其他所有制

企业就业人员均有促进效应，对乡村就业人员、第一产业和第二产业就业人员、国有企业和集体企业就业人员有负向效应。中国总体就业的时间序列经验数据有效验证了相关理论，是对 VFS 理论的补充与完善。

首先，增长趋势分析表明中国对外直接投资规模已然成为影响就业的重要因素。梳理对外直接投资增长趋势发现，中国对外直接投资规模在中国"入世"后实现了质的飞跃，中国已经有能力运用资本要素影响来改变国内经济增长与就业增长。中国不再仅依赖"劳动力红利"，也可以借助"资本红利"推动经济增长与就业增长。

其次，理论分析表明中国对外直接投资对总体就业效应有宏观与微观两个方面的影响。采用 VFS 理论分析 OFDI 对总体就业的效应，根据中国经验数据，将 OFDI 分为国有资本与非国有资本两种形态。国有资本从宏观层面执行国家"走出去"战略，间接促进境内就业增长。非国有资本从微观层面助推"走出去"战略，直接促进境内就业增长。

最后，时间序列数据实证表明 OFDI 对总就业、城镇就业、第三产业就业和其他企业就业有显著促进效应。基于 OFDI、出口和各种就业人员的平稳时间序列数据，采用格兰杰因果检验和脉冲响应函数等时间序列研究方法，实证结论表明，OFDI 是城镇就业、第三产业就业和其他所有制企业就业人员的格兰杰因，OFDI 显著促进了这三种就业人员的增长。OF-DI 对就业的影响并非对所有企业、地区和产业均有影响，它只影响了城镇就业中的私营企业部分、第三产业部分。但是，私营企业和服务业作为中国经济发展中的重要力量发挥了巨大的作用，成为中国城镇化、吸纳中国就业的主要部分。

此外，有两个结论值得关注：一是，在格兰杰因果检验结果中有值得关注的结论，即为什么 1982～2018 年和 2001～2018 年两个时期会呈现不同的结果呢？二是，在 OFDI、出口和第三产业就业的 VAR 系统脉冲响应分析中，为什么 OFDI 对出口的脉冲响应会呈现与其他 VAR 系统不一样的结果，即 OFDI 对出口呈负向脉冲响应。对于第一个问题的分析如下：1982～2000 年大致是对外直接投资的探索时期和波动时期，虽然"走出去"战略执行得很坚定，但囿于国际环境的影响，对外直接投资规模还很小，不足以对境内就业产生显著影响。2001～2018年，中国已经完全融入世界经济体系，并通过对外直接投资影响世界经济。因此，中国对外直接投资规模和影响力足以影响境内经济与就业。对外直接投资正成为国家的战略力量，通过资本力量影响并改变境内整体就业。在国际环境影响和"走出去"战略相互交织推动下，中国对外直接投资迅猛增长。本章通过对中国 OFDI 与就业的整体分析验证了 OFDI 对国内就业的有效影响，第二个问题的分析尚没有找到合理的解释，需要更进一步探索与论证。

第五章

稳就业的地区对外直接投资路径分析

　　本章分别分析了中国各地区的对外直接投资现状和就业现状，然后根据理论机制分析了对外直接投资如何影响各地区的就业增长，最后使用省级区域面板数据进行回归实证并检验本书理论分析。首先，区域对外直接投资与区域就业现状分析结果显示，本区域对外直接投资对就业岗位增长有促进作用，区域间存在溢出效应；其次，根据第三章理论和空间经济理论可知，区域过剩资本通过对外直接投资引入外部有效需求、资源与技术等方式促进区域内生产规模扩张，增加就业岗位，吸引其他区域过剩劳动力就业，促进省际间劳动力流动。最后，采用 2008～2018 年省级面板数据进行固定效应和空间效应实证比较分析，省际固定效应面板数据的实证结果表明对外直接投资的就业效应不显著，而空间省际面板数据检验结果显著。稳健性检验基于全国和省际分行业固定效应面板模型，全国分行业面板数据回归结果显示双向直接投资对总体、国有、集体和其他企业就业有显著正向效应，省际分行业面板数据结论则表明双向直接投资对城乡差异和不同行业的就业大部分为正向效应，但城乡与行业间的就业效应存在差异。综上所述，区域对外直接投资在现状、理论和空间效应上有显著的效应。

第一节　我国各地区对外直接投资现状

区域对外直接投资既是国家"走出去"总体战略的重要部分，也是地方要素流动促进区域经济增长和就业增长的重要方式。与中央对外直接投资相比，区域对外直接投资呈现快速增长态势。

一、地方对外直接投资规模与增速

表 5-1 是 2003~2018 年央企与地方企业对外直接投资总额表，如图 5-1 所示是中央与地方对外直接投资的增长趋势，表格和图形显示地方对外直接投资总体呈增长趋势，且从 2014 年开始地方 OFDI 高于中央 OF-DI，表明地区坚决贯彻执行了"走出去"战略。而近年来，由于各种原因，中央有序调整 OFDI 投资方向和增长规模，总体呈现稳中有降趋势。但这种调整是适应国际形势变化而作出的反应，长期来看，遇到合适的国际环境将再次增长。图 5-2 描绘了 2003 年、2013 年和 2018 年中国省份 OF-DI 增长的核密度趋势图，2003~2013 年，省份核密度明显向右移，表明地区 OFDI 增长很快，2013~2018 年右移幅度较小，表明近年 OFDI 增长趋缓。图 5-2 与图 5-1 相互印证，总体表明中国省份 OFDI 呈现总体快速增长，并远高于中央企业 OFDI 的格局。区域对外直接投资已经成为中国"走出去"战略的重要力量，也是促进境内经济增长和就业增长的重要力量。

表 5-1　2003~2018 年央企与地方企业对外直接投资总额

单位：万美元

年份	央企合计	地方企业合计	总计
2003	209 751	75 714	285 465
2004	452 517	97 282	549 799
2005	1 020 369	205 748	1 226 117

续表

年份	央企合计	地方企业合计	总计
2006	1 523 692	239 705	1 763 397
2007	2 125 268	525 341	2 650 609
2008	3 598 284	587 633	4 185 917
2009	3 819 275	960 250	4 779 525
2010	4 243 698	1 774 542	6 018 240
2011	4 502 314	2 356 036	6 858 350
2012	4 352 693	3 420 576	7 773 269
2013	5 632 449	3 641 489	9 273 938
2014	5 247 617	5 472 587	10 720 204
2015	2 781 752	9 360 410	12 142 162
2016	3 071 936	15 051 198	18 123 134
2017	5 327 185	8 623 101	13 950 286
2018	2 305 691	9 826 320	12 132 011

资料来源：历年《中国对外直接投资统计公报》。

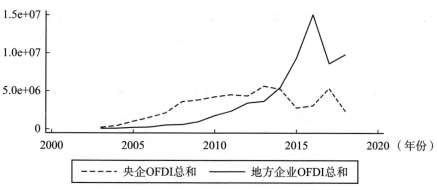

图 5 - 1　中央企业与地方企业 OFDI 增长趋势

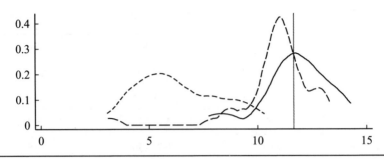

图 5 - 2　中国各地区 OFDI 核密度

二、地区对外直接投资分布不平衡

区域经济发展不平衡不充分是地区对外直接投资分布不均衡的根源（张其富等，2020）。区域经济发展不均衡致使部分地区资本过剩而部分地区劳动力过剩，区域资本过剩是大规模区域对外直接投资出现的重要原因。根据图 5 - 2 可以观察到，2018 年 OFDI 核密度曲线左边长尾很长，表明有许多省份 OFDI 还很小。曲线右边代表高对外直接投资省份，表明许多省份对外直接投资额很大。左边长尾比右边更长，说明高投资区域集中在更少的几个省份中，而更多省份对外直接投资额度较小。由此可知，区域间 OFDI 差异很大。图 5 - 3 是 2003 ~ 2018 年中国各省份 OFDI 增长趋势图，图形中区域 id1 ~ 31 分别代表各个省份[①]。鉴于数据可得性，本书区域样本剔除了中国港澳台地区。从图中可看出，北京市（1）、天津市（2）、上海市（3）、山东省（15）、江苏省（23）、浙江省（24）、广东省

---

① 区域 id 与省份的对应关系如下：（1）=北京市；（2）=天津市；（3）=上海市；（4）=重庆市；（5）=内蒙古自治区；（6）=新疆维吾尔自治区；（7）=西藏自治区；（8）=宁夏回族自治区；（9）=广西壮族自治区；（10）=黑龙江省；（11）=吉林省；（12）=辽宁省；（13）=河北省；（14）=河南省；（15）=山东省；（16）=山西省；（17）=甘肃省；（18）=陕西省；（19）=青海省；（20）=四川省；（21）=湖北省；（22）=安徽省；（23）=江苏省；（24）=浙江省；（25）=福建省；（26）=江西省；（27）=湖南省；（28）=贵州省；（29）=云南省；（30）=广东省；（31）=海南省，以下皆同。

（30）等沿海省份对外直接投资规模大且增长快，而其他省份对外直接投资规模增长平缓且规模较小。

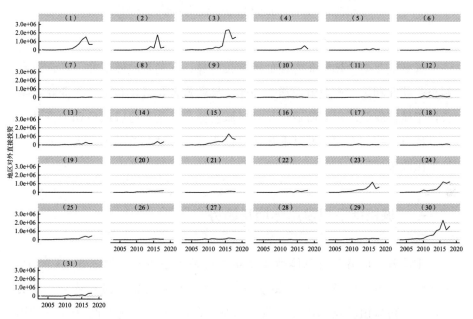

图 5 - 3　2003 ~ 2018 年中国各地区 OFDI 增长趋势

注：横坐标数字表示年份。

区域对外直接投资呈现东强中西弱的总体格局。东部沿海省份资本过剩而中西部省份劳动力过剩是东中西部经济不均衡现状的真实写照，因而中国对外直接投资的就业效应实质上是东部区域对外直接投资带动中西部就业效应的过程。根据《2018 年中国对外直接投资统计公报》数据显示，地方企业在 2018 年末的 OFDI 非金融类存量高达 7 487.5 亿美元，占全国对外非金融类直接投资的 42.4%。其中 82.2% 份额集中在东部地区，金额为 6 156.7 亿美元；中部地区 492.9 亿美元，占 6.6%；西部地区 623.5 亿美元，占 8.3%；东北三省份 214.4 亿美元，占 2.9%。广东省的对外直接存量是 2 005.5 亿美元，位列全国省份对外直接投资首位，其中深圳 1 450.8 亿美元，占广东省 72.3%。第二位至第十位，依次是上海市、北京市、浙江省、山东省、江苏省、天津市、福建省、海南省、河南省。

第二节　地区就业现状分析

区域就业与总体就业有相似的增长趋势，分别是城镇就业、私营所有制企业就业和第三产业就业增长加速，且私营企业就业和第三产业就业增长快于城镇就业。区域就业也呈现区域就业差异大和跨区域劳动力流动的自身特点。我们发现区域就业规律可以化解更多过剩劳动力，为稳就业政策提供政策建议。

一、城镇就业规模总体增长趋势

中国各省份劳动力总体就业逐年增长是不争事实。如图 5–4 所示，从 2008～2018 年，各省份城镇就业人员核密度趋势整体向右移动，表明中国各省份城镇就业总体在增长。2008～2012 年增长速度比 2012～2018 年增长速度更快，说明近年来区域就业增长幅度在减小。但是，并非所有企业的就业都在增长，国有和集体所有制就业增长较缓慢，而私营和个体等其他所有制企业就业增长更快。

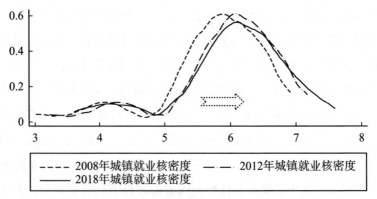

图 5–4　中国城镇就业增长趋势

二、私营企业就业与城镇就业增速

如图 5 – 5 所示，2008～2018 年，以私营所有制企业为代表的其他所有制企业增长幅度显著大于图 5 – 4 所呈现的增长幅度。2008～2012 年的就业增幅与 2012～2018 年就业增幅相仿，说明城镇就业中，国有和集体所有制企业就业或许呈下降趋势。

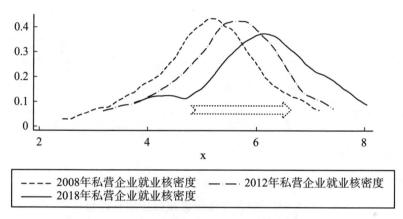

图 5 – 5　中国私营企业就业增长趋势

三、地区就业规模与增速

中国区域经济发展不平衡不充分导致各省份就业规模与增速不均。中国各省份 2008～2018 年城镇就业人员随时间变化的趋势如图 5 – 6 所示。较平缓的曲线表示就业人员增长较慢，而较陡峭的曲线表示就业人员增长较快。如图 5 – 6 中，上海市（3）、山东省（15）、江苏省（23）、浙江省（24）和广东省（30）就业规模较大且增速较快，而北京市（1）、河南省（14）、四川省（20）、湖北省（21）和安徽省（22）为第二梯队，尤其是河南省、四川省、湖北省和安徽省等传统劳动力输出大省的就业增长表明我国内陆地区的就业增长将是化解丰裕劳动力就业的重要区域。西藏自治区（7）、宁夏回族自治区（8）和青海省（19）等省份就业增长曲线几乎是一条直线，表明就业增速很慢，其余各省份就业增长也较缓慢。

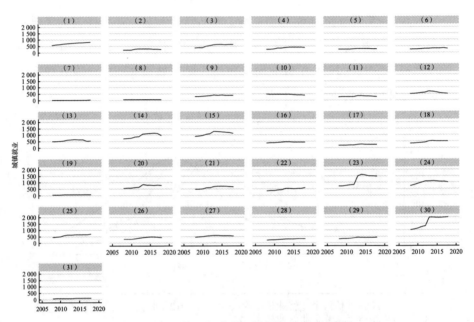

图 5-6　中国各省份城镇就业增长趋势

注：横坐标数字表示年份。

四、劳动力跨地区流动

各省份就业差异引发了许多结果，劳动力跨省份流动是最显著的特点，是因为区域经济发展不均衡致使吸纳就业能力各不相同。省际就业增长差异促使劳动力跨省份流动是自改革开放以来最普遍的区域就业现象。改革开放解除了省际间劳动力流动的行政壁垒，沿海省份通过吸引外商资本等方式引入外部有效需求，促进沿海地区经济发展和就业增长。虽然，区域间劳动力跨省份流动依然是区域就业的主要特点，但是已悄然发生了变化。据报道，2020 年新冠疫情期间，浙江为了复工复产且有效阻隔新冠疫情扩散，通过组织"点对点"专列、包车、包机等方式开辟绿色通道为外地员工顺利返程提供便利，从中西部省份将劳动力接送到浙江（张煜欢，2020）。此举获得社会广泛反响，广东等沿海省份也纷纷闻声而动，通过各种方式吸引中西部省份劳动力。改革开放之初，中西部劳动力涌入沿海地区，发展到沿海地区争抢中西部省份的过剩劳动力，沿海城市要发展需要获得中西部省份过剩劳动力是区域经济中的常态，谁能获得更多劳动力谁将在区域经济竞争中获得先机。沿海城市如何获得中西部省份的过剩劳动力，中西部省份又该如何留住过剩劳动力为本省经济发展助力，是区域经济竞赛中值得思考的问题。"问渠那得清如许，为有源头活水来"①，引入外部有效需求影响区域内部的就业效应是理论思路。不过，随着"一带一路"倡议的相关政策逐步落实，中西部地区也获得了对外直接投资进而引入外部有效需求的可能。在中国经济深度全球化的今天，中西部地区也获得了发展对外贸易和投资的机会。如图 5 - 8 所示，河南省（14）、四川省（20）、湖北省（21）和安徽省（22）等省份就业近年来增长较快就是最好的证据。国际贸易为中西部省份也带来了有效需求，进而提升了内陆地区吸纳过剩劳动力的能力。

第三节　稳就业的地区对外直接投资理论分析

中国各省份地理区位和经济不平衡，其对外直接投资呈现很大差异。外商直接投资对区域经济（许建伟和郭其友，2016）、就业（朱金生，2013；李莺莉等，2014；李豫新和孙培蕾，2015；李杨等，2017）、产业升级（李东坤和邓敏，2016；李扬和邱亮亮，2017）和转移农村剩余劳动力方面已有文献证实（许和连和赵德昭，2013；赵德昭，2014；王云凤和郑雁升，2015），而区域 OFDI 对区域内经济增长（吴绍鑫，2017）、促进国内投资（项本武，2007）也有显著效应，但对区域就业分异效果呈逐步

---

① 亚当·斯密. 国富论：下册 [M]. 郭大力，王亚南译，南京：译林出版社，2011：16.

扩大趋势（郑月明等，2008）。本章更关注对区域内就业的影响。沿海发达省份较早对外开放，在对外直接投资中也获得先机，不仅实现了本省较为充分的就业，也吸引了中西部省份的过剩劳动力。通过对区域 OFDI 和区域就业现状分析可知，区域 OFDI 呈现东部沿海 OFDI 远高于中西部地区，区域就业也呈现沿海数个省份就业规模和增速远大于中西部地区的格局。因而，中国现在呈现的局面是：沿海发达省份的资本过剩但劳动力不足，而中西部省份则是资本不足但劳动力过剩。但是，区域就业现状分析还表明，中部省份就业规模与增速也在开始增长，尤其是传统劳动力大省。一种可行的解释是：中西部省份通过"一带一路"等倡议，也直接参与了对外直接投资与国际贸易活动，对外直接投资和国际贸易等经济活动不再是沿海省份的专利。而理论上，第三章的理论分析也已论证了 OFDI 通过引入外部市场有效需求而对境内就业产生的影响。

一、地区对外直接投资的就业效应理论内容

区域 OFDI 的就业效应研究有区域内与区域间两个战略：区域内战略是如何通过各区域过剩资本对外直接投资引入外部有效需求，进而促进区域内就业增长。具体而言是各省份通过国家构建的"一带一路"等国际市场平台，进行对外直接投资并引入本省份亟须的市场需求，促进本省份就业增长；区域间战略是如何通过过剩资本进行对外直接投资引入外部有效需求，吸纳其他区域过剩劳动力就业。具体而言是东部沿海省份资本过剩，通过对外直接投资实现"资本红利"，进而吸引中西部省份的过剩劳动力，使西部省份实现"劳动力红利"。通过先富带动后富，实现整体共同富裕。

过剩要素通过寻求国际市场有效需求化解是最安全有效并能实现双赢的方式。在总体 OFDI 就业效应的理论机制中，本书基于宏观经济理论分析其传导过程。但国际市场既不自由也不免费，需要通过持续不断地进行对外直接投资获得。中国目前面临资本与劳动力双重过剩与不足并存的局面，即有的区域和行业呈现资本不足但劳动力过剩，而有的区域和行业呈现资本过剩

但劳动力不足。这是对经济现状的基本判断，也是理论分析的逻辑起点（见图5-7）。

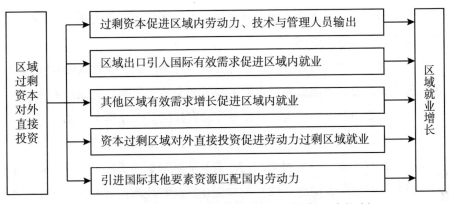

图5-7 区域对外直接投资的就业效应理论机制

时下流行观点认为，对外直接投资和贸易逆差不能促进其国内就业，而引进外商直接投资和贸易顺差才能促进其国内就业。这种观点并不新鲜，亚当·斯密对重商主义"金银输入是好的贸易而金银输出是坏的贸易"[①] 的观点进行了深刻批判。当前，美国虽是跨国投资与国际分工的最大受益者（钟声，2019），却秉承一套新型重商主义理论。这表明全球经济虽已沧海桑田，思想却面临退步的风险。作为"世界工厂"，中国产能为全球需求而设计，体现为"买全球卖全球"的特点。中国通过购买全球资源进行生产，并将产品销售全球。2008年金融危机前，中国产品主要销售市场为欧美发达国家，危机后欧美市场需求急剧下降，中国因此出现史无前例的产能过剩及随之而来的要素过剩。行业方面表现在以加工出口为导向的行业，以及国内巨大投资需求而膨胀的房地产及其相关配套行业（如钢铁、水泥等）。地区方面表现在以出口为导向的沿海发达地区。中国由此呈现资本与劳动力双重过剩与不足并存的盘根错节的复杂局面。一方

---

① 亚当·斯密. 国富论［M］. 郭大力，王亚南，译，南京：译林出版社，2011，第四篇第一章"商业主义或重商主义的原理"。

面,沿海地区因产能过剩引致资本与劳动力过剩风险,但高端人才已然缺乏,中西部面临资本不足且农村剩余劳动力转移困难;另一方面,以出口为主的行业,以及房地产、钢铁和水泥等行业产能显著过剩引发资本和劳动力要素过剩,而高科技产业则表现为资本与高科技劳动者不足,同时农业资本不足但劳动力过剩。

接下来,我们以行业为线索进行分析。过剩产能行业曾经是就业与资本高度集聚产业,也因此积累了资本与劳动力效率风险。高端产业资本与人才不足需要引导资本注入,并提高劳动者技能。农业剩余劳动力过多不仅会阻碍农业现代化,也会影响城镇化进程,它不仅是经济问题更是社会问题。总结有三点:(1)过剩产能产业只能减增量而不能过快减存量,不然会引发大规模失业问题;(2)要加强扶持高科技产业和产能,注入资本并提升就业结构;(3)农业要投资,农村劳动力要转移,不然会诱发社会稳定风险。根据要素异质性可知,高科技产业所需人才,过剩产能企业和农村劳动力不能弥补,存在劳动能力的异质性。过剩产能的资本如房地产市场的资本无法立刻引入高科技产业和中西部农村地区,存在资本异质性。直接进行过剩产能和要素存量改革将面临巨大社会风险,通过迂回方式,用过剩资本为过剩劳动力寻求就业机会是总体思路,这是 VFS 理论的理论逻辑。

VFS 理论的核心思想是通过拓展国际市场有效需求为过剩要素和产能寻找通路,满足彼此的需求。要素过剩源于有效需求不足而非生产过剩,获取有效需求是根本出路。但国际市场有效需求不是自然而然形成的,而是通过国家与企业持续不断的对外直接投资获得的。过剩产能的形成主要根源在于欧美国际市场有效需求的萎缩,需求转向其他广阔的国际市场,通过将欧美市场切换到发展中国家和新兴经济体国家市场的有效需求,逐步释放过剩产能是解决问题的最安全有效的方式。中国已经着手从对内投资与对外投资两方面解决目前的困境,对内投资为多数人所接受,但对外直接投资却引发"宁送钱给他国却不投资国内落后地区""产业空心化"等诸多干扰声音。我国已然进入了"买全球卖全球"的国际大循环体系之中，返回到国内经济小循环的道路必将阻碍经济发展。

二、地区对外直接投资的就业效应理论模型推导

本节内容根据第三章数理模型建立适宜分析区域对外直接投资的就业效应数理模型，因为第三章数理模型是根据理论构建的普适性模型，它能分析任何经济体对外直接投资的就业效应。在区域数理模型中，假设每个省份为一个区域经济体，每个省份均视为一个独立经济单元。区域经济体与国家经济体的最大区别在于，区域经济体间的流动性远高于国家间的流动性。因此，区域模型需要分两步进行处理：首先，区域经济体互不影响下的 OFDI 就业效应分析。该分析过程与总体效应分析相似，但需要同时考虑多个区域单元并进行差异比较。实证中，可以采用固定效应面板模型处理。其次，区域经济体存在空间效应下的 OFDI 就业效应。由于省际区域经济体的高度流动性，本区域 OFDI 对其他区域存在就业溢出效应，或促进效应，或替代效应。在数理模型中，笔者依据第三章理论和空间经济理论模型进行处理。实证上，使用空间效应面板计量模型进行处理。

（一）区域经济体互不影响下 OFDI 的就业效应数理模型推导

为简化起见，假设存在一个典型区域经济体，该区域总需求函数公式如下：

$$D = C(Y) + I \qquad (5-1)$$

其中，D 代表有效需求，由消费需求 $C(Y)$ 和投资需求 I 两部分组成，投资 I 取决于储蓄水平，其就业函数如下：

$$N = F(D) = F[C(Y) + I] \qquad (5-2)$$

其中，N 代表就业量。假如每个区域经济体通过对外直接投资获得的国际市场有效需求全部促进本区域就业。根据 VFS 理论可知，区域外消费需求（D_o）需通过 OFDI 获取，区域外消费需求是区域外产量（Y_o）与 OFDI 的函数，即 $D_o = C_o(Y_o, ofdi)$。区域经济体在开放经济中的有效需求函数

如下：

$$D = D_n + D_o = [C_n(Y_n) + I_n] + C_o(Y_o, ofdi) \qquad (5-3)$$

其中，下角标 n 表示区域内，o 表示区域外。D_n 代表区域有效需求，D_o 代表区域外有效需求，$C_n Y_n$ 代表区域内消费需求，I_n 代表区域内投资需求，$C_o(Y_o, ofdi)$ 代表区域外消费需求。区域内资本量创造的投资需求是资本量的函数，即 $I_I = \eta(I)$，I_I 代表区域内资本量。假如 OFDI 不在区域外而在区域内投资，它创造的投资需求是 OFDI 的函数，即 $I_{ofdi} = \varphi(ofdi)$，代表该投资额因对外投资而产生的可能损失，相当于 OFDI 的机会成本。IFDI 在区域内创造的投资需求是 IFDI 的函数，即 $I_{ifdi} = \phi(ifdi)$。因此，区域内投资需求 I_n 等于区域内资本量减去 OFDI 的机会成本 $\varphi(ofdi)$，再加上 IFDI 创造的有效需求 $\phi(ifdi)$，公式如下：

$$I_n = \eta(I) - \varphi(ofdi) + \phi(ifdi) \qquad (5-4)$$

与国家经济体相似，开放经济中的区域内就业函数如下：

$$N = F(D) = F[C_n(Y_n) + \eta(I) + \phi(ifdi) + C_o(Y_o, ofdi) - \varphi(ofdi)]$$
$$(5-5)$$

（二）区域经济体存在空间效应下的 OFDI 就业效应数理模型推导

空间效应表示区域经济体在同一个国家中，区域 OFDI 除了会影响本区域就业外，还可能会促进或替代其他区域就业。将本书理论分析与空间经济理论相结合，在前文推导基础上，本部分内容对更具有普遍意义的区域 OFDI 的就业效应数理模型进行推导。假设每个区域就业会受到其他区域 OFDI 带来的影响，每个区域 OFDI 都会影响其他区域就业。

假设每个区域就业受到其他区域 OFDI 的影响是 $C_R(R_{ofdi})$，如果是促进效应，则 $C_R(R_{ofdi})$ 是正数，而替代效应则是负数。因此，在式（5-5）基础上，区域就业的空间效应可以表示如下：

$$N = F(D) = F[C_n(Y_n) + \eta(I) + \phi(ifdi) + C_o(Y_o, ofdi)$$
$$- \varphi(ofdi) + C_R(R_{ofdi})] \qquad (5-6)$$

根据 VFS 理论假设条件，过剩产生交易，区域资本流动源于过剩。一方面，过剩资本通常在区域内无法找到更好的投资机会，或者区域外投资获益显著高于区域内投资；另一方面，区域内投资 I_n 不能满足区域内投资需求，需要 IFDI 弥补。例如，中国钢铁产品出现过剩，需要 OFDI 促进过剩产品销售到国际市场，而区域内人工智能、医药等资本不足，需要引进区域外资本。据此可知，每单位 IFDI 在区域内创造的投资需求大于每单位 OFDI 的机会成本，即 $\phi(ifdi)/ifdi > \varphi(ofdi)/ofdi$。因此，IFDI 比 OFDI 留在区域内更有利于投资需求增长，促进就业增长。

若 OFDI 创造的区域外消费需求 $C_o(Y_o, ofdi)$ 大于其机会成本 $\varphi(ofdi)$，将促进区域内就业增长，反之则相反。因 OFDI 多由过剩资本组成，要么在国内难觅投资机会，要么区域外投资收益显著高于区域内投资收益。显然，OFDI 创造的有效需求通常会大于其机会成本，即 $C_o(Y_o, ofdi) > \varphi(ofdi)$。因此，将过剩资本进行对外直接投资比在区域内投资更能促进有效需求增长，实现区域内就业增长。

第四节　空间计量模型与区域数据描述

计量模型是在数理模型基础上构建的适宜数据分析的实证模型，数据处理根据模型设定所需要的数据进行收集、归纳并统计，使用与模型相对应的回归方法进行检验。

一、空间计量模型

（一）固定效应面板模型设定

根据区域经济体互不影响下 OFDI 的就业效应数理模型，本节设定固定效应模型如下：

$$\ln employ_{it} = \alpha_0 + \alpha_1 \ln k_{it} + \alpha_2 \ln ofdi_{it} + \alpha_3 \ln ifdi_{it} + \beta_4 \ln X_{it} + \mu_i + \varepsilon_{it}$$

$$(5-7)$$

模型（5-7）中的 lnemploy 表示就业数量的自然对数，下标 i 和 t 分别表示个体和年份。核心变量为对外直接投资 ofdi。X_{it} 表示可能影响就业的其他控制变量，μ_i 为个体固定效应，ε_{it} 是随机扰动项。固定效应模型中，主要关注系数 α_1、α_2。如果 α_1、α_2 为正，表明双向直接投资促进经济体就业，反之则替代了就业。

（二）空间效应面板模型

与数理模型推导类似，基于前文固定效应模型考虑区域间的空间交互效应，设定空间计量模型如下：

$$lnemploy_{it} = \beta_0 + \beta_1 lnk_{it} + \beta_2 lnofdi_{it} + \beta_3 lnifdi_{it} + \beta_4 lnX_{it} + \beta_5 Wlnemploy_{it}$$
$$+ \beta_4 Wlnofdi_{it} + \beta_5 WlnX_{it} + \eta_i + \xi_{it} \qquad (5-8)$$
$$\xi_{it} = \lambda W\xi_{it} + \tau$$

空间计量模型（5-8）是在模型（5-7）基础上增加了被解释变量、核心变量及其他控制变量的空间交互项，W 表示空间权重矩阵。若系数 β_2 为正，表明双向直接投资促进就业，反之则为替代就业。系数 β_4 代表其他区域 OFDI 对本区域就业的影响，若为正则表示空间效应为正，其他区域 OFDI 正向溢出效应促进了本区域就业；若该系数为负表示其他区域 OFDI 对本区域的负向溢出效应替代了本区域就业。空间权重矩阵 W 是空间计量模型的基础，本书使用省会城市间距离的倒数作为权重矩阵。其公式如下：

$$w_{ij} = 1/d_{ij}^{\gamma} \qquad (5-9)$$

空间计量模型差异体现在，空间权重矩阵和不同变量之间的交互项上，目前常见的空间计量模型有七种（陈强，2014），具体描述如表5-2所示。

表5-2 空间计量模型描述

模型名称	空间交互项
SAR（spatial autoregressive model）	WY
SEM（spatial error model）	Wu

续表

模型名称	空间交互项
SLX（spatial lag of X model）	WX
SAC（spatial autoregressive combined model）	WY，Wu
SDM（spatial Durbin model）	WY，WX
SDEM（spatial Durbin error model）	WX，Wu
GNS（general nesting spatial model）	WY，WX，Wu

二、地区数据来源与处理

本章主要采用的 2008～2018 年区域就业量数据和行业 2003～2018 年就业量数据来源于历年《中国统计年鉴》和《中国劳动统计年鉴》。1984～1999 年对外直接投资数据来源于《中国对外经济贸易统计年鉴》，2000～2018 年对外直接投资数据来源于《中国对外直接投资统计公报》和《世界投资报告》及中国商务部网站和联合国贸发会议（UNCTAD）。吸收外商直接投资（IFDI）及其他变量包括固定资产投资、出口贸易额、工资水平、教育水平和医疗水平等相对应年份数据来源于《中国统计年鉴》。教育水平用每千人普通高等院校在校人数表示，医疗水平用医生数量表示。计量分析实证数据的统计描述如表 5-3 所示，表中的数据已进行对数处理。本章剔除了中国港澳台地区等数据缺失较多的样本，样本容量为 31。西藏自治区两年的外商投资缺失值采用均值法处理。核心变量分别是两组变量，即对外直接投资流量与存量、进口额和出口额。前者根据《中国对外直接投资统计公报》获得，后者从《中国统计年鉴》获得。根据我国经济实际情况，本书认为地区教育水平、医疗水平、经济水平、财政状况和外资引进等因素对当地的就业有影响，控制这些变量能更恰如其分地分析 OFDI 和国际贸易对就业的影响。教育水平用每万人的高校本科生数量度量，医疗水平用卫生技术人员数量度量，经济水平用人均 GDP 度量，财政状况用一般预算收入与支出度量，外资引进用外商直接投资额度量。

表 5 – 3 变量数据统计

变量	Obs	Mean	Std. Dev.	Min	Max
就业量	31	5. 927293	0. 896407	3. 010128	7. 587452
OFDI 净额	31	10. 591170	2. 214713	0. 000000	14. 689630
OFDI 存量	31	12. 091430	1. 989802	5. 023881	16. 758440
进出口总额	31	17. 332240	1. 678189	12. 904450	20. 810890
出口额	31	16. 695300	1. 676214	12. 436710	20. 286440
进口额	31	16. 414450	1. 861513	10. 189790	19. 936290
外商投资净额	31	10. 718350	1. 521049	6. 280396	14. 382090
教育水平	31	7. 739495	0. 333287	6. 876265	8. 817298
医疗水平	31	3. 942684	0. 303110	3. 091042	5. 043425

资料来源：历年《中国对外直接投资统计公报》《中国统计年鉴》。

三、回归方法

本章主要使用固定效应面板模型与空间计量面板模型进行实证分析以检验 VFS 理论。固定效应模型通过 Hausman 检验显示固定效应比随机效应更有效，实证中通过增减控制变量构建不同模型并进行稳健回归的比较分析。

第五节 地区数据实证分析

区域阻隔使一国国内资本不能完全自由无阻力地进行流动而出现过剩与不足，大规模双向直接投资旨在对国内外资本进行调节使资本数量与结构匹配劳动力以促进就业增长。本节固定效应和空间计量模型实证分析基于省际面板数据，主要检验双向直接投资在区域阻隔与空间交互效应下对就业增长的影响。下一节稳健性检验基于全国行业面板数据和省际行业面板数据，进一步检验双向直接投资在行业阻隔作用下对就业增长的影响，与本节内容相呼应。

一、固定效应回归结果

固定效应模型使用固定效应回归分析，解释变量使用城镇就业人员，核心变量分别使用省际 OFDI 流量与省际 IFDI 投资净额，其他控制变量分别使用省际全社会固定资本投资额、教育水平、医疗水平、城镇工资水平和出口贸易额。回归分析中，所有变量均取对数值。实证结果如表 5 - 4 所示。

表 5 - 4　　　　核心变量面板固定效应回归结果

自变量	(1)	(2)	(3)	(4)	(5)	(6)
OFDI 流量	0. 0552 *** [0. 0071]	0. 0590 *** [0. 0114]	0. 0502 *** [0. 0070]	—	—	—
OFDI 存量	—	—	—	0. 0837 *** [0. 0106]	0. 0936 *** [0. 0121]	0. 0804 *** [0. 0112]
出口额	0. 1577 *** [0. 0124]	—	—	0. 1085 *** [0. 0139]	—	—
进口额	—	0. 1163 *** [0. 0336]	—	—	0. 0701 ** [0. 0311]	—
进出口额	—	—	0. 1878 *** [0. 0127]	—	—	0. 1272 *** [0. 0166]
常数项	2. 7097 *** [0. 2299]	3. 39368 *** [0. 5586]	2. 1396 *** [0. 2413]	3. 104381 *** [0. 2075]	3. 6437 *** [0. 4476]	2. 7504 *** [0. 2337]

续表

自变量	(1)	(2)	(3)	(4)	(5)	(6)
个体效应	有	有	有	有	有	有
时间效应	有	有	有	有	有	有
R^2	0.7344	0.7004	0.7267	0.7197	0.6751	0.7121
F 值	98.91 (0.0000)	2.08 (0.0000)	123.23 (0.0000)	113.38 (0.0000)	59.24 (0.0000)	136.15 (0.0000)
Hausman	通过	通过	通过	通过	通过	通过
观测值	31	31	31	31	31	31

注: ***、** 分别表示在1%、5%水平上显著;方括号内数据表示稳健回归标准误差;圆括号内数据表示 P 值。

表5-4 显示了控制相关变量进行固定效应分析而产生的回归结果:一方面,就业人员往往会考虑子女教育、医疗等因素;另一方面,考虑到 OFDI 与 IFDI 的相关性,本书加入了省际教育水平、医疗水平和外商直接投资等控制变量,在控制这些因素前提下更准确地探索 OFDI 和国际贸易对地区就业的影响。在控制多种变量的前提下,表5-4 中的模型(1)、(2)和(3)是 OFDI 流量分别与进口、出口和进出口贸易额的回归模型,模型(4)、(5)和(6)分别是 OFDI 存量与进口、出口和进出口贸易额的回归模型。表5-4 的模型有如下几个特点:一是核心变量的系数均减少,但幅度较小;二是除模型(2)和模型(5)中的进口变量在5%和10%水平上显著外,其余核心变量均在1%水平上显著;三是 OFDI 流量为核心变量时,IFDI 净额变量的系数均在1%水平上显著,而核心变量为 OFDI 存量时,IFDI 净额变量均不显著。回归结果清晰显示出 OFDI 和国际贸易在控制一些重要因素的前提下,仍然对就业会产生显著的促进效应。

表5-4 和表5-5 的结果充分证明,OFDI 与国际贸易对地区就业有正向的促进作用,是对"OFDI 和进口不能促进就业,IFDI 和出口才能促进就业"观点的有力反驳。

表 5 - 5 加入控制变量的面板固定效应回归结果

自变量	（1）	（2）	（3）	（4）	（5）	（6）
OFDI 净额	0.0390 *** [0.0069]	0.0319 *** [0.0103]	0.0342 *** [0.0066]	—	—	—
OFDI 存量	—	—	—	0.0778 *** [0.0160]	0.07707 *** [0.0176]	0.0719 *** [0.0165]
出口额	0.1289 *** [0.0174]	—	—	0.1080 *** [0.0168]	—	—
进口额	—	0.0822 ** [0.0326]	—	—	0.0634 * [0.0317]	—
进出口额	—	—	0.1513 *** [0.0210]	—	—	0.1240 *** [0.0197]
IFDI 净额	0.0855 *** [0.0297]	0.1058 *** [0.0348]	0.0872 *** [0.0299]	0.0145 [0.0397]	0.02539 [0.0404]	0.0206 [0.0426]
教育水平	-0.0628 [0.2173]	0.1710 [0.2173]	-0.0301 [0.2131]	-0.0531 [0.1938]	0.1312 [0.1927]	-0.0211 [0.1911]
医疗水平	0.1112 [0.1494]	0.0827 [0.1575]	0.1002 [0.1518]	0.05799 [0.1319]	0.0326 [0.1352]	0.0524 [0.1339]
常数项	2.5975 ** [1.1806]	1.5340 [1.1821]	1.9401 * [1.1193]	3.2655 *** [1.1135]	2.5684 ** [1.1964]	2.6929 ** [1.0939]
个体效应	有	有	有	有	有	有
时间效应	有	有	有	有	有	有
R^2	0.7204	0.6490	0.7082	0.7159	0.6473	0.7068
F 值	5.78 (0.0000)	27.82 (0.0000)	69.70 (0.0000)	48.45 (0.0000)	36.20 (0.0000)	65.29 (0.0000)
Hausman 检验	通过	通过	通过	通过	通过	通过
观测值	31	31	31	31	31	31

注：***、** 和 * 分别表示在 1%、5% 和 10% 水平上显著；方括号内数据表示稳健回归标准误差；圆括号内数据表示 P 值。

表5-5中模型（1）、（2）、（3）为仅含核心自变量的随机与固定效应模型，两者结果用于比较分析。模型（4）、（5）、（6）是逐步增加控制变量的固定效应模型回归结果，模型 RE、FE、FE1、FE2、FE3 和 FE4 的回归结果显示核心变量系数均显著，表明 OFDI 与 IFDI 对资本有很强的调节作用从而促进就业增长。模型 FE5 和 FE6 的核心系数仅模型 FE6 中的对外直接投资系数在 5% 水平上显著。当仅考虑固定效应模型，在控制工资水平和出口额变量时，核心变量不显著。在省际面板数据条件下，核心变量效应不显著很有可能是因为省份间存在空间交互效应。为此，本书考虑采用空间计量模型进行空间分析。

二、空间效应回归结果

在进行空间计量回归前，需要做莫兰检验和模型选择。莫兰检验可以判定省际间是否存在空间效应，模型选择可以判定哪个或哪几个模型适合本书的空间计量。对核心变量进行莫兰检验，结果如表5-6所示。

表5-6   **2008~2018年莫兰检验值**

检验	2008 年	2009 年	2010 年	2011 年	2012 年	2013 年
Moran'I	0.0100	0.8300	0.4700	0.4900	0.2900	0.3700
P-value	0.9324	0.3627	0.4934	0.4847	0.5899	0.5414
检验	2014 年	2015 年	2016 年	2017 年	2018 年	—
Moran'I	0.4800	1.2900	0.1600	0.4300	0.5300	—
P-value	0.4866	0.2552	0.6895	0.5136	0.3467	

莫兰检验原假设是随机扰动项是独立同分布（H0：error is i. i. d.），其取值通常在 [-1, 1] 范围内，有时也会因为某些特殊原因出现异常值，如表5-6中2015年莫兰值。莫兰值大于0为正向空间效应，小于0则为负向空间效应。如表5-6所示，2008~2018年核心变量的空间效应为正向交互效应，有必要使用空间计量模型进行回归分析。选择适合模型是进行空间计量分析的关键，影响实证分析的效果。因此，分别对核心变

量和全部控制变量进行所有模型回归，以进行模型判定和选择。结果如表 5 - 7 所示，第 2~8 列分别是空间滞后（SAR）、空间误差（SEM）、空间自变量滞后（SLX）、空间自回归联合（SAC）、空间杜宾（SDM）、空间杜宾误差（SDEM）和一般嵌套空间（GNS）七类不同的空间计量模型结果。因变量也是城镇就业人员，与固定效应模型回归相同，所有变量均取对数值。

　　表 5 - 7 中，第 2~8 行分别是自变量及其回归系数，第 10~18 行分别是空间自变量及其回归系数。选择最优模型有三个依据：一是存在嵌套关系的模型其似然值（Log likelihood）比较，如 SAC 与 SEM 模型判定，可通过 LR = -2[logL$_{(SEM)}$ - logL$_{(SAC)}$] 值与 $\chi^{(1)}_{0.05}$ 比较；二是 R^2，值越大表明模型拟合程度越高；三是赤池信息准则（AIC）和贝叶斯信息准则（BIC）检验值，该值越小则模型越可靠。首先根据似然比值比较可知，SAC 与 SEM 的 LR 值大于 $\chi^{(1)}_{0.05}$ =3.84，SAC 模型优于 SEM 模型。

　　同理可知，GNS 模型优于 SDEM 模型和 SLX 模型，而 SDM 模型优于 GNS 模型。SAR 与 SAC 模型的 LR 值为 3.3032，与 3.84 相差不大，但是 SAC 模型的赤池信息准则小于 SAR 模型且前者的拟合值（0.6302）远高于后者（0.6184）。以此类推，SDM 模型比较适合。SAC 模型与 SDM 模型不存在嵌套关系，故无法比较。因此，通过全面考虑，本书认为应该构建 SAC 与 SDM 模型，并与 GNS 模型回归结果进行比较，结果如表 5 - 8 所示。

　　在表 5 - 7 的基础上，表 5 - 8 中的模型 SAC2、SDM2、GNS2 比 SAC1、SDM1、GNS1 增加了控制变量出口贸易额。比较表 5 - 8 的固定效应回归结果，表中所呈现的信息显示，在考虑空间交互效应条件下，OFDI 与 IFDI 对就业的影响显著为正。模型 SAC1 和 SAC2 的结果显示，固定资产投资、城镇工资水平、贸易出口额等变量对就业有显著影响，空间滞后项显著为正表明其他地区就业水平对某地区的就业水平有正向影响。SAC2 模型的就业水平对就业有显著负向影响是实证中的意外收获，证实了富裕地区对落后地区的人才具有"掐草尖"效应（张其富等，2018）。其他模型的分析与此类似，皆可得出 OFDI 与 IFDI 对就业的正向影响作用，证实了理论传导机制。

表 5 - 7　空间计量回归模型判定甄选

变量	SAR	SEM	SLX	SAC	SDM	SDEM	GNS
OFDI	0.011**	0.010*	0.007	0.012**	0.009*	0.010*	0.009*
IFDI	0.031*	0.045**	0.038*	0.032*	0.045**	0.038*	0.048**
固定资产投资	0.043	0.030	0.023	0.050*	0.014	0.020	0.013
教育水平	-0.151*	-0.162*	-0.197**	-0.158**	-0.179**	-0.180**	-0.183**
医疗水平	0.040	0.010	0.056	0.076	0.047	0.053	0.048
城镇工资水平	-0.030	0.203***	-0.169	-0.093*	-0.175	-0.179	-0.169
出口贸易额	0.047***	0.057***	-0.001	0.043***	0.003	0.006	0.003
sigma_e 常数项	0.077***	0.079***	0.077***	0.075***	0.074***	0.074***	0.073***
W × 因变量	0.683***	—	—	0.792***	0.478***	—	0.589***
W × 误差项	—	0.716***	—	-0.567*	—	0.523***	-0.267
W × OFDI	—	—	-0.002	—	0.017	0.042	0.014
W × IFDI	—	—	0.000	—	0.000	0.000	0.000
W × 固定资产投资	—	—	0.362***	—	0.152	0.234	0.117

续表

变量	SAR	SEM	SLX	SAC	SDM	SDEM	GNS
W×教育水平	—	—	-0.759*	—	-0.410	-0.734	-0.288
W×医疗水平	—	—	0.955***	—	0.900***	1.002***	0.835***
W×城镇工资水平	—	—	-0.423**	—	-0.369**	-0.386**	-0.350**
W×出口贸易额	—	—	0.281***	—	0.191***	0.242***	0.170***
aic	-607.899	-593.554	-610.987	-609.203	-626.870	-624.722	-625.420
bic	-574.270	-559.925	-558.675	-571.837	-570.822	-568.674	-565.635
Pseudo R²	0.6184	0.5943	0.3007	0.6302	0.3725	0.3516	0.3908
Wald test	93.68	80.98	85.41	216.51	113.95	91.94	151.24
Log likelihood	312.9497	305.7771	319.4937	314.6013	328.4351	327.3611	328.7100
观测值	31	31	31	31	31	31	31

注：***、**和*分别表示在1%、5%和10%的水平上显著。

表 5-8　　SAC、SDM 和 GNS 模型的空间计量回归结果比较

变量	SAC1	SAC2	SDM1	SDM2	GNS1	GNS2
OFDI	0.011**	0.012**	0.009*	0.009*	0.015***	0.009*
IFDI	0.033*	0.032*	0.041**	0.045**	0.037*	0.048**
固定资产投资	0.068**	0.050*	0.027	0.014	0.040	0.013
教育水平	-0.084	-0.158**	-0.170**	0.179**	0.189**	0.183**
医疗水平	0.052	0.076	0.050	0.047	0.083	0.048
城镇工资水平	-0.103**	-0.093*	-0.205*	-0.175	-0.218**	-0.169
出口贸易额	—	0.043***	—	0.003	—	0.003
W×因变量	0.830***	0.792***	0.655***	0.478***	-0.636***	0.589***
W×误差项	-0.425	-0.567*	—	—	0.860***	-0.267
W×OFDI	—	—	0.002	0.017	0.112**	0.014
W×IFDI	—	—	0.000	0.000	0.000	0.000
W×固定资产投资	—	—	0.162	0.152	0.357*	0.117
W×教育水平	—	—	0.501	-0.410	-0.663	-0.288

续表

变量	SAC1	SAC2	SDM1	SDM2	GNS1	GNS2
W × 医疗水平	—	—	0.171	0.900***	1.193***	0.835***
W × 城镇工资	—	—	-0.157	-0.369**	-0.417*	-0.350**
W × 出口贸易额	—	—	—	0.191***	—	0.170***
sigma_e 常数项	0.077***	0.075***	0.076***	0.074***	0.071***	0.073***
aic	-599.645	-609.203	-608.696	-626.870	-623.192	-625.420
bic	-566.015	-571.837	-560.121	-570.822	-570.880	-565.635
Pseudo R²	0.5433	0.6302	0.3973	0.3725	0.3733	0.3908
Wald test	328.70	216.51	156.36	113.95	648.30	151.24
Log likelihood	308.8223	314.6013	317.3480	328.4351	325.5960	328.7100
N	31	31	31	31	31	31

注：***、**和*分别表示在1%、5%和10%的水平上显著。

第六节　地区行业对外直接投资的
就业效应稳健性检验

前文基于省级面板数据论证了对外直接投资通过获取有效需求推动就业增长，检验了理论的正确性。本节内容是对前述实证结果的稳健性检验，也是对理论分析的检验。与区域对要素流动的阻隔类似，行业对各种要素流动也存在阻隔影响。对行业 OFDI 的就业效应进行回归分析，可以进一步分析 OFDI 的就业效应稳健性和理论的普遍性。本节根据全国分行业和省级分行业面板数据进行回归，以检验行业对外直接投资的就业效应。

行业对外直接投资呈现第三产业强，第一、第二产业弱的格局。就业趋势也显示，第一产业劳动力过剩，而服务产业则是吸纳就业的主要领域。《2018 年中国对外直接投资统计公报》显示，2018 年末，第三产业对外直接投资存量为 15 457.9 亿美元，占中国对外直接投资存量的 78%。第二产业为 4 236.4 亿美元，占 21.4%。第一产业为 128.4 亿美元，占 0.6%。按更细分的国民经济行业划分，租赁和商务服务行业以 6 757.4 亿美元位列第一，占全国对外直接投资存量的 34.1%，以投资控股为主要目的，主要投资地点分布在中国香港地区、英属维尔京群岛、百慕大群岛、开曼群岛、新加坡、卢森堡和荷兰等国家与地区；批发与零售行业 2 326.7 亿美元，占 11.7%；金融业 2 179 亿美元，占 11%；ITC 行业 1 935.7 亿美元，占 9.8%，是自然人对外直接投资较为集中的行业；制造业 1 823.1 亿美元，占 9.2%，其中装备制造业 959.2 亿美元，占制造业对外直接投资存量的 52.6%；采矿业 1 734.8 亿美元，占 8.8%。以上行业是对外直接投资的主体，占比 84.6%。其他行业占比 15.4%，依次包括房地产，科学研究与技术服务，建筑业，电力、燃气与水生产与供应行业，农林牧副渔业，居民服务与修理行业，文体娱乐业，教育业，住宿餐饮，水利环保和社会工作 11 个行业。

一、地区分行业面板结果

省级分行业面板数据是以每个行业的省级就业量为因变量，省级 OF-DI 与 IFDI 面板数据为自变量进行回归分析以检验双向直接投资对各个行业的就业影响，对各个行业就业进行差异分析，结果如表 5 - 9 所示。

表 5 - 9　　　　　　省级行业 OFDI 的就业效应回归结果

自变量	采矿业	制造业	电力、水、燃气业	建筑业	交通运输业	信息传输业
OFDI	0.021	0.052 ***	0.032 ***	0.122 ***	0.037 **	0.082 **
IFDI	- 0.156 **	0.043	0.108 ***	0.318 ***	0.161 ***	0.321 ***
常数项	3.597 ***	3.331 ***	0.725 *	- 1.044	0.787 **	- 2.669 **
个体效应	有	有	有	有	有	有
时间效应	有	有	有	有	有	有
R^2	0.0060	0.6331	0.3271	0.5392	0.6839	0.7010
aic	- 18.675	- 289.911	- 370.390	137.781	- 439.467	- 16.879
bic	- 11.202	- 282.438	- 362.917	145.254	- 431.994	- 9.406
N	31	31	31	31	31	31

自变量	批发零售业	住宿餐饮业	金融业	房地产业	租赁和商务服务业	科学研究业
OFDI	0.091 ***	0.064 ***	0.049 **	0.165 ***	0.054 ***	0.055 ***
IFDI	0.139 **	0.072	0.207 ***	0.431 ***	0.406 ***	0.216 ***
常数项	0.307	0.219	- 0.181	- 4.585 **	- 3.000 **	- 0.796 **
个体效应	有	有	有	有	有	有

续表

自变量	批发零售业	住宿餐饮业	金融业	房地产业	租赁和商务服务业	科学研究业
时间效应	有	有	有	有	有	有
R²	0.7252	0.7111	0.7175	0.7565	0.7564	0.6071
aic	−176.580	−181.500	−538.223	79.470	−40.486	−344.801
bic	−169.106	−174.026	−530.750	86.943	−33.013	−337.327
N	31	31	31	31	31	31

自变量	水利等行业	居民服务业	教育业	卫生等行业	文体娱乐业	公共管理和社会组织
OFDI	0.029	0.075 **	0.022 ***	0.045 **	0.017 *	0.035 ***
IFDI	0.151 ***	0.073	0.050 ***	0.223 ***	0.066 **	0.120 ***
常数项	−0.104	−1.359	2.979 ***	0.049	0.393	2.047 ***
个体效应	有	有	有	有	有	有
时间效应	有	有	有	有	有	有
R²	0.5496	0.5187	0.4001	0.5446	0.0132	0.2670
aic	−495.087	131.655	−1.1e+03	−648.348	−709.221	−853.572
bic	−487.614	139.128	−1.1e+03	−640.875	−701.747	−846.099
N	31	31	31	31	31	31

注：*、**、*** 分别代表在10%、5%和1%水平上显著。

从表5-9可知，对外直接投资对大部分行业的就业存在显著正向效应，少部分行业，如采矿业、水利等行业和文体娱乐业就业效应不显著。为何这些行业系数不显著？这个结论并没有推翻理论分析。OFDI通过市场寻求、资源寻求或利润回流等方式，可以促进境内相关行业就业增长，并不必然对所有行业在任何时期均会产生促进效应。正如第四章1982~2018年实践趋势分析显示，OFDI主要促进了第三产业和其他所有制企业的就业，而并非所有行业和企业都有促进效应。从行业属性分析，采矿业属于资本密集型行业，水利环保等行业是公共品行业，这两个行业对劳动力的需求较稳定，因 OFDI 而增加的总有效需求未能传导至这两个行业的就业市场。OFDI 对其他行业就业的显著正向促进效应表明，对外直接投资推动了大部分行业的就业增长，但存在行业差异。

二、分行业下企业大类回归结果

本部分内容检验对外直接投资对企业大类就业促进效应的理论假设。本书将 2003 ~ 2017 年全国分行业数据区分为国有企业分行业、集体企业分行业和其他企业分行业面板数据回归进行比较分析。表 5 – 10 中 2 ~ 5 列分别是全国分行业、国有企业分行业、集体企业分行业和其他类型企业分行业就业人员固定效应模型回归结果。

表 5 – 10　　　　　　　分行业下 OFDI 的就业效应回归结果

自变量	全国分行业就业人员	国有企业分行业就业人员	集体企业分行业就业人员	其他类型企业分行业就业人员
OFDI	0.039***	0.007	− 0.012	0.125***
IFDI	0.082***	0.004	− 0.023	0.182***
常数项	4.807***	5.075***	2.909***	1.391***
个体效应	有	有	有	有
时间效应	有	有	有	有
aic	− 114.896	35.904	10.560	195.261
R^2	0.0107	0.2518	0.0850	0.4498
观测值	19	19	19	19

注：***代表在 1% 水平上显著。

如表 5 – 10 所示，全国分行业及其他分行业数据回归的变量系数的显著水平为 1%，但国有企业和集体企业的回归系数不显著。国有企业和集体企业系数不显著符合中国现状，验证了第四章的 OFDI 与就业的趋势分析，国有企业与集体企业就业的增长趋势与 OFDI 趋势不一致。

中国 OFDI 并不必然促进国有企业和集体企业就业，但却显著促进了其他所有制企业就业增长，这是中国的典型现象。国有和集体企业就业人员占全社会就业人员比重很小，其他包括私营、个体、外资、股份等企业的就业人员占全社会就业很大比重。故全社会就业与其他企业就业人员呈现较为一致趋势，与国有和集体企业呈现差异较大的趋势。因此，需要在控制某些条件下对四种类型企业分别进行回归分析。表 5 - 10 是分行业下国有和集体企业的就业效应分析，表 5 - 11 是分行业下全国与其他企业的就业效应分析。

表 5 - 11   国有与集体企业 OFDI 的就业效应回归结果

自变量	国有企业分行业就业人员	集体企业分行业就业人员
OFDI	0.042 ***	0.031 ***
IFDI	0.074 ***	0.068 ***
全社会固定资产投资	0.210 ***	0.157 ***
国有企业工资水平	- 0.806 ***	—
集体企业工资水平	—	- 0.724 ***
常数项	10.650 ***	7.493 ***
R^2	0.0779	0.0951
个体效应	有	有
时间效应	有	有
aic	- 63.611	- 173.066
观测值	19	19

注：*** 代表在 1% 水平上显著。

表5－11的结果显示，通过控制固定投资额和相应的工资水平变量，双向直接投资对国有企业和集体企业的就业增长呈显著促进作用，固定资产投资变量对就业的作用也在1%水平上显著为正。此外，还发现工资水平变量在1%水平上显著为负的有趣"悖论"，本书对此不作解释，留待进一步研究。

表5－12的结果表明，在控制相对应固定资产投资变量的前提下，双向直接投资对就业呈显著正向效应，且其他企业比全国分行业就业效应更显著。国有和集体企业是我国经济的中流砥柱，越来越依赖资本的作用而更少依赖劳动力。过剩劳动力则需要更多的其他企业吸纳，比如，私营企业、个体企业、外资企业甚至海外企业。

表5－12　　全国与其他企业 OFDI 的就业效应回归结果

自变量	全国分行业就业人员	其他类型企业分行业就业人员
OFDI	0.010 *	0.093 ***
IFDI	0.023 *	0.168 ***
全社会固定资产投资	0.200 ***	——
外商固定资产投资	——	0.121 **
港澳台固定资产投资	——	0.168 ***
常数项	4.035 ***	0.717 **
R^2	0.0718	0.4597
个体效应	有	有
时间效应	有	有
aic	－ 199.892	156.290
观测值	19	19

注：* 、** 、*** 分别表示在10% 、5% 、1%水平上显著。

第七节 本 章 小 结

区域经济体是既竞争又合作的经济单元，区域对外直接投资引入外部有效需求，既能直接促进本区域就业也能影响其他区域经济体就业。本章通过分析区域对外直接投资与就业现状认为，区域对外直接投资与区域就业有直接关联。根据第三章的理论构建了区域对外直接投资的就业效应，理论上阐述了区域经济体与国家经济体的异同。最后，采用2008～2017年省际 OFDI、国际贸易额和就业数据及其他控制变量的面板数据来从静态和动态两方面检验理论。静态分析表明，省际 OFDI 流量、OFDI 存量、进口额、出口额和进出口等核心变量的反复检验结果均显示其对省际就业增长存在显著的正向促进效应。动态分析同样显示，核心变量的系数均为正向促进效应。稳健性检验分别从城乡差异、行业差异和地区差异展开检验。城镇就业表现为显著正向促进效应，而乡村就业则是显著的替代效应，这是城镇对农村劳动力"掐草尖"的又一有力证据。行业差异检验中，除采矿业不显著外，其余产业的检验结果均显著为正，且对房地产、建筑业和信息技术等产业的就业促进效应最强。地区差异检验结论表明，对就业的促进效应呈现东中西逐次减弱的趋势。无论是动静态分析还是稳健性分析，结论均表明，中国的 OF-DI 与国际贸易对就业存在显著的正向促进效应，在批判了"OFDI 和进口不能促进就业"谬论的同时完善了 VFS 理论，进一步论证了斯密国际分工与贸易思想的正确性。根据以上现状、理论与实证分析结果，本章得出如下结论与建议。

第一，设立中西部对外金融中心，扶持中西部地区对外直接投资与贸易，促进省域经济发展与就业增长。虽然，中国各省份间经济往来密切，但是各省份之间还存在竞争。为了促进区域经济平衡发展，省域经济通过对外贸易可以获得更多发展机会，"一带一路"的出发点从中国中西部省份出发，为中西部省份直接从事对外经济提供了更多的机会。以往，中西部地区过剩资本对外直接投资需要借助沿海地区的金融市场，因此沿海地区也成为全国各地区过剩资本的集聚地。现在中国全面开放，中国中西部也成为对外直接投资的第一线，中西部资本无须再通过沿海地区进入海外市场。因此，中西部地区设立对外金融中心，有利于中西部地区过剩资本"走出去"进入国际市场，获取本区域所需的资源、技术和资本等要素。

第二，利用沿海地区"资本红利"助推内陆地区发展。应该重视通过对外直接投资迂回方式促进区域经济均衡发展。双重过剩，即沿海地区的资本过剩与中西部地区劳动力过剩，是区域经济不均衡的现实状况。而沿海有许多资本并不适合直接投资中西部地区，比如，沿海许多高科技产业无法投资中西部产生相应的经济效益。沿海地区的过剩资本可以通过迂回方式，对外直接投资获得价值增值，将中西部亟须的资源、技术和资本回流以促进中西部经济发展并促进就业增长。对外直接投资可以从境外获得"资本红利"，通过价值增值回流促进中西部地区就业增长。

第三，获得中西部地区的劳动力成为决定沿海区域未来竞争的主要力量。跨省区间的劳动力流动仍是解决中西部省份劳动力过剩的重要方式。东强中西弱的经济格局暂时还无法改变，中西部过剩劳动力对中西部省份是巨大的就业压力，而东部省份的劳动力稀缺资本过剩亦是真实写照。但随着中西部地区直接进入国际市场，中西部地区也加入全球化链条，劳动力报酬也在上升，东部获取中西部过剩劳动力需要更高成本。东部沿海省份如何获得中西部省份的劳动力，决定了东部沿海省份能否在将来的竞争中获胜。2020 年初，新冠疫情肆虐中华大地，东部沿海省份为了复工复产，采取"点对点"方式从中西部地区跨省区运送员工返岗。浙江和广东等省份在这一轮中"抢人大战"中获得先机。可以说，东部省份如何获得中西部劳动力决定了其未来的发展。

研究过程中发现了两个有趣的现象：第一，教育作为控制变量时，静态分析的系数为负而动态分析大部分为正，且几乎不显著。根据经济常识可知，教育水平应该与就业水平呈正相关；第二，IFDI 作为控制变量时，静态分析中，核心变量是 OFDI 流量时，IFDI 的系数显著为正；核心变量是 OFDI 存量时，IFDI 系数不显著。动态分析中，IFDI 系数均为负。这两个发现虽然不是本书研究的主题，却是进一步研究的方向。

第六章

稳就业的企业对外直接
投资路径分析

本章分析了企业的对外直接投资发展状况及就业状况，然后根据理论机制分析了企业对外直接投资如何影响母公司就业增长，最后基于面板数据实证分析了区域对外直接投资的就业效应并检验了理论。首先，本章根据统计数据和企业数据库数据，分别分析了企业对外直接投资与就业总体现状。其次，根据第三章理论分析了跨国企业对外直接投资通过获取外部有效需求促进母公司员工增长的理论机制，根据理论与相关文献推导了本章数理模型。最后，实证分析采用两个数据库和两种回归分析方法。两个数据库分别是：1998~2013 年中国工业企业数据库和 2011~2019 年上市企业数据库。两种方法分别是静态和动态分析方法，静态分析采用固定效应面板回归方法，动态面板回归分析采用 GMM 回归方法。对中国工业企业数据的静态分析，采用固定效应回归方法，结果表明，有 OFDI 的企业的就业数量显著高于无 OFDI 的企业的就业数量；动态分析采用系统 GMM 方法表明，有 OFDI 的企业及其一阶滞后项系数均正向且显著。稳健性实证分析使用 2011~2019 年上市企业数据，静态回归表明，上市企业的海外收入促进了母公司员工数量；动态 GMM 回归实证结果显示，上市企业的海外收入及其一阶滞后项均显著促进了母公司员工数量。

第一节 企业对外直接投资现状分析

随着"走出去"战略的深入推进，越来越多中国企业走出国门参与全球竞争，成为活跃在国际市场上的重要力量（杨立强和卢进勇，2018）。中国企业在境外的投资活动不断增加，投资规模逐步扩张，投资结构逐步优化。截至 2018 年底，中国 2.7 万家境内投资者集聚在租赁和商务服务、批发和零售、制造业等行业，企业的境外资产已达到 6.6 万亿美元，企业的境外直接投资存量为 19 822.7 亿美元[①]。本节内容分别从洲际分布、投资方式、境内投资者构成、省际分布及行业分布等方面进行鸟瞰。

一、对外直接投资企业洲际分布

（一）中国对外直接投资企业基本覆盖全球

根据《2018 年中国对外直接投资统计公报》数据公布，中国境内投资者于 2018 年末在世界范围内设立境外企业 4.29 万家[②]，遍及 188 个国家或地区，比 2017 年末多 3 600 多家，仅有 44 个偏远小国（地区）尚没有对外直接投资。中国企业对外直接投资在全球各洲的覆盖率与尚未覆盖到的国家和地区分别列举如下：亚洲境外企业覆盖率为 97.9%[③]，欧洲为 87.8%[④]，非洲为 86.7%[⑤]，北美洲为 75%[⑥]，拉丁美洲为 67.3%[⑦]，大洋

[①] 资料来源：《2019 年度中国对外直接投资统计公报》。

[②] 与商务部网站公布的数据有些许出入，但基本吻合，商务部网站中对外投资和经济合作司公布的《境外投资企业（机构）备案结果公开名录》显示，截至 2020 年 3 月 1 日，中国有 42 665 家境外企业。

[③] 亚洲仅尼泊尔没有覆盖。

[④] 欧洲仅安道尔、直布罗陀、摩纳哥、梵蒂冈城国、法罗群岛、圣马力诺 6 个国家尚未覆盖。

[⑤] 非洲有加那利群岛、塞卜泰、留尼汪、索马里、梅利利亚、斯威士兰、马约特、西撒哈拉 8 个国家尚未覆盖。

[⑥] 北美洲仅格陵兰未覆盖。

[⑦] 南美洲有阿鲁巴、伯利兹、博内尔、库腊群岛、法属圭亚那、瓜德罗普、海地、马提尼克、蒙特塞拉特、波多黎各、萨巴、圣马丁岛、特克斯和凯科斯群岛、圣基茨和尼维斯、圣皮埃尔和密克隆、荷属安地列斯 16 个国家尚未覆盖。

洲为50%①，尚未覆盖的国家和地区如脚注所示，这些国家与地区均是偏远小国与地区，事实上中国企业对外直接投资已经遍布全球。

（二）中国境外企业以中国为中心辐射全球

表6-1显示，中国境外企业从2016年的37 164家增加到2018年的42 872家，分布在各大洲的比重较为稳定，说明境外企业在各洲均衡增加。《2018年中国对外直接投资统计公报》显示，2018年末，中国境外企业数在亚洲超过2.2万家，占57%②，而在中国香港地区就超过1.2万家，中国香港地区已经成为中国对外投资最活跃的地区。2018年末，按照境外企业数量排名，前20的国家和地区企业总数超过2.9万家，占总数74.9%③。境外企业以中国为中心"走出去"，向全球辐射，成为获取世界市场有效需求的重要载体。

表6-1 境外企业洲际数量与占比

洲际	2016年		2017年		2018年	
	境外企业（家）	占比（%）	境外企业（家）	占比（%）	境外企业（家）	占比（%）
亚洲	20 748	55.8	22 078	56.3	24 437	57.0
北美洲	5 650	15.2	5 928	15.1	6 211	14.5
欧洲	4 177	11.3	4 195	10.7	4 581	10.7
非洲	3 254	8.8	3 413	8.7	3 680	8.6

① 大洋洲有盖比群岛、马克萨斯群岛、瑙鲁、新喀里多尼亚、诺福克岛、社会群岛、所罗门群岛、土阿莫土群岛、土布艾群岛、图瓦卢、法属波利尼西亚、瓦利斯和富图纳12个国家尚未覆盖。
② 主要分布在中国香港、新加坡、日本、越南、韩国、印度尼西亚、老挝、泰国、柬埔寨、马来西亚、阿拉伯联合酋长国、蒙古国等。
③ 中国设立境外企业数量前20的国家和地区依次为：中国香港、美国、澳大利亚、俄罗斯联邦、德国、新加坡、日本、英属维尔京群岛、越南、加拿大、韩国、印度尼西亚、老挝、泰国、柬埔寨、开曼群岛、马来西亚、英国、阿拉伯联合酋长国、蒙古国。

续表

洲际	2016 年		2017 年		2018 年	
	境外企业（家）	占比（%）	境外企业（家）	占比（%）	境外企业（家）	占比（%）
拉丁美洲	2 058	5.5	2 236	5.7	2 565	6.0
大洋洲	1 277	3.4	1 355	3.5	1 398	3.2
合计	37 164	100.0	39 205	100.0	42 872	100.0

资料来源：2016～2018 年《中国对外直接投资统计公报》。

二、企业对外直接投资主要投资方式

中国企业对外直接投资主要有三种方式：股权投资、债务工具投资及当期收益再投资。2006～2018 年，中国企业 OFDI 净额和其三种不同投资方式的净额及其占比如表 6-2 所示。

表 6-2 企业 OFDI 净额和三种不同投资方式的净额及其占比

年份	OFDI 净额（亿美元）	新增股权方式		当期收益再投资方式		债务工具投资方式	
		净额（亿美元）	占比（%）	净额（亿美元）	占比（%）	净额（亿美元）	占比（%）
2006	211.6	51.7	24.4	66.5	31.4	93.4	44.2
2007	265.1	86.9	32.8	97.9	36.9	80.3	30.3
2008	559.1	283.6	50.7	98.9	17.7	176.6	31.6
2009	565.3	172.5	30.5	161.3	28.5	231.5	41
2010	688.1	206.4	30	240.1	34.9	241.6	35.1
2011	746.5	313.8	42	244.6	32.8	188.1	25.2
2012	878	311.4	35.5	224.7	25.6	341.9	38.9

续表

年份	OFDI 净额 (亿美元)	新增股权方式		当期收益再投资方式		债务工具投资方式	
		净额 (亿美元)	占比 (%)	净额 (亿美元)	占比 (%)	净额 (亿美元)	占比 (%)
2013	1 078.4	307.3	28.5	383.2	35.5	387.9	36
2014	1 231.2	557.3	45.3	444	36.1	229.9	18.6
2015	1 456.7	967.1	66.4	379.1	26	110.5	7.6
2016	1 961.5	1 141.3	58.2	306.6	15.6	513.6	26.2
2017	1 582.9	679.9	42.9	696.4	44	206.6	13.1
2018	1 430.8	704.0	49.2	425.3	29.7	301.1	21.1

资料来源：2006～2018 年《中国对外直接投资统计公报》。

以 2018 年为例，新增股权投资方式高达 704 亿美元，占比为 49.2%；当期收益再投资方式为 425.3 亿美元，占比为 29.7%；债务工具投资净额为 301.1 亿美元，占比为 21.1%。表 6 - 2 的数据可得出三个结论：（1）各种投资方式增长均很快。（2）新增股权成为最重要的投资方式。新增股权比重从 2006 年的 24.4% 增长到 2018 年的 49.2%，债务工具投资比重从 2006 年的 44.2% 下降到 2018 年的 21.1%。（3）当期收益再投资波动很大。当期收益再投资根据境外企业收益比例进行再投资，其波动程度与全球经济环境息息相关，可以作为观察全球经济的晴雨表。全球经济市场是境外企业的土壤，其收益难免受到影响。中国境外企业通过对外直接投资方式从国际市场引入了有效需求。

三、企业对外直接投资者构成

中国各类境内的对外直接投资者（境内投资者）稳步增加且集聚在有限责任公司、私营企业和股份有限公司三种类型。表 6 - 3 数据显示了工商登记注册类型的境内投资者数量与比重。以 2018 年为例，境外企业达

到 27 182 家，各种类型企业家数和比重分别为：有限责任公司为 11 878
家，占中国对外投资比重为 43.7%；私营企业有 6 583 家，占比为
24.2%；股份有限公司有 3 013 家，占比为 11.1%；而国有企业则为
1 335 家，占比为 4.9%；外商投资企业 1 347 家，占比为 5%；中国港澳
台商投资企业有 999 家，占比为 3.7%；个体经营企业有 654 家，占比为
2.4%；股份合作企业有 429 家，占比为 1.6%；集体企业 96 家，占比为
0.4%；联营企业 65 家，占比为 0.2%；其他 783 家，占比为 2.9%。

表 6 - 3　　　　工商登记注册类型的境内投资者数量与比重

类型	2016 年		2017 年		2018 年	
	企业数（家）	比重（%）	企业数（家）	比重（%）	企业数（家）	比重（%）
有限责任公司	10 536	43.2	10 577	41.4	11 878	43.7
私营企业	6 386	26.2	6 570	25.7	6 583	24.2
股份有限公司	2 474	10.1	2 790	10.9	3 013	11.1
国有企业	1 268	5.2	1 422	5.6	1 335	4.9
外商投资企业	1 175	4.8	1 280	5.0	1 347	5.0
中国港澳台商投资企业	776	3.2	854	3.4	999	3.7
个体经营	593	2.4	646	2.5	654	2.4
股份合作企业	498	2.0	465	1.8	429	1.6
集体企业	113	0.5	94	0.4	96	0.4
联营企业	—	—	—	—	65	0.2
其他	583	2.4	831	3.3	783	2.9
合计	24 402	100.0	25 529	100.0	27 182	100.0

资料来源：2016~2018 年《中国对外直接投资统计公报》。

2016~2018 年，各类境内投资者除股份合作和集体企业外均呈增长趋

势，但有限责任公司、私营企业和股份有限公司比重始终占据前三名，且与第四名国有企业比重有较大差距。从境内投资者分布情况可知，中国对外直接投资的主体是国有与集体以外的其他类型企业，因而对外直接投资能促进其他类型企业就业，这与第四章的分析十分吻合。有限责任等企业通过数量优势，通过对外直接投资引入外部有效需求，促进了除国有和集体以外的其他企业就业增长。

四、对外直接投资企业的省际分布

境内的海外直接投资企业主要分布在沿海省份。表 6 - 4 数据显示了，2014～2018 年中国主要省份设立境外企业数量。以 2018 年为例，中央企业和单位为 6 118 家，仅占 14.3%；地方企业 36 754 家，占 85.7%。其中，广东 8 191 家，是拥有境外企业数量最多的省份；浙江 4 454 家；江苏 3 443 家；上海、北京、山东、福建、辽宁、湖南、天津位列地方境外企业数量第 4～10 位。值得一提的是，仅深圳市就有 6 572 家，超过了除广东以外所有其他省份。

表 6 - 4　　　　　　中国主要省份设立境外企业数量　　　　单位：家

主要省份	2014 年	2015 年	2016 年	2017 年	2018 年
中央企业与单位	4 363	3 955	4 394	5 291	6 118
广东省	5 293	5 232	6 592	6 860	8 191
浙江省	3 320	3 516	4 111	4 295	4 454
江苏省	2 690	2 649	3 281	3 591	3 443
上海市	1 891	2 268	2 883	2 943	3 303
北京市	1 011	1 966	2 677	2 747	3 169
山东省	1 812	1 990	2 448	2 688	2 490
福建省	872	1 028	1 139	1 159	1 291

续表

主要省份	2014 年	2015 年	2016 年	2017 年	2018 年
辽宁省	1 028	1 050	1 210	1 130	1 083
湖南省	649	659	748	832	932
天津市	701	573	669	737	865
四川省	435	431	622	665	709
黑龙江省	607	569	654	—	—
河北省	453	483	543	637	665
河南省	658	509	597	581	—
湖北省	—	—	—	574	—
云南省	591	—	—	—	599
其他	2 717	3 375	4 119	4 475	5 560
总计	29 091	30 253	36 687	39 205	42 872

资料来源：2014~2018 年《中国对外直接投资统计公报》。

沿海省份是中国对外直接投资的集聚地，得益于改革开放的前沿，也印证了第五章沿海地区几乎集聚了区域 OFDI。目前，境外投资企业固然尚还集中于沿海经济发达省份，但中西部地区也在不断增长。随着"走出去"战略不断深化，中国中西部地区也开通了内陆港，中西部地区不需要借助沿海，尤其是经济特区也能实施对外直接投资。如表 6 - 4 数据显示，湖南和四川等身处中西部的省份 2014~2018 年的境外企业数量不断增长。

五、境外企业行业分布

中国境外企业经营活动主要分布在批零、制造、租赁与商务服务四类行业，表 6-5 是中国境外企业的行业分布情况表。截至 2018 年底，前三名分别是批发与零售业、制造业、租赁和商务服务业，分别有 12 056 家、8 577 家和 5 592 家，占比为 28.1%、20.0% 和 13.0%，其余建筑业行业占比均在 10% 以下。2016～2018 年，批发与零售业、制造业、租赁和商务服务业均处于前三位，此乃海外投资行业结构优化调整的结果。

表 6-5　　　　　中国境外企业的行业分布情况

行业	2016 年		2017 年		2018 年	
	境外企业（家）	占比（%）	境外企业（家）	占比（%）	境外企业（家）	占比（%）
批发与零售业	10 648	28.7	11 136	28.4	12 056	28.1
制造业	7 721	20.8	8 056	20.5	8 577	20.0
租赁和商务服务业	4 889	13.2	5 087	13.0	5 592	13.0
建筑业	2 386	6.4	2 782	7.1	3 261	7.6
信息软件和信息技术服务业	1 745	4.7	2 022	5.2	2 393	5.6
农/林/牧/渔业	1 737	4.7	1 769	4.5	1 897	4.4
科学研究和技术服务业	1 578	4.3	1 707	4.4	1 954	4.6
采矿业	1 516	4.1	1 510	3.9	1 524	3.6
交通运输/仓储和邮政业	1 004	2.7	1 092	2.7	1 181	2.8
居民服务和其他服务业	944	2.5	932	2.4	972	2.3
房地产业	910	2.4	879	2.2	877	2.0
电力、热力、燃气及水生产和供应业	464	1.2	571	1.5	675	1.6
文化/体育和娱乐业	477	1.3	514	1.3	546	1.3
金融业	488	1.3	459	1.2	587	1.4
住宿和餐饮业	384	1.0	374	1.0	407	0.9
教育	112	0.3	135	0.3	168	0.4

行业	2016 年		2017 年		2018 年	
	境外企业（家）	占比（%）	境外企业（家）	占比（%）	境外企业（家）	占比（%）
其他	161	0.4	180	0.4	205	0.5
合计	37 164	100.0	39 205	100.0	42 872	100.0

资料来源：2016～2018 年《中国对外直接投资统计公报》。

从行业分布情况数据表 6-5 可知，中国对外直接投资优化调整到有利于获取国际市场有效需求的行业领域。中国应该加强农林牧副渔行业和教育行业的投资，农业行业的对外直接投资有利于弥补中国该行业领域的短板，促进境内过剩农业劳动力就业。教育行业的投资有利于为中国的教育输出提供中国教育模式，最终为中国大学生就业提供岗位。

第二节 企业就业现状分析

一、各种类型企业就业与对外直接投资现状

按照中国工商行政管理部门登记注册标准，企业可分为国有、有限责任、私营、个体、集体、股份合作、联营、中国港澳台商投资、外商投资企业和股份有限公司等类型。图 6-1 是各种类型企业 1992～2018 年就业增长趋势图，图形所示可知，私营企业和个体企业是吸纳就业人员的主要企业类型。以 2018 年为例，私营企业吸纳 21 375.4 万人；个体企业吸纳 16 037.6 万人；有限责任公司吸纳 6 555 万人；国有企业吸纳 5 740 万人；其他企业共吸纳就业人员 4 318 万人，其中，集体企业 347 万人、股份合作企业 66 万人、联营企业 12 万人、股份公司 1 875 万人、中国港澳台商

投资企业 1 153 万人、外商投资企业 1 212 万人。中国就业岗位越来越依靠私营和个体等类型企业提供，即"中小微企业"。

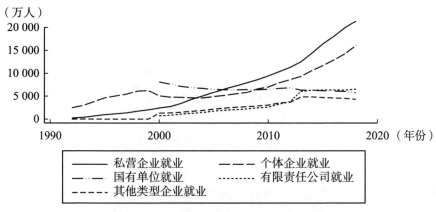

（万人）

图 6-1　各种类型企业就业增长趋势

注：其他类型企业包括集体、股份合作、联营、中国港澳台商投资、外商投资企业和股份有限公司。

图 6-2 是各种类型境内投资者数量增长趋势图，如图形所示可知，有限责任公司和私营企业是主要境内投资者类型。以 2018 年为例，在进行对外直接投资的境内投资者中，有限责任公司有 11 878 家；私营企业有 6 583 家；股份公司有 3 013 家；外商投资企业有 1 347 家；国有企业有 1 335 家；中国港澳台商投资企业有 999 家，占比为 3.4%；个体经营企业有 654 家，占比为 2.5%，股份合作企业有 429 家，占比为 1.8%；集体企业有 96 家，占比为 0.4%；联营企业 65 家，占比为 0.2%；其他类型企业有 848 家，占比为 3.3%。

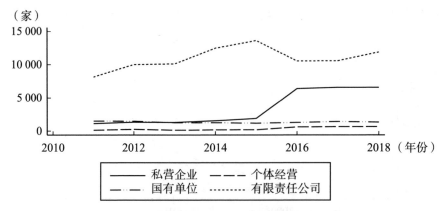

图 6 - 2　各种类型境内投资者数量增长趋势

图 6 - 1 和 6 - 2 表明，吸纳就业以私营企业、个体经营和有限责任公司为主体，而有限责任公司、私营企业和股份公司则是活跃在国际市场上的主要投资者群体。两者之间存在一定相关关系，即在国际市场上越活跃的企业类型能提供更多就业岗位，吸纳更多就业人员。个体经营属于微型企业，虽然数量众多，但由于规模微小而无法大规模"走出去"，因而对外直接投资企业数量偏少。但其增长速度较快，从 2011 年的 110 家增长到 2018 年的 654 家，占比从 0.8% 增长到 2.4%。随着"走出去"战略不断深入，中国将会有更多中小微企业沿着国家开辟的国际商路，进入国际市场，进而吸纳更多过剩就业人员。

鉴于数据可得性，本书将采用 1998 ~ 2013 年中国工业企业数据和上市企业数据，检验企业对外直接投资的就业效应理论机制。因此，接下来分别对中国工业企业和上市企业的出口与就业的现状进行分析。

二、工业企业出口与就业现状

使用中国工业企业数据检验理论具有较普遍的代表性。在总体数据分析中可知，第二产业对外直接投资与就业增长间没有直观的相关关系，如果企业数据能检验理论更能说明理论的可靠性。表 6 - 6 是 1998 ~ 2013 年工业企业出口与吸纳就业现状，项目有企业数量、出口交货值、工业销售产值和从业人数。数据分为统计数据和加总数据，分别来源于《中国统计年鉴》宏观统计数据和中国工业企业数据库微观数据加总。统计数据是1998～2018 年数据，微观数据仅有 1998～2013 年数据，宏观统计数据中没有相应的就业人员数据。两种数据比较可知，宏观统计数据和微观加总数据基本一致。

表 6－6　　1998～2018 年中国工业企业出口与就业情况

年份	企业数（家）		出口交货值（亿元）		工业销售产值（亿元）		从业人数（人）
	统计数据	汇总数据	统计数据	汇总数据	统计数据	汇总数据	汇总数据
1998	165 080	165 121	10 842	10 841.35	—	65 376.52	56 441 593
1999	162 000	162 036	11 545	11 545.13	—	70 632.11	58 050 546
2000	162 885	162 886	14 575.03	14 575.03	83 678.17	83 678.06	55 593 413
2001	171 000	169 033	16 245.09	16 103.52	93 182.87	91 822.01	52 967 918
2002	182 000	181 859	20 055.24	20 055.24	108 585.81	108 585.81	55 206 640
2003	196 000	196 225	26 941.75	26 941.75	139 453.22	139 453.22	57 485 680
2004	276 474	279 092	40 484.17	—	197 805.15	—	66 270 827
2005	271 835	271 838	47 741.19	47 741.19	246 946.37	246 927.72	69 319 844
2006	301 961	301 962	60 559.65	60 549.98	310 828.58	310 815.16	73 489 989
2007	336 768	336 769	73 393.39	73 387.49	397 626.73	397 598.92	78 751 953
2008	426 113	411 407	82 498.38	79 795.75	494 733.65	477 115.20	84 713 416
2009	434 364	351 798	72 051.75	64 339.36	536 134.06	472 636.83	76 861 081
2010	452 872	348 537	89 910.12	89 446.26	684 735.2	472 991.22	135 419 984
2011	325 609	302 593	99 612.37	97 804.99	827 796.99	852 402.46	96 415 092
2012	343 769	311 314	106 610.16	101 998.86	909 797.17	852 195.63	102 852 484

年份	企业数（家）		出口交货值（亿元）		工业销售产值（亿元）		从业人数（人）
	统计数据	汇总数据	统计数据	汇总数据	统计数据	汇总数据	汇总数据
2013	369 813	344 875	112 824.03	110 811.93	1 019 405.3	987 816.13	147 552 638
2014	377 888	——	118 414.25	——	1 092 197.99	——	——
2015	383 148	——	116 013.09	——	1 104 026.7	——	——
2016	378 599	——	117 842.74	——	1 151 950.07	——	——
2017	372 729	——	——	——	——	——	——
2018	378 440	——	——	——	——	——	——

注：（1）统计数据中没有相应的从业人员数据；（2）2004 年中国工业企业数据库中没有统计出口交货值；（3）中国工业企业数据库没有 2013 年以后的数据；（4）"——"表示没有统计数据；（5）表 6-6 中的统计数据与加总数据的含义是，将本书使用的数据库数据与国家统计数据进行比较，以便发现数据库数据的真实有效性。本章的实证分析基于微观的企业数据展开。

资料来源：统计数据来自《中国统计年鉴》；汇总数据来自《中国工业企业数据库》。

因此，统计数据呈现了 1998～2018 年的出口状况，微观数据则呈现了 1998～2013 年的就业状况。由数据可知，2018 年工业企业数量为 378 440 家，2016 年工业企业出口交货值和工业产值分别是 117 842.74 亿元和 1 151 950.07 亿元，2013 年工业企业共吸纳 147 552 638 人就业。这些数据表明，中国工业企业的产能、出口和就业在中国所有企业中占据重要地位。接下来使用中国工业企业数据检验理论，具有较为普遍的代表性。

三、上市企业海外收入与就业现状

上市企业数据具有典型代表性。表 6-7 是中国上市企业海外收入与就业统计表，该表概括了上市企业的海外收入与就业的总体现状。以 2018

年为例，中国上市企业有3 747家，其中，有海外收入数据统计的企业有
2 272家；有全公司员工数据统计的企业有3 670家；有母公司员工数据统
计的企业有3 479家；员工总数分为全公司和母公司两类，全公司员工总
数为25 667 259人，母公司员工总数为6 025 531人；员工均值由员工总
数除以有就业统计企业数得到，分别为6 994人和1 732人。

表6-7　　　　　　　中国上市企业海外收入与就业统计

年份	有海外收入的企业数（家）	有就业统计企业数（家）		员工总数		员工均值	
		全公司总数（家）	母公司总数（家）	全公司（人）	母公司（人）	全公司（人）	母公司（人）
2010	1 321	2 514	—	13 062 165	—	5 196	—
2011	1 662	3 049	14	15 087 133	10 145	4 948	725
2012	1 848	3 292	42	16 929 511	101 455	5 143	2 416
2013	1 972	3 461	1 057	18 010 410	2 910 810	5 204	2 754
2014	2 063	3 650	1 147	19 010 774	2 957 719	5 208	2 579
2015	2 118	3 699	2 493	20 120 554	4 699 910	5 439	1 885
2016	2 219	3 744	3 075	21 572 737	5 160 058	5 762	1 678
2017	2 253	3 747	3 450	22 860 702	5 630 015	6 101	1 632
2018	2 272	3 670	3 479	25 667 259	6 025 531	6 994	1 732
2019	2 342	3 747	3 476	23 743 304	5 188 918	6 337	1 493

注：2010年没有统计母公司员工数据。
资料来源：Wind。

根据表6-7可知，上市企业中大部分企业均有海外收入，意味着大
部分企业均有对外直接投资活动。根据所属区域划分，上市企业全公司员
工由三部分构成：公司总部所在地的母公司员工、公司总部以外的国内其
他地区员工和国外员工。前两部分统称国内员工，占较大比例。国外员工

中有一部分是国内派遣出去的员工，另一部分是当地招聘的员工，国外员工中由国内派遣出去员工占很大比例。《2018 年中国对外直接投资统计公报》显示，2018 年末境外直接投资企业员工总数为 359.5 万人，中方员工占 52.5％，比上一年多 16.7 万人。因此，使用上市公司海外收入数据和母公司员工数据回归分析可以直接证明对外直接投资是否提升了企业在国内的员工数量增长，而使用全公司员工数据可以基本证明对外直接投资是否提升了企业在国内的员工数量增长。

第三节　企业对外直接投资的就业效应理论分析

企业与区域、国家既有联系又有区别，究竟是什么原因促使企业进行对外直接投资（吴先明和黄春桃，2016；李童和皮建才，2019），导致企业 OFDI 的就业效应与区域和国家 OFDI 的就业效应既有相同之处又有不同之处。相同之处在于外部有效需求能促进就业的理论思想，不同之处在于企业 OFDI 的就业效应是直接效应，而区域和国家 OFDI 的就业效应是间接效应。

一、企业对外直接投资的就业效应理论传导

企业是对外直接投资的主体，企业 OFDI 的投资区域与企业生产率存在相关关系（卢进勇，2003；朱凤慧，2016；张海波，2017），中国企业对外直接投资对国内经济（赵先进等，2015；王书杰，2016；杨平丽和张建民，2017；严兵和肖琬君，2018）、企业创新（申朴和刘康兵，2012；李沁筑，2017；杨挺等，2018）产生了显著促进效应。企业 OFDI 更简单灵活，只需要借助已有的国际市场平台即可进行对外直接投资，企业通过市场寻求、资源寻求、技术反向溢出（葛顺奇和罗伟，2016；王谦，2018）等方面影响国内经济增长与就业增长。因竞争力或市场饱和等因素

导致企业产品在国内市场出现过剩时，企业会通过 OFDI 寻求国际市场。根据第三章理论分析框架可以分析企业 OFDI 的就业效应理论机制。企业借助国际市场平台进行对外直接投资活动，为企业过剩资源寻求国际市场。

二、企业对外直接投资的就业效应数理模型推导

本部分根据前述理论传导机制和德赛等（Desai et al.，2009）理论模型为依据，推导企业 OFDI 的就业效应数理模型，基于企业生产函数和成本约束，探究企业对外直接投资如何影响母公司员工数量增长，如图 6 - 3 所示。

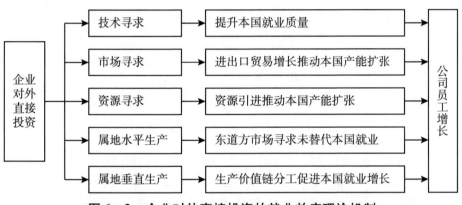

图 6 - 3　企业对外直接投资的就业效应理论机制

为简化起见，假定存在一家典型企业，它拥有两种同质生产要素 k 和 l，k 代表资本，l 代表劳动力。本书的分析建立在竞争市场中成本约束条件下，企业试图实现利润最大化。该企业生产函数为：

$$q = q(k, l, k^*) \tag{6-1}$$

每家企业的投资分境内投资 k 与对外直接投资 k^* 两部分，l 是境内劳动投入量。企业收益函数为：

$$R = R(q, y^*) \tag{6-2}$$

y^* 代表外部有效需求市场。成本约束条件是：

$$I \leqslant ck + \omega l + c^* k^* \tag{6-3}$$

其中，c 代表境内投资资本利率，ω 代表境内市场工资率，c* 代表境外投资成本。因此，企业要解决的问题是在成本约束条件下，如何通过选择 k、l 和 k* 实现企业利润最大化，数学表达式为：

$$\max_{\{k,l,k^*\}} R = R(q, y^*)$$

其约束条件是：$I \leqslant ck + \omega l + c^* k^*$

根据上述表达式，建立拉格朗日函数，企业利润最大化目标可以表达成：

$$L = R(q, y^*) - \lambda[I - (ck + \omega l + c^* k^*)] \quad (6-4)$$

分别对 k、l 和 k* 求函数偏导，得到如下必要条件：

$$\frac{\partial L}{\partial k} = \frac{\partial R}{\partial q} \cdot \frac{\partial q}{\partial k} + \lambda c = 0 \quad (6-5)$$

$$\frac{\partial L}{\partial l} = \frac{\partial R}{\partial q} \cdot \frac{\partial q}{\partial l} + \lambda \omega = 0 \quad (6-6)$$

$$\frac{\partial L}{\partial k^*} = \frac{\partial R}{\partial q} \cdot \frac{\partial q}{\partial k^*} + \lambda c^* = 0 \quad (6-7)$$

$$\frac{\partial L}{\partial \lambda} = I - (ck + \omega l + c^* k^*) = 0 \quad (6-8)$$

根据式（6-5）、式（6-6）、式（6-7），可以求出：

$$\lambda = \frac{\partial R}{\partial q} \cdot \frac{\partial q}{\partial k} \cdot \frac{1}{c} = \frac{\partial R}{\partial q} \cdot \frac{\partial q}{\partial l} \cdot \frac{1}{\omega} = \frac{\partial R}{\partial q} \cdot \frac{\partial q}{\partial k^*} \cdot \frac{1}{c^*}$$

简化后得出：

$$\frac{c}{\omega} = \frac{\partial q/\partial k}{\partial q/\partial l} = e_{lk} \quad (6-9)$$

$$\frac{c}{c^*} = \frac{\partial q/\partial k}{\partial q/\partial k^*} = e_{kk^*} \quad (6-10)$$

$$\frac{c^*}{\omega} = \frac{\partial q/\partial k^*}{\partial q/\partial l} = e_{lk^*} \quad (6-11)$$

这些公式表明：（1）企业境内资本利率与境内市场工资率之比等于境内资本对劳动投入的替代弹性；（2）企业境内资本利率与境外资本利率之比等于境内资本对 OFDI 的替代弹性；（3）企业的境外资本利率与境内市场工资率之比等于 OFDI 对境内劳动力的替代弹性。通过式（6-8）、式（6-9）与式（6-11），可以得出：

$$I = e_{lk} \cdot \omega \cdot k + e_{lk*} \cdot \omega \cdot k^* + \omega l \qquad (6-12)$$

整理得到：

$$l = \frac{I}{\omega} - e_{lk} \cdot k - e_{lk*} \cdot k^* \qquad (6-13)$$

从式（6-13）可知，境内资本投资（k）与对外直接投资（k^*）对企业就业效应是同方向的。根据要素替代弹性经济理论和生产函数曲线，可知生产函数边界切线等于其要素替代弹性且呈右下倾斜，境内资本与对外直接投资资本对劳动力的替代弹性（e_{lk}）和（e_{lk*}）是负数。根据公式可知，企业在境内的就业量与境内资本和境外资本投入成正比。式（6-13）可改为：

$$l = \frac{I}{\omega} + (-e_{lk}) \cdot k + (-e_{lk*}) \cdot k^* \qquad (6-14)$$

以上分析推导了企业就业量与 OFDI 静态函数关系。为进一步分析企业就业量与 OFDI 的动态函数关系，笔者在上述分析基础上引入增量变量和全微分方程。企业利润函数如下：

$$\pi = R(q, y^*) - (ck + \omega l + c^* k^*) \qquad (6-15)$$

通过对 k、l、k^* 求偏导求解满足利润最大化条件如下：

$$\frac{\partial R(q, y^*)}{\partial q} \cdot \frac{\partial q}{\partial k} = c \qquad (6-16)$$

$$\frac{\partial R(q, y^*)}{\partial q} \cdot \frac{\partial q}{\partial k^*} = c^* \qquad (6-17)$$

$$\frac{\partial R(q, y^*)}{\partial q} \cdot \frac{\partial q}{\partial l} = \omega \qquad (6-18)$$

企业就业量的增减与工资水平直接相关，为了对企业就业量增量进行分析，笔者需要对企业利润最大化工资方程式（6-16）进行全微分处理：

$$d\omega = \frac{\partial q}{\partial l} \cdot \frac{\partial^2 R}{\partial q^2} \left(\frac{\partial q}{\partial k} \cdot dk + \frac{\partial q}{\partial l} \cdot dl + \frac{\partial q}{\partial k^*} \cdot dk^* \right) + \frac{\partial R}{\partial q} \left(\frac{\partial^2 q}{\partial l \partial k} \cdot dk + \frac{\partial^2 q}{\partial l^2} \right.$$

$$\left. \cdot dl + \frac{\partial^2 q}{\partial l \partial k^*} \right) + \frac{\partial q}{\partial l} \cdot \frac{\partial^2 R}{\partial q \partial y^*} dy^* \qquad (6-19)$$

当 dω=0 时，式（6-19）可变形得到：

$$dl = \dfrac{\left(\dfrac{\partial q}{\partial l} \cdot \dfrac{\partial q}{\partial k} \cdot \dfrac{\partial^2 R}{\partial q^2} + \dfrac{\partial R}{\partial q} \cdot \dfrac{\partial^2 q}{\partial l \partial k}\right) \cdot dk + \left(\dfrac{\partial q}{\partial l} \cdot \dfrac{\partial q}{\partial k^*} \cdot \dfrac{\partial^2 R}{\partial q^2} + \dfrac{\partial R}{\partial q} \cdot \dfrac{\partial^2 q}{\partial l \partial k^*}\right) \cdot dk^* + \dfrac{\partial q}{\partial l} \cdot \dfrac{\partial^2 R}{\partial q \partial y^*} \cdot dy^*}{-\left[\left(\dfrac{\partial q}{\partial l}\right)^2 \dfrac{\partial^2 R}{\partial q^2} + \dfrac{\partial R}{\partial q} \cdot \dfrac{\partial^2 q}{\partial l^2}\right]}$$

$$(6-20)$$

首先，分析式（6-20）中分母部分。一阶导数 $\partial R / \partial q > 0$，二阶导数 $\partial^2 R / \partial q^2 > 0$ 和 $\partial^2 q / \partial l^2 < 0$，因此公式中分母部分是正数。

其次，分析式（6-20）中分子前两部分。第一部分第一项中二阶导数 $\partial^2 R / \partial q^2 \leqslant 0$，当 $\partial^2 q / \partial l \partial k < 0$ 且 $|(\partial R / \partial q) \cdot (\partial^2 q / \partial l \partial k)| > |(\partial q / \partial l) \cdot (\partial q / \partial k) \cdot (\partial^2 R / \partial q^2)|$ 时，分子部分才大于 0，反之则小于 0。第二部分分子结构与第一部分相似，分析过程和结果类似。因此，dl 与 dk、dk^* 间的关系需要根据实际情况判断，企业境内投资和 OFDI 增量对境内就业增量的影响，取决于收益函数对企业产能的一阶导数、二阶导数，以及企业产能对就业、OFDI 的一阶导数与二阶导数。

最后，分析式（6-20）中分子的第三部分，代表境外有效需求增量对境内就业增量的影响。如果产能的边际收益 $\partial R / \partial q$ 随境外市场有效需求（y^*）的增长而提高，企业会因境外市场有效需求的增长而增加境内就业增量（dl）。它反映了一种可能性，即境外经济条件的改变会通过影响产能需求而直接影响产能的边际收益 $\partial R / \partial q$，表现为产能和境外有效市场需求对企业收益的二阶导数 $\partial^2 R / \partial q \partial y^*$。如果企业在境外分支机构所在国的市场上销售，而当地市场需求会影响产品价格，并且如果 y^* 是分支机构所在国的人均收入，那么收益函数对产出与国外市场的二阶导数将大于零（$\partial^2 R / \partial q \partial y^* > 0$）。因此，式（6-20）中第三项表明国外经济增长会通过产能与需求条件影响国内要素需求。

理论只有通过合适的数据检验才会具备解释力与普适性。迈因特（Myint，1958）利用矿业和种植业等自然资源密集型的东南亚经济体数据，傅晓岚等（Fu et al.，2005）利用中国改革开放以来乡镇企业的出口贸易数据检验了 VFS 理论。诚然，在特殊历史时期中国乡镇企业为转换过剩劳动力有贡献，但是它并不是转换过剩劳动力的主要通路。改革开放以来，尤其是中国加入 WTO 后，中国成为世界工厂，中国工业企业是吸纳过剩劳动力的重要载体。2018 年工业企业吸纳就业人员超过 2.4 亿人，覆盖面很广泛，具有普遍意义。上市企业作为中国积极参与国际竞争的组织，是中国对外直接投资企业中的典型代表，2018 年，上市企业员工总数超过两千多万人，具有典型意义。采用中国工业企业数据库和上市企业数据库中的 OFDI 企业与非 OFDI 企业数据比较研究，实证检验对外直接投资的就业效应并验证理论机制，具有很强的说服力。

第四节　动态面板模型与企业数据处理

一、动态面板模型

根据数理模型，本书构建计量模型，为实证分析作准备。为了检验理论的有效性，本书构建回归实证计量模型，而该模型是基于理论分析框架与数理模型，分静态与动态模型，因此，计量模型也分为静态模型与动态模型。静态计量模型由数理模型（6-14）得到如下回归方程：

$$\text{lnemploy}_{it} = \alpha_0 + \alpha_1 \text{ofdi}_{it} + \alpha_2 X_{it} + \mu_i + \varepsilon_{it} \qquad (6-21)$$

动态模型由数理模型（6-21）得到如下回归方程：

$$\text{lnemploy}_{it} = \beta_0 + \beta_1 \text{lnemploy}_{i,t-1} + \beta_2 \text{ofdi}_{it} + \beta_3 \text{ofdi}_{i,t-1}$$
$$+ \beta_4 X_{it} + \beta_5 X_{i,t-1} + \mu_i + \varepsilon_{it} \qquad (6-22)$$

静态模型（6-21）中，下标 i 和 t 分别表示企业和年份。被解释变量 lnemploy 表示企业就业数量，在实证中取自然对数。核心自变量 ofdi 是虚拟变量，表示企业是否进行对外直接投资，1 表示是、0 表示否。主要关注模型中的系数 α_1，如果 α_1 为正，表明企业对外直接投资促进了母公司就业增长，若为负则说明替代了母公司就业。X 为控制变量，接下来将详细描述。μ_i 表示个体固定效应，ε_{it} 表示随机扰动项。动态模型（6 – 22）中，增加了被解释变量 lnemploy、核心变量 ofdi 和其他变量的一阶滞后项。动态模型将使用差分 GMM 和系统 GMM 估计方法实现对就业量增量的估计。动态模型分析主要关注模型（6 – 22）中的系数 β_2、β_3，若 β_2、β_3 为正，表明企业对外直接投资促进了母公司就业增长，若为负则说明替代了母公司就业，且具有滞后效应。

静态与动态模型中的 X_{it} 和 $X_{i,t-1}$ 表示其他可能影响企业就业量增长的控制变量。结合李磊等（2016）的控制变量选取经验，本书选取了七个变量作为控制变量，即企业的经营规模（size），用总资产度量；企业年限（age），用当年年份变量值减去该企业注册成立年份计算得到；资本密度（capital），用固定资产合计除以企业年末就业人数计算得出；出口贸易额（export），用企业出口贸易额表示；总产值（gross），用企业生产总值表示；利润（profit），用企业的利润额表示；收益（revenue），用企业收益额表示；工业值（industrial），用企业工业增加值表示。为了减少回归分析中的多重线性，除 ofdi 以外的所有变量均取对数处理。工业企业数据库中有许多企业的控制变量值为 0 或没有记录（一般以"·"的形式出现），若取对数会出现错误而损失该样本。为了最大程度上保留样本量，本书在实证处理时做两步处理：首先，对控制变量没有记录的样本使用 Stata 的转换命令将"·"变成 0；其次，在控制变量数值上加 1 使其对数值为 0。

二、企业数据来源与处理

本书使用两种数据互相检验补充：中国工业企业和上市企业数据。前者是 OFDI 与非 OFDI 企业的比较，后者虽无直接的企业海外投资数据，采用进行对外直接投资企业的海外收入作为代理变量。数据来源有三个数据库：一是 1998～2013 年的中国工业企业数据库；二是 Wind 数据库中的 2011～2019 年上市企业数；三是商务部合作司网站中的《中国境外直接投资企业名录》数据。数据一和数据二分别与数据三进行匹配，可以分别整理成为实证所需数据库，工业企业 OFDI 数据库和上市企业 OFDI 企业数据库。

本书对所用数据进行处理：首先，使用 Stata 的 duplicate 命令对中国工业企业原始数据库原始数据的重复值进行剔除（聂辉华等，2012）；其次，将 2003 年以前的企业，按照 2002 版《国民经济行业分类标准》中行业代码的四分位行业类别进行口径调整（李磊等，2016）；再次，剔除关键指标缺失记录，例如，被解释变量、核心变量和控制变量数值缺失或为 0 的企业数据；最后，剔除明显逻辑错误的记录，例如，总利润超过总收益、固定资产超过总资产等企业数据。此外，遵循李磊等（2016）的做法，剔除《中国境外直接投资企业名录》中投资到开曼群岛、维尔京群岛和百慕大群岛等地的企业记录，但保留投资到中国香港、澳门等地的企业记录。前者具有纯粹的避税动机，对转移过剩劳动力没有任何影响，而后者往往以中国港澳自由港为中转站，力图实施更大范围的对外直接投资，它们对国内就业增长有间接效应。

利用年份和企业名称可将中国工业企业数据库和《中国境外直接投资企业名录》进行匹配以获得实证需要的匹配数据。具体操作中，使用 Stata 中的 joinby 命令进行合并，但要保留工业企业数据库中进行直接投资的记录，选择项选择保留工业企业数据的选项。数据匹配完成后，可以选择适当的回归方法进行回归分析。

上市企业数据变量选取与处理。Wind 数据库的多维数据中有市场类全部 A 股企业数据，本书为了验证 OFDI 是否引发了本国就业流失，下载的数据包括母公司员工人数（employ）作为因变量；海外营业收入（oversea_income）作为 OFDI 产生的回报，是 OFDI 的代理变量。其他控制变量包括与此紧密相关的变量：主营业务收入（income），企业所有主营收入；平均资本净收益率（ROA_avg），衡量企业的盈利能力；研发支出（RD），衡量企业的研发能力；工资奖金和津贴（wage），衡量企业员工工资支出。对上市企业数据处理与中国工业企业数据库处理类似。数据库中有企业的控制变量值为 0 或缺失值，若取对数会出现错误而损失该样本，均加 1 取对数则为 0，不影响实证结果。

三、GMM 回归方法

静态分析与动态分析的回归方法与检验方法存在差异。首先，静态分析使用面板数据的固定效应回归方法并进行可行性检验。严格来说，面板数据是中国工业企业的纵向追踪数据。但考虑样本容量问题，本书使用非平衡面板数据，非平衡面板数据与平衡面板数据的效果具有一致性。数据检验通过 Hausman 检验，结果显示随机效应不如固定效应。所以，本章基于固定效应回归方法并进行稳健回归。因稳健回归假定扰动项独立同分布而无法进行各种可行性检验，各种检验值均是非稳健回归后进行的检验结果。此外，为了比较与观察各控制变量对核心变量的影响，回归估计通过控制变量的增减构建不同计量模型，对核心变量进行有效性与稳健性检验。其次，动态模型的解释变量包含了被解释变量的一阶滞后变量，考虑到可能存在内生性问题，本书采用广义矩的动态面板估计法，即 GMM 方法。GMM 方法分为差分 GMM 方法（Arellano & Bond，1991）、水平 GMM 方法（Arellano & Bover，1995）和系统 GMM 方法（Blundell & Bond，1998）。由于差分 GMM 方法和水平 GMM 方法都存在不足，布伦德尔和邦德（Blundell & Bond）将差分 GMM 方法和水平 GMM 方法结合在一起形成方程系统进行 GMM 估计，系统 GMM 比前两种方法更有效率。该方法的假定条件是 $\{\Delta employment_{i,t-1}\}$ 与个体效应不相关，随机扰动项 ε_{it} 不存在自相关（陈强，2014）。因此，对此需要进行自相关检验（ARtests）。因在回归中使用较多工具变量，故需要进行过度识别检验，即 Sargan 检验。为了降低异方差对回归的影响，Stata 针对两步 GMM 进行了"WC - Robust Standard Error"（Windmeijer，2005）调整，采用纠偏后的稳健性回归。但是，与静态分析中的固定效应稳健回归一样，动态回归中的稳健回归无法进行 Sargan 检验。因此，Sargan 检验值来源于非稳健性回归时的检验值。综合以上情况，本书在动态分析时主要使用系统 GMM 方法，该方法通过设定前定解释变量和内生解释变量并采用两步 GMM 稳健回归。此外，使用差分 GMM 回归结果作为对比进行稳健性检验。

第五节　工业企业数据的实证分析

一、工业企业数据静态回归结果

基于计量模型（6-21）、静态面板数据和稳健面板估计方法，本书对中国工业企业是否通过 OFDI 拓展国际市场从而增加国内就业进行了静态实证分析，回归结果如表6-8所示。在静态模型（6-22）基础上，通过控制影响母公司就业效应的变量构建不同计量模型，可以检验 OFDI 企业对母公司就业影响的显著性与稳健性。模型（1）中的随机效应回归常数项系数与固定效应回归系数为负数，使 Hausman 检验无法得出正确结果。但是，固定效应回归系数和随机效应回归系数相差很小且均显著，可以支撑本书论点。相关检验分别依据不同模型而进行。模型（1）、（2）、（3）的 ofdi 系数均在1%水平上显著，模型（4）、（5）、（6）的 ofdi 系数在5%水平上显著，而模型（7）不显著。模型（1）是仅有 OFDI 作为解释变量的情况，表明在没有控制变量情况下，ofdi 系数为1.55且在1%水平上显著为正，即进行对外直接投资的企业比不进行对外直接投资的企业高出1.55倍的就业量对数值。因此，整体上 ofdi 对企业的母公司就业水平有显著促进效应。但是，影响企业就业量的因素不仅是对外直接投资，还有其他因素。

表 6 - 8 　　　　　　　　　　　1998 ~ 2013 年静态回归结果

变量名称	(1)	(2)	(3)	(4)	(5)	(6)	(7)
OFDI	1.55 *** [0.039]	0.201 *** [0.056]	0.201 *** [0.058]	0.181 ** [0.063]	0.223 ** [0.076]	0.216 ** [0.076]	0.096 [0.051]
资本密度	—	−0.557 *** [0.029]	−0.556 *** [0.028]	−0.540 *** [0.034]	−0.530 *** [0.036]	−0.540 *** [0.040]	−0.547 *** [0.041]
企业规模	—	0.703 *** [0.025]	0.694 *** [0.026]	0.600 *** [0.033]	0.559 *** [0.037]	0.583 *** [0.051]	0.598 *** [0.054]
出口额	—	0.020 *** [0.002]	0.019 *** [0.0019]	0.017 *** [0.0018]	0.018 *** [0.0019]	0.018 *** [0.0019]	0.014 *** [0.0018]
企业年限	—	—	0.103 *** [0.015]	0.131 *** [0.016]	0.125 *** [0.019]	0.120 *** [0.016]	0.100 *** [0.010]
总产值	—	—	—	0.116 *** [0.026]	0.116 *** [0.026]	0.181 *** [0.026]	0.168 *** [0.042]
利润	—	—	—	—	0.025 ** [0.010]	0.034 *** [0.008]	0.156 ** [0.067]
总收益	—	—	—	—	—	−0.096 [0.065]	−0.155 *** [0.036]
工业产值	—	—	—	—	—	—	0.0118 ** [0.004]
常数项	4.89 *** [0.132]	0.212 [0.197]	0.099 [0.185]	−0.254 [0.246]	−0.059 [0.322]	0.0132 [0.334]	−0.800 *** [0.124]
个体效应	是	是	是	是	是	是	是
时间效应	是	是	是	是	是	是	是
R^2 (overall)	0.0062	0.6706	0.6783	0.6926	0.6866	0.6898	0.7200
Wald 检验	是	是	是	是	是	是	是

变量名称	(1)	(2)	(3)	(4)	(5)	(6)	(7)
Hausman 检验	—	0.0350	0.027	0.000	0.000	0.000	0.000
观测值	6 508 095	4 381 478	4 216 666	3 418 795	2 772 730	2 772 277	2 753 380

注：(1) ∗∗、∗∗∗ 分别表示在 5% 和 1% 的水平上显著，方括号表示稳健标准误，R^2（overall）表示整体而不是组间或组内 R^2；(2) 稳健回归后无法进行固定效应 F 检验、个体效应 LM 检验和 Hausman 检验，这三项检验是进行非稳健的随机效应和固定效应面板回归后得到的结果；(3) 因为本书使用非均衡面板数据，个体的变量均存在缺失值且不同个体的变量缺失值不同，所以随控制变量增加有效观测值逐步减少。

通过控制其他可能影响就业效应的变量构建不同模型，可以更加精确地得出 ofdi 对母公司的就业效应。接下来，在基础模型（1）上逐步控制其他变量以观察 OFDI 对母公司的就业效应变化。模型（2）在增加资本密度、企业规模和出口贸易额三个控制变量的情况下，ofdi 系数为 0.201 且在 1% 的水平上显著为正，该结论表明在控制资本密度、企业规模和出口贸易三个对国内就业有影响的变量下，对外直接投资企业比非对外直接投资企业高出 0.201 倍的就业量自然对数。模型（3）再控制企业年限变量发现，模型（3）的 ofdi 系数要稍高于模型（2）的系数，也在 1% 水平上显著为正，表明企业年限与对外直接投资会对母公司就业量呈现交叉加强效应。模型（4）再控制企业产值变量，ofdi 系数稍微降低，结果表明企业产值与 ofdi 对母公司就业量有交叉微弱的弱化效应。模型（5）再控制企业利润变量，ofdi 系数比模型（4）系数显著增加，表明企业利润与 ofdi 有显著的交叉并呈现加强效应。模型（6）再控制企业收益变量，ofdi 系数稍降低，企业收益变量与 ofdi 的交叉效应呈现微弱弱化效应。模型（7）再控制企业工业增加值变量，ofdi 系数显著下降但结果并不显著，表明该模型不能成为分析 ofdi 与就业量的分析计量模型。

通过上述分析可知，模型（1）与模型（7）因差异较大而不能成为分析中国对外直接投资的就业效应的模型。模型（2）~模型（6）通过控制数个变量，实证结论表明，ofdi 系数的变化在 0.2 上下浮动，这对本书总结静态 ofdi 的就业效应有很大帮助。据此，本书可以得出结论，该历史时期中国对外直接投资企业的就业效应呈现显著的促进效应，ofdi 企业高于非 ofdi 企业约 0.2 倍的就业量自然对数。

二、工业企业数据动态回归结果

基于计量模型、动态面板数据和系统与差分 GMM 估计方法，本书对中国工业企业是否通过 OFDI 拓展国际市场从而增加国内就业进行了动态实证分析，回归结果如表 6-9 所示。与静态模型分析思路一致，在动态模型（23）基础上，通过控制影响母公司就业效应的变量及其滞后项构建不同计量模型，可以检验 OFDI 及其滞后项企业对母公司的就业效应。鉴于静态分析中控制工业产值变量后，OFDI 的就业效应不显著，本书在动态模型中没有再控制该变量进行分析。动态分析主要通过系统 GMM 估计方法进行实证检验，差分 GMM 是系统 GMM 比较研究方法，以此检验系统 GMM 方法更有效率。GMM 模型（1）~（7）分别控制了不同变量对企业国内就业量的影响，从而探析 OFDI 及其滞后项对企业就业量的效应。系统 GMM 模型（1）~（6），除模型（1）的 ofdi 系数在 5% 水平上显著外，其余模型中 ofdi 及其一阶滞后变量 ofdi（L1）均在 1% 水平上显著，系统 GMM 模型（7）的 ofdi 不显著，且其之后变量在 10% 水平上显著。与此比较，差分 GMM 模型中的 ofdi 系数为负数且其滞后项系数（L1）不显著。因此，整体上 ofdi 及其滞后项 ofdi（L1）对企业的母公司就业有显著促进效应。为了获得较为精确的结论，有必要分别对不同模型进行分析。

系统 GMM 模型（1）中的解释变量分别是被解释变量的一阶滞后项、核心变量 ofdi 及其一阶滞后项和企业规模、资本密度、企业年限、企业出口额四个控制变量及其一阶滞后项，该模型与李磊等（2016）论文模型相同，其结果也呈现一致性。除 ofdi 变量在 5% 水平上显著和企业年限的一

表 6 - 9　　1998～2013 年中国 OFDI 的就业效应动态分析

变量	系统 GMM (1)	系统 GMM (2)	系统 GMM (3)	系统 GMM (4)	系统 GMM (5)	系统 GMM (6)	系统 GMM (7)	差分 GMM
就业一阶滞后项	0.6997*** [0.0185]	0.0495*** [0.0020]	-0.007*** [0.0018]	-0.0390 [0.0030]	0.432*** [0.0141]	0.492*** [0.0172]	0.399*** [0.0401]	0.313*** [0.0303]
OFDI	0.1189** [0.0487]	0.2057*** [0.021]	0.1876*** [0.0204]	0.1476*** [0.0403]	0.1839*** [0.0512]	0.1982*** [0.0538]	0.0203 [0.0529]	-0.040*** [0.0500]
OFDI 一阶滞后项	0.0898*** [0.0302]	0.083*** [0.0131]	0.1068*** [0.0139]	0.1230*** [0.0152]	0.1521*** [0.0231]	0.2009*** [0.0286]	0.0631* [0.0328]	0.0169 [0.0255]
企业规模	0.238*** [0.0061]	0.4596*** [0.0034]	0.5055*** [0.0037]	0.4980*** [0.0050]	0.1181*** [0.0090]	0.1158*** [0.0099]	0.7579*** [0.0558]	0.9064*** [0.0492]
企业规模一阶滞后项	-0.1053 [0.0065]	—	-0.583*** [0.0031]	0.0815*** [0.0034]	0.0182*** [0.0054]	-0.0274** [0.0131]	-0.185*** [0.0272]	-0.112*** [0.0147]
企业年限	-0.103*** [0.0105]	0.0766*** [0.0017]	-0.067*** [0.0036]	0.1284*** [0.0066]	0.1697*** [0.0088]	0.2030*** [0.0095]	0.0254* [0.0143]	0.0939*** [0.0159]
企业年限一阶滞后项	0.0125* [0.0065]	—	0.0757*** [0.0022]	-0.022*** [0.0034]	-0.061*** [0.0049]	-0.083*** [0.0054]	0.0134* [0.0080]	-0.052*** [0.0062]
资本密度	-1.059*** [0.0082]	-0.495*** [0.0023]	—	-0.739*** [0.0044]	-1.010*** [0.0056]	-1.016*** [0.0063]	1.0624*** [0.0090]	-1.096*** [0.0071]

续表

变量	系统 GMM (1)	系统 GMM (2)	系统 GMM (3)	系统 GMM (4)	系统 GMM (5)	系统 GMM (6)	系统 GMM (7)	差分 GMM
资本密度一阶滞后项	0.7886*** [0.0198]	—	—	—	0.5053*** [0.0147]	0.5621*** [0.0169]	0.4465*** [0.0452]	0.3705*** [0.0314]
出口	0.0962*** [0.0088]	0.0007*** [0.0000]	0.0062*** [0.0007]	0.0066*** [0.0008]	0.0121*** [0.0009]	-0.033*** [0.009]	-0.079*** [0.0167]	0.0234*** [0.0131]
出口额一阶滞后项	-0.098*** [0.0084]	—	—	—	—	0.0266*** [0.0088]	0.0642*** [0.0162]	-0.0350*** [0.0086]
总产值	—	0.2406*** [0.0141]	0.1192*** [0.0128]	0.1709*** [0.0171]	0.1926*** [0.0175]	0.1553*** [0.0182]	0.1374*** [0.0321]	-0.066** [0.0343]
总产值一阶滞后项	—	—	—	—	—	—	0.0549* [0.0335]	—
利润	—	0.0956*** [0.0036]	0.0919*** [0.0038]	0.0984*** [0.0044]	0.0715*** [0.0050]	0.0656*** [0.0051]	0.1540*** [0.0217]	0.0581*** [0.0072]
利润一阶滞后项	—	—	—	—	—	—	-0.067*** [0.0149]	—
总收益	—	-0.174*** [0.0148]	-0.042*** [0.0132]	-0.129*** [0.0163]	-0.061*** [0.0172]	-0.0212 [0.0181]	-0.286*** [0.0517]	-0.213*** [0.0307]

续表

变量	系统 GMM (1)	系统 GMM (2)	系统 GMM (3)	系统 GMM (4)	系统 GMM (5)	系统 GMM (6)	系统 GMM (7)	差分 GMM
总收益一阶滞后项	—	—	—	—	—	—	-0.0346 [0.0319]	—
常数项	1.1316*** [0.0357]	0.7012 [0.0241]	0.9374*** [0.0267]	1.128606 [0.0318]	1.4899*** [0.0435]	1.5091*** [0.0466]	0.4577 [0.0844]	1.1823*** [0.1695]
Arellano-Bond (2)	0.1767	0.1576	0.1356	0.1832	0.1654	0.1187	0.1930	0.2345
Wald 检验	是	是	是	是	是	是	是	是
Sargan 值	0.1568	0.1789	0.1342	0.1798	0.1367	0.1276	0.1563	0.2987
观测值	1 628 315	1 851 593	1 791 550	1 323 771	1 323 771	1 294 707	847 731	430 640

注：（1）*、**、***分别表示在10%、5%和1%的水平上显著，方括号内数据表示稳健标准误，L1表示对应变量的一阶滞后项；（2）表格中的数据结果是通过系统GMM和差分GMM的Two-step和稳健性回归的结果，无法进行Sargan检验，Sargan检验值是由非稳健性回归时获得。

阶滞后项在 10% 水平上显著以外，其余变量均在 1% 水平上显著，且核心变量 ofdi 及其一阶滞后项 ofdi（L1）的系数均为正。该模型的结论表明，企业 OFDI 的母公司就业效应呈显著的促进效应，并且企业的对外直接投资具有显著正向的滞后效应。系统 GMM 模型（2）仅控制被解释变量一阶滞后项，其他变量没有控制一阶滞后项对就业的影响，分析核心变量 ofdi 及其一阶滞后项 ofdi（L1）对企业母公司就业的影响。系统 GMM 模型（3）通过控制被解释变量一阶滞后项、企业规模和企业年限变量及其一阶滞后项，以及其余控制变量对就业的影响，分析核心变量 ofdi 及其一阶滞后项 ofdi（L1）对企业母公司就业的影响。系统 GMM 模型（4）通过控制被解释变量一阶滞后项、企业规模和企业年限变量及其一阶滞后项及其余控制变量对就业的影响，分析核心变量 ofdi 及其一阶滞后项 ofdi（L1）对企业母公司就业的影响。系统 GMM 模型（5）通过控制被解释变量一阶滞后项和企业规模、资本密度、企业年限等四个控制变量及其一阶滞后项以及其余变量对就业的影响，分析核心变量 ofdi 及其一阶滞后项 ofdi（L1）对企业母公司就业的影响。系统 GMM 模型（6）通过控制被解释变量一阶滞后项和企业规模、资本密度、企业年限、企业出口额四个控制变量及其一阶滞后项，以及其余变量对就业的影响，分析核心变量 ofdi 及其一阶滞后项 ofdi（L1）对企业母公司就业的影响。系统 GMM 模型（7）通过控制被解释变量一阶滞后项，以及所有变量及其一阶滞后项对就业的影响，分析核心变量 ofdi 及其一阶滞后项 ofdi（L1）对企业母公司就业的影响。以上模型结果表明，除模型（7）以外，ofdi 及其一阶滞后项对母公司就业呈显著的促进效应。因此，本书根据系统 GMM 模型（1）~（6）结果可以得出较为精确的结论，对外直接投资对母公司就业影响在 [0.1194，0.2051] 区间内浮动，而对外直接投资的一阶滞后效应系数在 [0.0833485，0.2008831] 范围内。

无论静态还是动态模型的实证分析结果，本书均发现两个有趣现象：一是企业出口额变量对就业基本上呈现促进效应，并且与 ofdi 有交叉强化效应。二是静态与动态分析中资本密度和企业收益与母公司就业量呈负相关关系，但是动态分析中的资本密度和企业收益的一阶滞后项与母公司就业量却呈正相关关系。第一个现象强化了 VFS 理论，企业通过对外直接投资可以实现出口贸易额的增加，使过剩产能出口到国际市场转换成为企业的竞争优势，从而促进国内就业量的增加。至于为什么资本密度和企业收益与母公司就业效应呈负相关关系？这是值得深思的问题，虽然不是本书研究的重点，却是进一步研究的方向。

第六节　上市企业数据的实证分析

一、上市企业数据静态回归结果

由于工业企业数据不足，本书使用上市企业数据完善检验。沿用上述回归方法，本书通过调整控制变量来检验 OFDI 对母公司就业人员的效应。首先，本书对有 OFDI 的企业用《中国境外直接投资企业名录》对上市公司进行匹配，然后对有 OFDI 的企业进行面板数据回归分析。其次，为了最大程度使用样本，本书采用非平衡面板数据，因此数据的观测值随变量增减而不同。静态回归结果如表 6 – 10 所示，模型（1）~（5）是通过控制变量的增加来观察有 OFDI 的企业其海外收入对母公司就业的效应。回归数据使用原始数据进行回归得到很显著的结果，足以表明企业进行 OFDI 获得的回报对母公司就业有促进效应。表 6 – 10 中的数据显示，海外收入的系数很小，这是由于海外收入数据值相对就业人数而言很大造成的。除了核心变量外，主营业务收入、研发支出和工资报酬对母公司就业均呈正向显著效应，这与经济常识是一致的。而平均资本净收益率系数则不显著，表明企业的盈利能力并不会促进母公司就业数量。本书使用的是原始数据的面板回归，其系数显著表明企业进行 OFDI 进而获得海外收入，对母公司就业有促进效应。

表 6 – 10　　　　　2011～2019 年上市企业静态回归结果

自变量	(1) 母公司员工数	(2) 母公司员工数	(3) 母公司员工数	(4) 母公司员工数	(5) 母公司员工数
海外营业 收入	4.89e – 08 *** [5.12e – 09]	2.34e – 08 *** [6.16e – 09]	2.34e – 08 *** [6.17e – 09]	3.66e – 07 *** [2.59e – 08]	3.86e – 07 *** [2.64e – 08]
总收入	—	6.81e – 09 ** [3.68e – 09]	6.76e – 09 ** [3.68e – 09]	1.56e – 09 [9.44e – 09]	2.38e – 08 ** [1.05e – 08]
平均资本 净收益率	—	—	0.7558576 [0.9416409]	0.2958282 [1.174062]	0.1827333 [1.170387]
研发费用 支出	—	—	—	– 1.54e – 06 *** [2.33e – 07]	– 1.04e – 06 *** [2.58e – 07]
工资	—	—	—	—	– 5.44e – 07 *** [1.08e – 07]
常数项	1738.671 *** [19.27495]	1502.308 [38.98363]	1499.236 [39.47951]	1447.305 [63.12715]	1429.679 *** [63.0135]
个体效应	有	有	有	有	有
时间效应	有	有	有	有	有
R^2	0.0593	0.0681	0.0685	0.0519	0.0439
Hausman 检验	通过	通过	通过	通过	通过
观测值	9 750	7 192	7 169	5 692	5 682

资料来源：Wind。

二、上市企业数据动态回归结果

通过增减控制变量的动态回归实证结果已然表明海外收入促进了母公司就业，限于篇幅，本书仅呈现因变量和所有自变量一阶滞后项回归检验结果。结果如表 6 – 11 所示，海外收入及其滞后项均对母公司就业数量有显著的正向效应且呈递减趋势，表明企业进行 OFDI 促进了母公司就业。因变量的一阶滞后项为负数且不显著表明，母公司前一年的就业并不会影响后一年企业招聘员工的计划。主营业务收入、研发费用支出及其一阶滞后、工资报酬及其一阶滞后对母公司的就业呈正向显著效应，而主营业务收入一阶滞后、平均资本净收益率及其一阶滞后项系数不显著。

表 6–11　　　　　　　2011～2019 年上市企业回归结果

自变量	母公司员工数	自变量	母公司员工数
母公司员工数一阶滞后项	− 0. 0161049 [0. 0220273]	研发费用支出一阶滞后项	0. 000012 *** [7. 94e − 07]
海外营业收入	1. 05e − 06 *** [4. 11e − 08]	工资	− 2. 17e − 06 *** [2. 53e − 07]
海外营业收入一阶滞后项	9. 44e − 07 *** [4. 93e − 08]	工资一阶滞后项	1. 50e − 06 *** [1. 74e − 07]
主营业务收入	8. 09e − 08 *** [2. 25e − 08]	常数项	1 391. 641 *** [64. 47766]
主营业务收入一阶滞后项	− 2. 83e − 08 [2. 37e − 08]	Arellano − Bond（2）	0. 2350
平均资本净收益率	0. 0456313 [3. 952841]	Sargan 值	0. 3403
平均资本净收益率一阶滞后项	− 5. 173682 [4. 555501]	观测值	3 508
研发费用支出	− 9. 84e − 06 *** [6. 49e − 07]	—	—

资料来源：Wind。

第七节 本 章 小 结

中国企业是执行"走出去"战略的主体，越来越多的企业成为活跃在国际市场上的重要力量，企业通过对外直接投资促进企业市场更加广泛并促进企业员工数量增长，为稳定国内就业贡献了积极力量。本章实证分析可得出以下结论。

第一，中小企业是吸纳就业的主要类型企业。中小微企业虽然规模较小，但却是吸纳就业的主要类型企业。通过企业就业现状分析可知，私营企业、个体经营和有限责任公司成为吸纳国内就业的主要力量。关注个体经营企业是基础，个体经营虽然规模微小，但却能提供很多就业岗位，并且优秀的个体经营有机会成长为私营企业。对优秀的私营企业要大力扶持，使其有机会成长为规模更大的有限责任公司或股份有限公司。个体、私营、有限责任和股份有限公司是企业的不同发展阶段，在不同阶段给予不同关注往往能使企业成长得更好且具有很强的韧性，从而能更好地适应市场的变化。有限责任公司和股份有限公司则依赖更大规模和成熟经营，可以走向更加广阔的世界市场。

第二，中等私营企业是对外直接投资企业。通过企业对外直接投资现状分析可知，私营、有限责任和股份公司已经成为境外投资者的主体。以往，中小企业往往通过接受国际订单方式被动进入国际市场，虽然成本小，但是企业命运掌控在国际市场中的外国商人手中。积极引导有实力的私营、有限责任和股份公司积极"走出去"开拓国际市场是化被动为主动的战略转变。世界市场为中小企业提供了更广阔的空间与平台，犹如鱼从江河流入大海，虽然环境更严酷但也更广阔。中国通过推动"一带一路"倡议等方式构建起中国自己的国际商路，更多的企业可以通过这些国际商路"走出去"，获得更多市场份额与市场机会。中小企业和内陆企业也有机会到国际市场寻找商机，获得市场份额与利润。世界市场的扩张奠定了对外投资企业规模，规模扩张促进了就业增长。

第三，中国工业企业数据实证分析显示，有对外直接投资的企业比没有对外直接投资的企业吸纳的员工人数更多。中小企业通过对外直接投资可以从世界市场上获取利润、资本、技术和资源等促进企业发展的各种要素，但是因为不同国家的习惯、法规和制度等因素，致使其价值增值如何回流对中小企业来说是不小的难题。中国应该积极为中小企业价值增值回流提供一切援助，创造一切便利。中国自 2018 年开始，每年举办的"进博会"就是一种价值增值回流的有效方式。"进博会"为国外企业提供了销售其国内产品的平台，这些产品往往是我国急需的产品，中小企业对外直接投资中获得的外汇收入可以通过"进博会"平台将外汇转换成为国内需要的生产资料，促进国内物质丰富和就业增长，以及产能扩张。通过这种回流，中国对外直接投资企业无须将外汇带入国内，防止像美国一样助推了其国内"三大市"等虚拟市场的膨胀，也避免了国内通货膨胀。这也实质上促进了国内物质丰富和就业增长，是价值增值回流的创举。中国应更多创造类似平台，帮助对外直接投资企业价值增值回流。

第四，上市企业数据实证分析显示，境外收入对企业员工增长有显著促进作用。上市企业进行对外直接投资产生的利润回流，一方面，促进了国内资本、资源增加，技术反向溢出效应显著；另一方面，境外收入促进了国内收入增加，直接促进了国内消费需求增加。两方面因素，促使国内有效需求增长，从而促进了国内就业增长。上市企业数据是 OFDI 的量化研究，支撑了本书关于"国外有效需求促进国内就业"的理论思想，再一次验证了本书理论。

OFDI 将成为中国获取国际市场，转换过剩劳动力和人力资本的战略依托。中国已经成为世界第二大经济体，但仍存在大量剩余劳动力的现实局面。2008 年，在美国爆发的金融危机使中国面临产能与劳动力的双重过剩，国际上不会再出现可以帮助中国经济取得更大发展的现成时机。中国更需要自己创造经济发展的国际环境而不再是现有体系下借助的时机，虽艰辛却自主。劳动致富的渴望与坚定信念是中国经济发展的文化基因和内在动力。人民对美好生活的向往是中华文化的原始基因，也是中国经济发展的内在动力。"一带一路"、中非论坛、中国与东盟贸易区等都是中国为拓展国际市场而构建的国际环境。OFDI 成为获取国际市场、资源与技术的越来越重要的方式。中国已无须等待时机，而要在国际市场上主动寻找时机，通过中国 OFDI 经略全球经济为中国过剩劳动力与产能重新寻找国际市场通路，这是中国 OFDI 的伟大意义。通过 OFDI 的枢纽作用，与其他国家互通市场、资源与技术，使资源配置、产能配置在全球范围内疏通调剂，让世界经济实现"经"与"济"的协调发展。

第七章

研究结论与政策建议

在人类命运共同体时代，没有哪个国家可以封闭起来发展经济，外部需求对国内稳就业的重要性不言而喻。本章根据全书的理论分析与实证分析，总结了主要研究结论，提出了相应的政策建议，并指出了进一步的研究方向。

第一节　研究结论

本书紧紧围绕对外直接投资究竟是替代还是促进了国内就业问题，从理论上分析了对外直接投资对本国就业的传导机制，并通过总体、区域和企业三个层面的实证分析，得出以下主要结论。

第一，VFS 理论是分析发展中国家对外直接投资的本国就业效应的有效理论。理论溯源发现，当前的国际直接投资理论在假设条件等方面有局限，理论选择表明，VFS 理论是发展中国家的国际贸易理论。本书理论分析框架建立在 VFS 理论、凯恩斯就业理论和新阶段理论三个理论基础上，主要内容是：（1）增加有效需求可以通过增加国内外有效需求两个部分实现。前者通过政府实施财政政策和货币政策注入有效需求，后者通过国际市场培育引入；（2）国际市场既不自由也不免费，对外直接投资是开拓并培育国际市场的有效方式;(3)拓展国际市场需要国家主导和企业参与两个层面共同作用;(4)有效需求促进就业。有效需求不足是就业减少的根源,增加有效需求便能促进就业,不完善的市场机制诱致有效需求不足进而引发要素过剩。

第二,对外直接投资通过引入外部有效需求促进本国就业。理论分析以亚当·斯密的国际分工与贸易思想为起点,以 VFS 理论为基础并吸纳凯恩斯就业理论和新阶段理论,分析了开放经济中的外部有效需求对本国就业的理论机制。对外直接投资通过开拓、培育并将外部有效需求引入本国,促进了本国就业增长。具体而言,对外直接投资通过资源寻求、市场寻求、技术寻求和属地生产寻求等方式,通过资源引入,国内产能扩张、产品高附加值和垂直生产等传导机制,将外部有效需求引入本国,增加了本国就业岗位,并提升了本国就业质量。

第三,服务业和中小微企业已经成为吸纳过剩劳动力的主要领域。总体、城乡、三次产业和所有制企业的就业现状分析显示,中国的第三产业和其他所有制企业已经成为吸纳过剩劳动力就业的主要领域。因此,服务业就业和中小微企业就业的生存与发展关系中国稳就业战略的顺利实施。

第四,"劳动力红利"积累资本的方式正转变成为"资本红利"促进就业方式。增长趋势分析表明,中国对外直接投资规模已然成为影响就业的重要因素。梳理对外直接投资的增长趋势发现,中国对外直接投资规模在中国入世后实现了质的飞跃,中国已经有能力运用资本要素影响并改变国内经济增长与就业增长。中国经验表明,我国应从通过"劳动力红利"积累资本的阶段,发展成为"资本红利"促进就业增长的阶段。

第五,中国对外直接投资对第三产业和其他所有制企业就业有促进效应,对乡村、第一产业和国有企业与集体企业就业有替代效应。中国对外直接投资和总就业趋势分析表明,两者之间存在相关关系,尤其是第三产业和其他所有制企业就业。向量自回归分析表明,对外直接投资对总体就业、城镇就业、第三产业就业人员和其他所有制企业的格兰杰检验和脉冲响应分析呈现由弱到强的正向促进效应,而对乡村就业人员、第一和第二产业就业人员、国有企业和集体企业就业人员有负向效应。中国对外直接投资主要促进第三产业和其他所有制企业就业增长，而这两者是当前吸纳国内就业的主要领域。基于对外直接投资、出口和各种就业人员的平稳时间序列数据，采用格兰杰因果检验和脉冲响应函数等时间序列研究方法，实证结论表明，对外直接投资是城镇就业、第三产业就业和其他所有制企业就业人员的格兰杰因，对外直接投资显著促进了这三种就业人员的增长。对外直接投资对就业的影响并非对所有企业、地区和产业均有影响，它只影响了城镇就业中的私营企业部分、第三产业部分。但是，私营企业和服务业作为中国经济发展中的重要力量发挥着巨大的作用，成为中国城镇化、吸纳就业的主要部分。因此，中国对外直接投资总体上促进了国内就业增长。

第六，沿海区域通过对外直接投资引入外部需求能促进中西部地区的过剩劳动力就业。区域资本分布不均衡是中国出现大规模对外直接投资现象的原因，双向直接投资旨在通过增减国内资本数量和调节资本结构，促使资本匹配劳动力进而影响就业。实证分析立足于固定效应面板模型和空间计量面板模型。固定效应模型的结论表明，双向直接投资能调节资本过剩与不足从而促进就业增长。控制工资水平和出口额变量的固定效应模型回归结果显示核心变量不显著，这有可能是受空间的交互效应影响，空间计量模型可以解决此问题。空间计量模型的回归结果显示，固定效应模型回归结果不显著的模型中，考虑空间交互效应后双向直接投资对就业效应显著为正。结果充分表明，对外直接投资存在正向空间交互效应，并进一步证实了双向直接投资对就业的正向作用。

第七，分行业的所有制企业大类面板数据分析表明，对外直接投资对全国和其他企业就业呈正向效应，而对国有企业和集体企业呈负向效应。省际分行业面板数据的结论表明，双向直接投资对城乡差异和不同行业的就业大部分为正向效应，但城乡与行业间就业效应存在差异。实证充分表明，资本是带动就业的关键因素，但劳动对资本的反作用却存在持续且永久的影响。

第八，工业企业和上市企业对外直接投资显著促进了总员工数和母公司员工数量增长。跨国企业是中国对外直接投资的微观主体，采用 1998 ~ 2013 年中国工业企业和境外直接投资企业的匹配数据，静态结果表明，跨国企业就业数量显著高于非跨国企业的就业数量，动态分析采用系统 GMM 方法表明，跨国企业的对外直接投资及其一阶滞后项均促进了母公司的就业增长。中国上市跨国企业对外直接投资显著促进了母公司员工增长。上市企业大部分都有海外投资，因此上市跨国企业采用 2011 ~ 2019 年上市企业和境外直接投资企业的匹配数据，并用海外营业收入作为对外直接投资的代理变量，静态回归实证表明，跨国上市企业其海外收入促进了母公司员工数量增长，动态 GMM 回归实证结果显示，跨国上市企业其海外收入及其一阶滞后项均显著促进了母公司员工数量增长。

理论与实证分析表明，对外直接投资具有市场寻求、技术寻求、资源寻求的功能，为国内过剩产能与资源拓展通路，同时也从国际市场获取稀缺资源，为国家进出口贸易顺利进行开拓商路。国际分工既是提高效率的有效方式也是要素过剩的根源，国内要素过剩的另一面往往是国际市场有效需求不足，故国际市场与国内市场会出现互补效应。劳动力是最核心、最紧迫要化解的过剩要素，也是最有可能转变成竞争优势的灵活要素。经济发展的最根本目的是解决人的生存问题，而就业是最大的生存问题。对外直接投资类似企业开拓市场的费用，为获取市场、资源和技术，企业需要再投入广告和促销费用。这些开拓费用都是为了增加企业产品销售量、扩大企业产能，也促进了企业的就业量。对外直接投资通过对过剩产能与稀缺资源进行调剂，为过剩产能寻找国际市场出口，为国内市场引进稀缺资源。因此，无论出口还是进口，只要是调剂过剩劳动力或补充稀缺资源，最终都有助于促进经济体就业增长。

第二节　政策建议

党的十九大报告指出，要以"一带一路"建设为重点，坚持引进来和走出去并重，遵循共商共建共享原则，加强创新能力开放合作，形成陆海内外联动、东西双向互济的开放格局。创新对外投资方式，促进国际产能合作，形成面向全球的贸易、投融资、生产、服务网络，加快培育国际经济合作和竞争新优势①。根据理论分析和实证分析可知，如何优化对外直接投资结构与调整对外直接投资领域，为国内稳就业战略的顺利实施提供助力，成为当前对外直接投资的政策考量。

第一，积极引导中小企业在"一带一路"沿线国家的直接投资，为更多中小企业"走出去"创造机会。实证分析表明，近年来有限责任公司、私营企业等中小企业已成为对外直接投资企业数量前列的企业类型。这得益于"一带一路"倡议的提出，中国对外直接投资是"走出去"战略支撑，是推动"一带一路"倡议等的动力。"一带一路"虽然是一个宏观的建设，但是具体到战术方面还有许多值得创新之处。政策层面应该为中小企业的对外直接投资创造更多机会，因为中小企业是国内稳就业的主要领域。"一带一路"平台的构建需要中国政府的资本投资，活跃在平台上的则是各种企业。为中小企业创造机会，可以为国内稳就业顺利实施提供帮助。中国的劳动力和人力资本都存在过剩现象，进行对外直接投资而获得的国际市场、资源与技术，与国内剩余劳动力和人力资本结合可以创造更高的生产效率，并进一步深化全球分工体系。中国对外直接投资对国内就业必定是促进效应，这是顺应全球分工并提高全球生产效率的大趋势。中国应该强化政府与企业对外直接投资的分工协作，中国对外直接投资应该通过政府引领，而企业沿着国家开辟出来的道路不断延伸。政府投资负责平台构建，而中小企业则提供就业岗位，为稳定国内就业发挥重要作用。

第二，调整对外直接投资领域，助力国内中小微企业发展，为国内劳动力提供更多就业岗位。总体数据分析可知，其他所有制企业是吸纳就业的主要领域。将对外直接投资调整为促进服务业和其他所有制企业发展，

① 习近平. 决胜全面建成小康社会夺取新时代中国特色社会主义伟大胜利——在中国共产党第十九次全国代表大会上的报告 [R]. 北京：人民出版社，2017 – 10 – 18.

是当前和今后稳就业的外部战略。2016 年起，中国对外直接投资开始稳步转向调整，更多面向商贸服务类、ICT 和批零等行业。虽然减少了对外投资净额，但提高了对外投资的质量。新冠疫情期间，政府强调要通过提供低息资金支持中小微企业，对中小微企业的托底仅维持了中小微企业的存续。中小微企业要生存与发展，必须引入更多有效需求，为企业创造更多国际订单，才能使企业获得更多生存与发展空间。因此，对外直接投资应该调整为如何更有效地促进"中小微"企业引入更多外部有效需求。

第三，帮助高新技术企业"走出去"，提升国内高质量就业。实证分析表明，ICT 等服务行业的对外直接投资已经成为重要投资行业，该行业领域是自然人对外直接投资集中的领域。高新技术服务业是中国吸纳高新技术人才的重要领域，高新技术行业面向全球市场必然能提供更多机会，拉动国内高新技术产业的就业增长。深入理论层面分析可知，善于将过剩要素禀赋转换成竞争优势的国家才能实现经济崛起。英国通过将过剩产能转化成制造优势实现经济崛起，美国通过将过剩技术转化成技术优势实现经济崛起，而中国必定将通过把过剩人力资本转换成竞争优势而实现崛起。对外直接投资是实现过剩——优势转换的桥梁与纽带。在产能、技术和劳动力三个要素中，人是社会发展的起点和目的，更是发展的核心动力。只有人才能发展生产力，也只有人才需要发展生产力。长期以来，中国囿于市场狭小，过剩劳动力与人力资本只能蛰伏在有限的土地上。新中国经济崛起得益于短期内产生的大量劳动力与数千年文化积淀形成的高素质人力资本，进而迸发出来的巨大生产力。但中国一直致力于的"引进来"和"走出去"战略拓展了国际市场，成功将中国过剩劳动力与人力资本转换成为竞争优势。

第四，构建与"走出去"战略相适应的人才培养体系，促进国内就业数量增长与就业质量提升。国家处于全球价值链中的地位必须与其人口总体素质相适应，如果一个国家的人口总体素质很低，就无法长期处于价值链高端地位。中国经过 40 多年高速发展，不仅实现了经济发展和全球价值链地位提升，更可贵的是培养了一大批高素质人才。这些人才是今后中国"走出去"的基础和保障，而人才也需要更广阔的空间发挥作用。因此，中国在积极"走出去"的过程中，必须构建与之相适应的人才培养体系，为中国更顺利地开拓国际市场和提升全球价值链地位提供保障。中国在经济上的长期准备，以及在风云变幻的国际环境中抓住了时机，造就了改革开放并最终推动中国经济迅猛发展。中国文化上的准备、劳动力与人才上的准备和对国际环境时机的准确判断造就了中国改革开放战略的实施与进行，从而推动了经济的迅猛发展。世界上有许多国家一直并长期处于开放状态，但并没有实现经济腾飞，反而坠入各种发展"陷阱"，如拉美国家、非洲国家和印度等国家与地区。在新中国历史中，中国长期为经济发展储备了大量经济发展需要的劳动力与人才，但是由于外在条件不允许使得中国经济发展十分缓慢。同时，因为劳动力长期得不到资本、技术与资源而处于休眠状态以至发生数次危机。当国际环境变化后，中国有获得国际市场以化解劳动力过剩的机会时，再也没有力量可以阻碍中国经济的发展道路。

第五，加强区域对外直接投资均衡发展，增加中西部区域就业岗位数量。中西部地区就业岗位增加，有利于区域经济平衡稳定发展，也有利于缓解沿海地区过度的就业压力。改革开放前，我国资本极度稀缺而劳动力极度过剩的历史现状决定了吸收国外直接投资是必然选择。IFDI 一方面可以直接投资创造大量就业，另一方面可以获取国际有效需求市场促进国内产能扩张并间接促进国内就业。资本稀缺背景下，IFDI 成为撬动国内过剩劳动力卷入经济生产中的重要支点。改革开放尤其是入世后，随着外商投资大规模涌入中国，资本分布不均衡成为新问题。新的问题决定了资本不足区域采用吸收外商直接投资方式，而过剩区域则采用对外直接投资方式解决就业问题。因此，我国既要不断吸收外商直接投资以补充资本不足，又要引导将过剩资本对外直接投资以获取市场、技术与资源，大规模双向直接投资由此产生。国家解决资本不均衡问题需实施国际大循环战略，"引进来"和"走出去"的双向直接投资是国际大循环战略的主要支撑，它们通过获取国际有效需求推动国内产能扩张与产业升级以扩大国内就业。

第六，设立中西部区域的对外金融中心，扶持中西部地区对外直接投资与贸易，进而促进中西部地区就业增长。中西部地区过剩资本对外直接投资往往需要借助沿海地区的金融市场，因此沿海地区也成为全国各地区过剩资本的集聚地。为了促进区域经济平衡发展，省域经济通过对外贸易可以获得更多发展机会，"一带一路"倡议从中国中西部省份出发，为中西部省份直接从事对外经济提供了更多的机会。现在中国全面开放，中国中西部也成为对外直接投资的第一线，中西部资本无须再通过沿海地区进入海外市场。因此，在中西部地区设立对外金融中心，有利于中西部地区过剩资本"走出去"进入国际市场，获取本区域所需的资源、技术和资本等要素。中西部地区获取的各种资源要素有利于经济发展与就业数量增长。

第七，加强农业企业对外直接投资与合作，促进农村过剩劳动力转移。根据第五章实证分析中的行业对外直接投资回归分析可知，农业领域对外投资非常薄弱，需要加强。农业对外投资合作是指境内投资者通过直接投资或再投资方式拥有、控制境外农业类企业或项目的活动。中国农业生产由于受经营规模限制，使得农业生产效率低下，主要是因为国内的农业资源紧张的客观现实。通过利用对外直接投资稳定地获得境外农业资源与粮食是由外而内地解决"三农"问题的国际视角，而不能仅通过国际购买这种极不稳定的方式。新冠疫情的暴发更加反映了加强农业对外直接投资的紧迫性和必要性，在生存与发展的选择上，农业是国家稳定的基础。加强对农业资源丰富地区的对外直接投资与合作，换取农地经营、生产及收益权，有利于获得稳定的国际农业资源。国际稳定农业资源的获取可以缓解国内紧张的"三农"问题压力，促使国内农地经营流转，释放过剩劳动力，进一步加速中国第二、第三产业发展。国际稳定农业资源获取也有利于使国内农业资源得到休养生息，储备更多农业资源，为国家农业提供更多战略空间。

总之，引入外部有效需求作为国家经济战略的重要目标，引导国内过剩劳动力生产满足国际有效需求的产品。对外直接投资将成为中国获取国际市场，转换过剩劳动力和人力资本的战略依托。中国已经成为世界第二大经济体，但仍存在大量剩余劳动力的现实局面。2008 年，在美国爆发的金融危机使中国面临产能与劳动力双重过剩的危机，国际上不会再出现可以帮助中国经济取得更大发展的现成时机。中国更需要自己创造经济发展的国际环境而不再是现有体系下借助的时机，虽艰辛却自主。劳动致富的渴望与坚定信念是中国经济发展的文化基因和内在动力。人民对美好生活的向往是中华文化的原始基因，也是中国经济发展的内在动力。"一带一路"、中非论坛、中国与东盟贸易区等都是中国为拓展国际市场而构建的国际环境。对外直接投资成为获取国际市场、资源与技术的越来越重要的方式。中国已无须等待时机而要在国际市场上主动寻找时机，通过中国对外直接投资经略全球经济为中国过剩劳动力与产能重新寻找国际市场通路，这是中国对外直接投资的伟大意义。通过对外直接投资枢纽作用，与其他国家互通市场、资源与技术，使资源配置、产能配置在全球范围内疏通调剂，让世界经济实现"经"与"济"的协调发展。世界经济将因此更加通畅，中国会成为经济发展时机的创造者，终将给世界带来美好的秩序。

第三节　研究展望

本书通过理论与实证分析，全面翔实地阐述了中国对外直接投资对国内就业的影响，但限于研究能力，该领域尚有许多值得深入的地方：首先，理论可以进一步深入。本书使用的 VFS 理论与当前国际直接投资理论存在较大分异，但它却是研究多重要素过剩的发展经济学理论，适合用来分析中国双重要素过剩状况，符合中国经验。本书理论探讨仅是抛砖引玉，为相关理论研究提供了参考，还可以从其他各方面完善并成熟理论。其次，时间序列实证检验中的问题分析可以进一步深入。在对外直接投资、出口和第三产业就业的 VAR 系统脉冲响应分析中，为什么对外直接投资对出口的脉冲响应会呈现与其他 VAR 系统不一样的结果，即对外直接投资对出口呈负向脉冲响应。对于该问题，尚没有找到合理的解释，是进一步研究的方向。再次，区域实证分析中的两个问题尚需进一步探索。在区域对外直接投资的就业效应实证分析中发现两个问题：一是 IFDI 的空间项系数全部为 0 且不显著，即吸引外商直接投资的空间权重项系数 W × IFDI 系数可能为零；二是工资水平对就业影响呈负向效应。这两个实证过程中出现的问题虽不会改变本书的主要结论，却为相关研究进一步探索提供了方向。最后，价值增值回流理论需要进一步完善对外直接投资产生的价值增值如何回流国内是对外直接投资的最后环节。得益于发达国家的世界货币性质，发达国家的价值增值通常采用货币回流形式，如美国海外对外直接投资产生的价值增值一般通过货币形式进入美国三大市回流其国内推动金融市场发展。由于人民币的国际化程度还很低，中国没有效仿发达国家的金融条件。因此，中国创新了价值增值方式，通过要素回流方式进行增值回流，比如，技术回流、资源回流、服务回流等形式，中国举办进博会是其中的典型方式。事实上，货币回流仅是要素回流的一种，更加广泛地将各种要素回流到国内能更好地促进国内经济增长和更充分就业。

参 考 文 献

［1］埃里克·S. 赖纳特. 富国为什么富 穷国为什么穷［M］. 杨虎涛，陈国涛，等译，北京：中国人民大学出版社，2013.

［2］安同信，张恒旭，刘祥霞. 利用 OFDI 推进中国产业结构优化升级研究——基于日本经验的借鉴［J］. 济南大学学报（社会科学版），2019，29（6）：110－119，159－160.

［3］白雪洁，于庆瑞. OFDI 是否导致中国"去工业化"？［J］. 财经论丛，2019（11）：3－11.

［4］蔡昉. 为什么将就业优先政策置于宏观政策层面［N］. 光明日报，2019（3）.

［5］钞鹏. 对外直接投资对母国的就业效应及其传导机制［J］. 广西社会科学，2011（3）：58－61.

［6］陈铭. 国际贸易与国际直接投资双向作用的微观分析［J］. 华东师范大学学报（哲学社会科学版），2002（4）：105－109，127－128.

［7］陈强. 高级计量经济学及 Stata 应用（第二版）［M］. 北京：高等教育出版社，2014.

［8］陈瑛，杨先明，姚晓兵. 中国 OFDI 企业海外雇佣的劳动力技能提升：流动还是培训更起作用？［J］. 世界经济研究，2019（4）：59－70，135.

［9］陈正炎，丁文辉. 亚当·斯密论对外贸易［J］. 上海经济研究，1987（1）：56－59.

［10］程中海，张伟俊. 要素禀赋、对外直接投资与出口贸易：理论

模型及实证 [J]. 世界经济研究, 2017 (10): 78 - 92, 136 - 137.

[11] 戴翔. 对外直接投资对国内就业影响的实证分析——以新加坡为例 [J]. 世界经济研究, 2006 (4): 70 - 76.

[12] 冯春晓. 我国对外直接投资与产业结构优化的实证研究——以制造业为例 [J]. 国际贸易问题, 2009 (8): 97 - 104.

[13] 傅玉玢. 中国双向直接投资的贸易效应研究 [D]. 广州: 广东外语外贸大学, 2014.

[14] 葛顺奇, 罗伟. 中国制造业企业对外直接投资和母公司竞争优势 [J]. 管理世界, 2013, 38 (6): 28 - 42.

[15] 宫汝凯, 李洪亚. 中国 OFDI 与国内投资: 相互替代抑或促进 [J]. 经济学动态, 2016 (12): 75 - 87.

[16] 郭凌威, 卢进勇, 郭思文. 改革开放四十年中国对外直接投资回顾与展望 [J]. 亚太经济, 2018 (4): 111 - 121, 152.

[17] 胡家勇. 明特的经济发展理论 [J]. 经济学动态, 1995 (10): 74 - 77.

[18] 黄德春, 孟敏, 张长征, 竺运. 中国对湄公河流域国家 OFDI 的出口效应研究——基于东道国投资环境的影响 [J]. 广西社会科学, 2019 (1): 58 - 64.

[19] 黄梅波, 李泽政. 中国对外直接投资 40 年: 动因及模式 [J]. 东南学术, 2018 (4): 80 - 92.

[20] 黄娜. 我国对外直接投资对国内就业的影响研究 [D]. 长沙: 湖南大学, 2008.

[21] 黄晓玲, 刘会政. 中国对外直接投资的就业效应分析 [J]. 管理现代化, 2007 (1): 45 - 48.

[22] 霍杰. 对外直接投资对全要素生产率的影响研究——基于中国省际面板数据的分析 [J]. 山西财经大学学报, 2011, 33 (3): 1 - 7.

[23] 霍忻. 中国对外直接投资逆向技术溢出的产业结构升级效应研究 [D]. 北京: 首都经济贸易大学, 2016.

［24］贾根良. 演化发展经济学与新结构经济学：哪一种产业政策的理论范式更适合中国国情［J］. 南方经济，2018（1）.

［25］贾妮莎，韩永辉，邹建华. 中国双向 FDI 的产业结构升级效应：理论机制与实证检验［J］. 国际贸易问题，2014（11）：109－120.

［26］贾妮莎，雷宏振. 中国 OFDI 与"一带一路"沿线国家产业升级——影响机制与实证检验［J］. 经济科学，2019（1）：44－56.

［27］贾妮莎，申晨，雷宏振，兰娟丽. 中国企业对外直接投资的"就业效应"：理论机制与实证检验［J］. 管理评论，2019，31（6）：49－59.

［28］江虹，吴宋，刘希. 深圳市 IFDI、经济增长与就业的关系研究——基于 VAR 模型［J］. 对外经贸，2015（9）：48－50.

［29］姜巍. 中国 OFDI 对国内就业影响的整体效应与区域差异研究［J］. 国际经贸探索，2017，33（12）：72－85.

［30］姜亚鹏，王飞. 中国对外直接投资母国就业效应的区域差异分析［J］. 上海经济研究，2012，24（7）：43－53，119.

［31］姜亚鹏. 中国对外直接投资研究：制度影响与主体结构分析［D］. 成都：西南财经大学，2011.

［32］蒋冠宏，蒋殿春. 中国企业对外直接投资的"出口效应"［J］. 经济研究，2014（5）：160－173.

［33］蒋冠宏. 我国企业对外直接投资的"就业效应"［J］. 统计研究，2016，33（8）：55－62.

［34］蒋冠宏. 我国企业对外直接投资的异质性及对我国经济发展和产业结构的微观影响［D］. 天津：南开大学，2015.

［35］蒋勇. 环境规制、IFDI 与就业效应——基于省际空间面板杜宾模型的实证研究［J］. 国际商务（对外经济贸易大学学报），2017（3）：86－98.

［36］金祥荣. 对亚当·斯密国际贸易理论的探讨［J］. 杭州大学学报（哲学社会科学版），1987（4）：54－59.

［37］卡萝塔·佩蕾丝. 技术革命与金融资本［M］. 北京：中国人民

大学出版社，2007.

[38] 孔群喜，孙爽，陈慧．对外直接投资、逆向技术溢出与经济增长质量——基于不同投资动机的经验考察 [J]．山西财经大学学报，2019，41 (2)：16 – 34.

[39] 李东坤，邓敏．中国省际 OFDI、空间溢出与产业结构升级——基于空间面板杜宾模型的实证分析 [J]．国际贸易问题，2016 (1).

[40] [韩国]李根．经济赶超的熊彼特分析：知识、路径创新和中等收入陷阱 [M]．北京：清华大学出版社，2016.

[41] 李宏兵，郭界秀，翟瑞瑞．中国企业对外直接投资影响了劳动力市场的就业极化吗？[J]．财经研究，2017，43 (6)：28 – 39.

[42] 李洁．中国出口贸易对经济增长作用的实证研究 [J]．世界经济研究，2003 (4)：31 – 34.

[43] 李磊，白道欢，冼国明．对外直接投资如何影响了母国就业？——基于中国微观企业数据的研究 [J]．经济研究，2016，51 (8)：144 – 158.

[44] 李沁筑．中国双向直接投资与企业创新的耦合研究——基于省级层面数据的实证分析 [J]．贵州财经大学学报，2017 (5)：50 – 58.

[45] 李童，皮建才．中国逆向与顺向 OFDI 的动因研究：一个文献综述 [J]．经济学家，2019 (3)：43 – 51.

[46] 李杨，蔡卓哲，邱亮亮．中国服务业 IFDI 对就业影响的区域差异——基于 25 个省市数据的实证研究 [J]．人口与经济，2017 (1)：85 – 94.

[47] 李杨，邱亮亮．中国 IFDI 就业影响的产业结构差异研究——基于 25 个省份数据的实证分析 [J]．内蒙古社会科学（汉文版），2017，38 (2)：148 – 153.

[48] 李莺莉，王开玉，孙一平．东道国视角下的 IFDI 就业效应研究——基于中国省际面板数据的实证分析 [J]．宏观经济研究，2014 (12)：94 – 103.

[49] 李豫新，孙培蕾．IFDI 对区域经济增长、就业影响研究——基于丝绸之路经济带我国西北段省区 [J]. 工业技术经济，2016，35（3）：135－142.

[50] 廖庆梅．中国对外直接投资的母国就业效应研究 [D]. 武汉：华中科技大学，2017.

[51] 林晶．我国 OFDI 对"一带一路"沿线国家的就业效应 [J]. 中国经贸导刊（中），2020（1）：14－18.

[52] 刘海月，黄玲，刘诗奕，高亮．中国企业 OFDI 羊群行为——基于中国制造业上市公司的实证研究 [J]. 财经科学，2018（12）：41－52.

[53] 刘海云，廖庆梅．中国对外直接投资对国内制造业就业的贡献 [J]. 世界经济研究，2017（3）：56－67，135.

[54] 刘海云，石小霞．中国对外直接投资对工业部门收入差距的影响研究 [J]. 国际贸易问题，2018（1）：101－111.

[55] 刘辉群，王洋．中国对外直接投资的国内就业效应：基于投资主体和行业分析 [J]. 对外经济贸易大学学报：国际商务版，2011（4）：82－87.

[56] 刘钧霆，曲丽娜，佟继英．中国对外直接投资对高技术产品出口的影响研究——基于三元边际视角 [J]. 经济经纬，2019（6）：1－8.

[57] 刘鹏．中国制造业企业 OFDI 会造成国内"产业空心化"吗？——基于异质性企业投资动机的视角 [J]. 财经论丛，2017（10）：3－10.

[58] 刘晓宁．绿地投资还是跨国并购：中国企业 OFDI 模式选择研究 [J]. 南方经济，2019（2）：69－85.

[59] 刘洋，青白．对外直接投资对中国劳动力市场结构的影响 [J]. 上海对外经贸大学学报，2016，23（1）：13－26.

[60] 刘玉伟．我国对外直接投资对全要素生产率的影响研究 [D]. 新乡：河南师范大学，2018.

［61］卢进勇．中国企业的国际竞争力与海外直接投资［D］．北京：对外经济贸易大学，2003.

［62］罗丽英，黄娜．我国对外直接投资对国内就业影响的实证分析［J］．上海经济研究，2008（8）：86－91.

［63］罗良文．国际贸易、国际直接投资与就业［M］．北京：中国财政经济出版社，2004.

［64］Mukshtadt Kristina．中国对俄罗斯投资的就业效应分析［D］．济南：山东大学，2019.

［65］马光明．中国外向型劳动密集制造业对外直接投资区位选择研究［J］．中央财经大学学报，2019（9）：107－128.

［66］马霞，李荣林．中国与发展中国家（地区）双向投资：趋势及战略选择［J］．国际经济合作，2015（4）：27－32.

［67］马相东，王跃生．对外直接投资的双重效应与中国双向投资均衡发展［J］．中共中央党校学报，2014，18（6）：98－103.

［68］毛海欧，刘海云．中国对外直接投资促进了产业升级吗？——基于出口劳动结构视角的研究［J］．世界经济研究，2018（6）：94－108，137.

［69］毛日昇．出口、外商直接投资与中国制造业就业［J］．经济研究，2009，44（11）：105－117.

［70］聂飞，刘海云．中国IFDI、OFDI与出口贸易的互动机制——基于跨国面板数据的实证检验［J］．国际经贸探索，2018，34（1）：68－84.

［71］聂飞，刘海云．中国OFDI对IFDI规模和质量的影响：理论机制与实证［J］．国际贸易问题，2019（1）：93－105.

［72］聂辉华、江艇、杨汝岱．中国工业企业数据库的使用现状和潜在问题［J］．世界经济，2012（5）.

［73］潘文卿，陈晓，陈涛涛．吸引外资影响对外投资吗？——基于全球层面数据的研究［J］．经济学报，2015（3）.

［74］彭韶辉，王建. 中国制造业技术获取型对外直接投资的母国就业效应［J］. 北京理工大学学报（社会科学版），2016，18（4）：86 – 93.

［75］乔万尼·阿里吉. 亚当·斯密在北京［M］. 北京：社会科学文献出版社，2009.

［76］申朴，刘康兵. IFDI 流入、市场化进程与中国企业技术创新——基于 System GMM 估计法的实证研究［J］. 亚太经济，2012（3）：93 – 98.

［77］石亦嵘. 新加坡对中国直接投资的就业效应研究［D］. 南宁：广西大学，2018.

［78］史恩义，张瀚文. OFDI 动机、金融发展差异与出口贸易［J］. 世界经济研究，2018（8）：74 – 87，136.

［79］宋林，谢伟，何红光. 对外直接投资对我国就业影响的实证研究——基于门限面板模型的分析［J］. 当代经济科学，2017，39（5）：95 – 106，127 – 128.

［80］隋月红，赵振华. 我国 OFDI 对贸易结构影响的机理与实证——兼论我国 OFDI 动机的拓展［J］. 财贸经济，2012（4）：81 – 89.

［81］孙雅智. 我国对外直接投资对全要素生产率的影响研究［D］. 哈尔滨：哈尔滨工业大学，2013.

［82］汤婧，于立新. 我国对外直接投资与产业结构调整的关联分析［J］. 国际贸易问题，2012（11）：42 – 49.

［83］唐东波. 垂直专业化贸易如何影响了中国的就业结构？［J］. 经济研究，2012，47（8）：118 – 131.

［84］田素华，窦菲菲，唐东波. 双向直接投资发展与上海"四个中心"建设的新动力［J］. 上海经济研究，2015（3）：97 – 102，108.

［85］田素华，王璇. IFDI 双向流动和净流动影响因素研究——基于全球 58 个经济体的实证分析［J］. 世界经济研究，2017（7）：40 – 53，135 – 136.

［86］William Wei，汪琦. 宏观经济因素对中国海外直接投资促动效

应的理论与实证分析 [J]. 国际商务研究，2014，35 (4)：66 - 74.

[87] 汪晓兰. 中国双向投资发展阶段及其贸易效应研究 [D]. 合肥：安徽大学，2015.

[88] 王传荣. 经济全球化进程中的就业研究 [D]. 成都：西南财经大学，2005：97 - 109.

[89] 王佃凯. 现代国际贸易理论的思想基础——谈亚当·斯密在国际贸易理论方面的贡献和学术地位 [J]. 国际商务 (对外经济贸易大学学报)，2005 (2)：5 - 9.

[90] 王奉贤. 我国双向 IFDI 对价值链升级的影响机理与实证研究 [D]. 杭州：浙江财经大学，2016.

[91] 王剑，张会清. 外国直接投资对中国就业效应的实证研究 [J]. 世界经济研究，2005 (9)：15 - 21.

[92] 王剑. 外国直接投资对中国就业效应的测算 [J]. 统计研究，2005 (3)：29 - 32.

[93] 王杰，段瑞珍，孙学敏. 对外直接投资与中国企业的全球价值链升级 [J]. 西安交通大学学报 (社会科学版)，2019，39 (2)：43 - 50.

[94] 王杰，刘斌，孙学敏. 对外直接投资与企业出口行为 [J]. 经济科学，2016 (1)：89 - 101.

[95] 王谦. 中国企业技术获取型跨国并购研究 [M]. 北京：经济科学出版社，2010.

[96] 王书杰. 中国企业海外直接投资的绩效研究 [D]. 北京：中共中央党校，2016.

[97] 王英，刘思峰. OFDI 对我国产业结构的影响：基于灰关联的分析 [J]. 世界经济研究，2008 (4)：61 - 65，89.

[98] 王云凤，郑雁升. IFDI、出口贸易与农村劳动力非农就业 [J]. 税务与经济，2015 (4)：20 - 26.

[99] 王珍珍. 我国 OFDI 对城市化效应的研究 [D]. 济南：山东大学，2018.

［100］魏浩，李晓庆．进口投入品与中国企业的就业变动 ［J］．统计研究，2018，35（1）：43－52．

［101］魏兰叶．双向直接投资、自主创新与经济增长方式转变——来自中国的实证检验 ［J］．工业技术经济，2018，37（11）：19－26．

［102］温铁军．八次危机：中国的真实经验1949－2009 ［M］．北京：东方出版社，2013（32－35）．

［103］文一，乔治·佛梯尔．看得见的手：政府在命运多舛的中国工业革命中所扮演的角色 ［J］．经济资料译丛，2017（2）：1－42．

［104］文一．创造市场与技术：国企为什么有必要存在 ［J］．文化纵横，2018（6）：80－87．

［105］文一．国家为什么繁荣？——国民财富的起源与"空想市场主义"的终结 ［J］．东方学刊，2019（3）：41－78，119－120．

［106］文一．如何正确理解国企与民企的关系——纪念中国改革开放四十周年 ［J］．政治经济学季刊，2018，1（2）：1－43．

［107］文一．伟大的中国工业革命——"发展政治经济学"一般原理批判纲要 ［M］．北京：清华大学出版社，2016．

［108］吴立广，尹灵秀．中国对外直接投资逆向技术溢出效应研究——基于Malmquist 指数和我国行业面板数据的实证研究 ［J］．工业技术经济，2014，33（8）：154－160．

［109］吴绍鑫．中国对外直接投资的区域经济影响研究 ［D］．沈阳：辽宁大学，2017．

［110］吴先明，黄春桃．中国企业对外直接投资的动因：逆向投资与顺向投资的比较研究 ［J］．中国工业经济，2016（1）．

［111］项本武．对外直接投资对国内投资的影响——基于中国数据的协整分析 ［J］．中南财经政法大学学报，2007（5）：82－86．

［112］辛冲冲，陈志勇．IFDI 持续流入对中国经济增长与就业的驱动效应研究——基于LMDI 模型的再检验 ［J］．软科学，2018，32（5）：1－4．

［113］许和连，赵德昭．外商直接投资、劳动力异质性与农村剩余劳

动力转移——基于新古典一般均衡拓展模型的分析 [J]. 财贸经济，2013 (1)：82 - 92.

[114] 许建伟，郭其友. 外商直接投资的经济增长、就业与工资的交互效应——基于省级面板数据的实证研究 [J]. 经济学家，2016 (6)：15 - 23.

[115] 寻舸. 促进国内就业的新途径：扩大对外直接投资 [J]. 财经研究，2002 (8)：77 - 80.

[116] 亚当·斯密. 国富论 [M]. 郭大力，王亚南译，南京：译林出版社，2011.

[117] 闫雪凌，林建浩. 领导人访问与中国对外直接投资 [J]. 世界经济，2019，42 (2)：147 - 169.

[118] 严兵，肖琬君. 市场分割、异质性与对外直接投资——基于企业层面的考察 [J]. 国际贸易问题，2018 (10)：132 - 146.

[119] 阎虹戎，冼国明，明秀南. 对外直接投资是否改善了母公司的员工结构？[J]. 世界经济研究，2018 (1)：53 - 66，135.

[120] 杨建清. 对外直接投资对母国就业的影响 [J]. 商业时代，2004 (35)：61 - 62.

[121] 杨立强，卢进勇. 中国企业"走出去"未来发展方向与思路 [J]. 国际贸易，2018 (7)：46 - 51.

[122] 杨丽丽，盛斌. 制造业 OFDI 的产业"空心化"非线性效应研究——基于中国省际面板数据的 PSTR 分析 [J]. 现代经济探讨，2019 (2)：63 - 72.

[123] 杨平丽，张建民. 企业对外直接投资对国内投资的影响——来自中国工业企业数据的证据 [J]. 中国经济问题，2017 (3)：101 - 112.

[124] 杨世迪，韩先锋，宋文飞. 对外直接投资影响了中国绿色全要素生产率吗 [J]. 山西财经大学学报，2017，39 (4)：14 - 26.

[125] 杨挺，魏克旭，喻竹. 中国对外直接投资新特征及新趋势——创新对外直接投资政策与实践的思考 [J]. 国际经济合作，2018 (1)：

18 – 27.

[126] 杨扬，余壮雄，王美今. IFDI 对中国就业效应的检验 [J]. 经济学家，2009 (5)：5 – 14.

[127] 姚树洁，冯根福，王攀，欧境华. 中国是否挤占了 OECD 成员国的对外投资？[J]. 经济研究，2014，49 (11)：43 – 57.

[128] 余官胜，王玮怡. 对外投资与母国国内就业：理论与中国的实证研究 [J]. 北京工商大学学报 (社会科学版)，2013，28 (3)：14 – 19，34.

[129] 余官胜，杨文. 我国企业对外直接投资是促进还是挤出国内投资——影响机理与实证检验 [J]. 国际商务 (对外经济贸易大学学报)，2014 (6)：88 – 96.

[130] 约翰·梅纳德·凯恩斯. 就业、利息和货币通论 [M]. 徐毓枬译，北京：华夏出版社，2011.

[131] 詹晓宁，欧阳永福. 数字经济下全球投资的新趋势与中国利用外资的新战略 [J]. 管理世界，2018，34 (3)：78 – 86.

[132] 詹晓宁. 全球投资治理新路径——解读《G20 全球投资政策指导原则》[J]. 世界经济与政治，2016 (10)：4 – 18.

[133] 张海波，彭新敏. ODI 对我国的就业效应——基于动态面板数据模型的实证研究 [J]. 财贸经济，2013 (2)：101 – 111.

[134] 张海波. 对外直接投资对母国出口贸易品技术含量的影响——基于跨国动态面板数据模型的实证研究 [J]. 国际贸易问题，2014 (2)：115 – 123.

[135] 张海波. 对外直接投资能促进我国制造业跨国企业生产率提升吗——基于投资广度和投资深度的实证检验 [J]. 国际贸易问题，2017 (4)：95 – 106.

[136] 张纪凤，黄萍. 替代出口还是促进出口——我国对外直接投资对出口的影响研究 [J]. 国际贸易问题，2013 (3)：95 – 103.

[137] 张建刚，康宏，康艳梅. 就业创造还是就业替代——OFDI 对

中国就业影响的区域差异研究 [J]. 中国人口·资源与环境，2013，31（1）：126 - 131.

[138] 张其富，钟坚，黄小兵. 我国区域经济不均衡的长期演变及政策探析 [J]. 江西社会科学，2018，38（9）：56 - 65.

[139] 张其富，钟坚，刘孝斌. 过剩资本能否解决过剩劳动力——来自深圳特区的启示 [J]. 江西社会科学，2020，40（1）：95 - 106.

[140] 张其富，钟坚. 基于泰尔指数的深圳产业结构升级实证研究 [J]. 岭南学刊，2019（3）：21 - 28.

[141] 张淑莹. 我国直接投资对非洲就业的影响研究 [J]. 经营与管理，2017（12）：69 - 72.

[142] 张夏准. 富国的伪善：自由贸易的迷思与资本主义秘史 [M]. 北京：社会科学文献出版社，2009（1）：34 - 35.

[143] 张原. 中国 OFDI 能实现母国与东道国就业双赢吗？——基于投资与就业产业结构视角的研究 [J]. 金融与经济，2018（10）：50 - 61.

[144] 张原. 中国对"一带一路"援助及投资的减贫效应——"授人以鱼"还是"授人以渔" [J]. 财贸经济，2018，39（12）：111 - 125.

[145] 张原. 中国与"一带一路"沿线国家双向投资的就业效应研究 [J]. 西部论坛，2018，28（3）：42 - 57.

[146] 赵德昭. IFDI、第三方效应与农村剩余劳动力转移的空间集聚——基于中国省际面板数据的空间计量检验 [J]. 南开经济研究，2014（6）：105 - 124.

[147] 赵先进，王娜，李莹莹. 中国服务企业对外直接投资活动分析 [J]. 国际商务研究，2015，36（3）：86 - 96.

[148] 郑强，冉光和. 对外直接投资对母国全要素生产率的影响——基于城镇化门槛模型的实证分析 [J]. 现代经济探讨，2018（1）：95 - 104.

[149] 郑月明，董登新. 外商直接投资对我国就业的区域差异与动态效应——基于动态面板数据模型的分析 [J]. 数量经济技术经济研究，

2008 (5): 104 - 113.

[150] 钟声. 亚当·斯密在悄悄流泪——看清美国某些政客"合则用、不合则弃"的真面目 [N]. 人民日报, 2019 - 06 - 04 (第3版).

[151] 周春应. 我国外商直接投资促进经济增长的传导途径研究 [D]. 南京: 河海大学, 2007.

[152] 朱凤慧. 政策性金融支持中国企业"走出去"能力研究 [D]. 青岛: 青岛科技大学, 2016.

[153] 朱金生, 王鹤, 杨丽. IFDI 流动、区域差异与就业结构变迁——基于我国 1995 - 2010 年面板数据的分析 [J]. 软科学, 2013, 27 (8): 127 - 131.

[154] 朱闵铭. 中国对外直接投资研究 [D]. 北京: 中国社会科学院研究生院, 2001.

[155] 朱巧玲, 董莉军. 西方对外直接投资理论的演进及评述 [J]. 中南财经政法大学学报, 2011 (5): 26 - 32, 142 - 143.

[156] 邹明. 我国对外直接投资对国内全要素生产率的影响 [J]. 北京工业大学学报 (社会科学版), 2008, 8 (6): 30 - 35.

[157] Acharyya, Rajat. Principle of Effective Demand and the Vent for Surplus Approach [J]. Journal of Post Keynesian Economics, 1994, 16 (3): 439 - 52.

[158] Adam Smith. An Inquiry into the Nature and Causes of the Wealth of Nations [M]. 上海: 上海世界图书出版公司 (英文版), 2012: 327.

[159] Amiti M. , Shang-jin W. Service Offshoring and Productivity: Evidence from the US [J]. The World Economy, 2009, 32 (2): 203 - 220.

[160] Andersen P. S. , Hainaut P. Foreign Direct Investment and Employment in Industrialized Countries [R]. Basle, Switzerland: BISBank for International Settlements, Working Paper 1998, No. 61.

[161] Arellano M. , Bond S. Some Tests of Specification for Panel Data: Monte Carlo Evidence and an Application to Employment Equations [J]. Review

of Economic Studies, 1991, 58 (2): 277 – 297.

[162] Arellano M. , Bover O. Another Look at the Instrumental Variable Estimation of Error – Components Models [J]. Journal of Econometrics, 1995, 68 (1): 29 – 51.

[163] Austin, Gareth. Vent for Surplus or Productivity Breakthrough? The Ghanaian Cocoa Take-off, c. 1890 – 1936 [J]. Economic History Review, 2014, 67 (4): 1035 – 1064.

[164] Blecker Robert A. The 'Unnatural and Retrograde Order': Adam Smith's Theories of Trade and Development Reconsidered [J]. Economica, 1997, 255 (64): 527 – 537.

[165] Blomstrom M. , Fors G. , Lispey R. Foreign Direct Investment and Employment: Home Country Experience in the United States and Sweden [J]. Economic Journal, 1997, 107 (445): 1787 – 1797.

[166] Blundell R. , Bond S. Initial Conditions and Moment Restrictions in Dynamic Panel Data Models [J]. Journal of Econometrics, 1998, 87 (1): 115 – 143.

[167] Borenszteina E. , Gregoriob J. De, Lee J. W. How Does Foreign Direct Investment Affect Economic Growth [J]. Journal of International Economics, 1998, 45 (1): 115 – 135.

[168] Braconier H. , Ekholm K. Swedish Multinationals and Competition from High and Low-wage Location [J]. Review of International Economics, 2000 (3): 448 – 461.

[169] Brainard S. L. , Riker D. Are U. S. Multinationals Exporting U. S. Jobs? [R] NBER Working Paper, 1997, No. 5958.

[170] Buckley P. J. , Casson M. The Future of the Multinational Enterprise [M]. London: Palgrave Macmillan, 1976.

[171] Campbell D. Foreign Investment, Labor Immobility and the Quality of Employment [J]. International Labor Review, 1994, 133 (2): 185 – 204.

[172] Cantwell J. , P. E. E. Tolentino. Technological Accumulation and Third World Multinationals [R]. University of Reading Discussion Paper in International Investment and Business Studies, 1990, No. 139.

[173] Castellani D. , Navaretti G. B. Investments Abroad and Performance at Home: Evidence from Italian Multinationals [J]. CEPR Discussion Paper, 2004, No. 4284.

[174] Chew Ging Lee. Outward Foreign Direct Investment and Economic Growth: Evidence from Japan [J]. Global Economic Review, 2010, 39 (3): 317 – 326.

[175] Debaere P. , Hongshik L. , Joonhyung L. It Matters Where You Go Outward Foreign Direct Investment and Multinational Employment Growth at Home [J]. Journal of Development Economics, 2010, 91 (2): 301 – 309.

[176] Desai M. A. , Foley C. F. , Hines J. R. Domestic Effects of the Foreign Activities of US Multinationals [J]. American Economic Journal: Economic Policy, 2009, 1 (1): 181 – 203.

[177] Drake P. J. Natural Resources Versus Foreign Borrowing in Economic Development [J]. Econ, 1972 (82): 951 – 62.

[178] Driffield N. , Chiang P. C. The Effects Outsourcing to China. Reallocation, Employment and Productivity in Taiwan [J]. International Journal of the Economics of Business, 2009, 16 (1): 19 – 38.

[179] Dunning H. J. Multinational Enterprises and the Global Economy [M]. Mass: Addison – Wesley, 1993.

[180] Dunning J. H. , Chang – Su Kim. , Jyh – Der Lin. Incorporating Trade into the Investment Development Path: A Case Study of Korea and Taiwan [J]. Oxford Development Studies, 2001, 29 (2): 145 – 154.

[181] Dunning J. H. , Sarianna. M. Lundan. Institutions and the OLI Paradigm of the Multinational Enterprise [J]. Asia Pacific Journal of Management, 2008, 25 (4): 573 – 593.

[182] Dunning J. H. Explaining the International Direct Investment Position of Countries: Towards a Dynamic or Developmental Approach [J]. Review of World Economics, 1981, 119 (1): 30 – 64.

[183] Edwards S. Real Exchange Rates in Developing Countries: Concepts and measurement [R]. NBER Working Paper, 1989, No. 2950.

[184] Ekholm K. , Markusen J. Foreign Direct Investment And EU – CEE Integration [J]. Background Paper for the Conference, Danish and International Economic Policy, University of Copenhagen, 2002.

[185] Elbadawi I. A. Estimating Long-run Equilibrium Exchange Rate [M]. John Williamson, ed, 1994.

[186] Elmslie Bruce, Sedgley Norman. Vent for Surplus: A Case of Mistaken Identity [J]. Southern Economic Journal, 2002, 68 (3): 712.

[187] Fu Xiaolan & Balasubramanyam V. N. Export, Foreign Direct Investment and Employment: The Case of China [J]. World Economy, 2005 (28): 607 – 625.

[188] Ghosh S. , Reitz S. Capital Flows, Financial Asset Prices and Real Financial Market Exchange Rate: A case study for an emerging market, India [R]. Kiel Advanced Studies Working Paper, 2012.

[189] Hanson G. H. , Mataloni R. J. , Slaughter M. J. Expansion Strategies of U. S. Multinational Firms [J]. Brookings Trade Forum, 2001 (1): 245 – 294.

[190] Harris J. R. , Todaro M. P. Migration, unemployment, and development: A two sector analysis [J]. American Economic Review, 1970 (60): 126 – 142.

[191] Harrison A. , Mc Milan M. Offshoring Jobs? Multinationals and U. S. Manufacturing Employment [J]. The Review of Economics and Statistics, 2011, 93 (3): 857 – 875.

[192] Hayami Yujiro. Ecology, History, and Development: A Perspec-

tive from Rural Southeast Asia [J]. World Bank Research Observer, 2001, 2 (16): 169. 29p.

[193] Head K. , Ries J. FDI as an Outcome of the Market for Corporate Control: Theory and Evidence [J]. Journal of International Economics, 2008, 74 (1): 2 – 20.

[194] Head K. , Ries J. Offshore Production and Skill Upgrading by Japanese Manufacturing Firms [J] . Journal of International Economics, 2002 (58): 81 – 105.

[195] Heckscher E. F. , Ohlin B. Trade Theory [M]. Translated and edited by H. Fla & J. Flanders. Cambridge MA: MIT Press, 1991.

[196] Helen Simpson. How do Firms Outward FDI Strategies Relate to their Activity at Home? Empirical Evidence for the UK [J]. The World Economy, 2012, 35 (3): 243 – 272.

[197] Hijzen A. , Görg H. , Hine R. C. International Outsourcing and the Skill Structure of Labour Demand in the United Kingdom [J] . The Economic Journal, 2005, 115 (506): 860 – 878.

[198] Hijzen A. , Jean S. , Mayer T. The Effects at Home of Initiating Production abroad: Evidence from Matched French Firms [J]. Review of World Economics, 2011, 147 (3): 457 – 483.

[199] Hijzen A. J. , Tomohiko I. , Yasuyuki T. The Effects of Multinational Production on Domestic Performance: Evidence from Japanese Firms [R]. RIETI Discussion Paper Series 07 – E – 006, 2007.

[200] Hla Myint, Deepak Lai. The Political Economy of Poverty, Equity and Growth [M]. Oxford: Clarendon Press, 1996.

[201] Hla Myint. Adam Smith's Theory of International Trade in the Perspective of Economic Development [J] . Economics, 1977a, 44 (175): 231 – 248.

[202] Hla Myint. Comments On: Farmers Protection Act and Minimum

Guaranteed Rice Price [J]. New Light of Myanmar, 2013 (7): 12.

[203] Hla Myint. Economic Theory and the Underdeveloped Countries [J]. Journal of Political Economy, 1965 (73), 5: 477 –49.

[204] Hla Myint. Economic Theory and the Underdeveloped Countries [M]. New York: Oxford University Press, 1971.

[205] Hla Myint. Exports and Economic Development of Less Developed Countries [J]. Economic Growth and Resources, Vol. 4 of the Proceedings of the 5th Congress of the International Economic Association. London: Macmillan, 1979.

[206] Hla Myint. Organizational Dualism and Economic Development [J]. Asian Development Review, 1985, 3 (1): 203 –221.

[207] Hla Myint. South – East Asia's Economy, Development Policies in the 1970s [M]. London: Penguin Press, 1972.

[208] Hla Myint. The Economics of Developing Countries [M]. London: Hutchinson, 1964.

[209] Hla Myint. The Economics of the Developing Countries, 4threv. ed [M]. London: Hutchinson, 1973.

[210] Hla Myint. The Inward and Outward Looking Countries of Southeast Asia [J]. Malayan Economic Review, 1967, 12 (1): 1 –13.

[211] Hla Myint. The "Classical Theory" of International Trade and the Underdeveloped Countries [J]. The Economic Journal, 1958 (68), 270: 317 –337.

[212] Hla Myint. Theories of Welfare Economics [M]. Cambridge: Harvard University Press, 1948.

[213] Hymer S. H. The International Operations of National Firms: A Study of Direct Foreign Investment [D]. Combridge Massachusetts: MIT, 1960.

[214] Ingham Barbaya. Vent for Surplus Reconsidered with Ghanaian Evi-

dence [J]. Journal of Development Studies, 1979, 15 (3): 19 – 37.

[215] Kaldor Nicholas. Further Essays on Economic Theory [M]. New York: Holmes and Meier, 1978.

[216] Kang Youngho, Whang Unjung. To Whom does Outward FDI Give Jobs? [R]. KIEP Working Paper, 2016 (7): 3 – 39.

[217] Katherine Marton, Cornelia McCarthy. Is China on the Investment Development Path? [J]. Journal of Asia Business Studies, 2007, 1 (2).

[218] Kemp M. C. The Gain from International Trade and Investment: A neo-heckscher-ohlin Approach [J]. The American Economic Review, 1966, (4): 788 – 809.

[219] Kenneth Pomeranz. The Great Divergence: Europe, China, and the Making of the Modern World Economy [M]. Princeton, NJ, Princeton University Press, 2000.

[220] Kleinert J., Toubal F. The Impact of Locating Production Abroad on Activities at home: Evidence from German Firm – Level Data [J]. University of Tubingen, Discussion Paper, 2007, No. 314.

[221] Kojima K., Direct Foreign Investment: A Japanese Model of Multi – National Business Operations [M]. London: Croom Helm Press, 1978.

[222] Konings J., Murphy A. P. Do Multinational Enterprises Relocate Employment to Low-wage Regions? Evidence from European Multinationals [J]. Review of World Economics, 2006, 142 (2): 267 – 286.

[223] Laffineur C., Mouhoud E. M. The Jobs at Risk from Globalization: The French Case [J]. Review of World Economics, 2015, 151 (3): 477 – 531.

[224] Lall S., Chen E., The New Multinationals: The Spread of Third World Enterprises [J]. New Multinationals Spanish Firms in a Global Context, 1983.

[225] Lee H., Makino S., Hong E. Outward FDI Does Not Necessarily

Cost Domestic Employment of MNEs at Home: Evidence from Japanese MNEs [J]. Coumbia FDI Perspectives, Working Paper 2015, No. 148.

[226] Lewis W. A. Development Economics in the 1950s, In Pioneers in Development [C]. New York, G. M. Meier and D. Seers, eds, 1984: 119 – 137.

[227] Lewis W. A. Economic Development with Unlimited Supplies of Labour [J]. The Manchester School, 1954, 22: 139 – 191.

[228] Li Yuefen, Zhang Bin. Development Path of China and India and the Challenges for their Sustainable Growth [J]. World Economy, 2008, 31 (10): 1277 – 1291.

[229] Lin Chih – Fan. Does Chinese OFDI Really Promote Export? [J]. China Finance and Economic Review, 2016, 4 (1): 4 – 13.

[230] Lipsey Robert E. , Fredrik Sjöholm. , Jing Sun. Foreign Ownership and Employment Growth in Indonesian Manufacturing [R]. IFN Working Paper, 2010, No. 831.

[231] Lipsey R. E. , Ramstetter E. , Blomstrom M. Outward FDI and Parent Exports and Employment: Japan, The United States and Sweden [R]. NBER Working Paper, 2000, No. 48.

[232] Lipsey R. E. Foreign Production by US Firms and Parent Firm Employment [R]. NBER Working Paper, 1999, No. 7357.

[233] Lipsey R. E. Outward Direct Investment and The US Economy [R]. NBER Working Paper, 1994, No. 4691.

[234] Lipsey R. E. Interpreting Developed Countries' Foreign Direct Investment [R]. NBER Working Paper, 2001, No. 7810.

[235] Macdougall D. The Benefits and Costs of Private Investment From Abroad: A Theoretical Approach [J]. Economic Record, 1962, 36 (73): 13 – 35.

[236] Maddison A. The Colonial Burden: A Comparative Perspective [J].

In Public Policy and Economic Development, Scott M. F. & Lal D. eds, Oxford, 1990: 361 –75.

[237] Masso J. , Urmas V. , Priit V. The Impact of Outward FDI on Home – Country Employment in a Low Cost Transition Economy [J]. Eastern European Economic Review, 2008, 46 (6): 25 –59.

[238] Molnar M. , Pain N. , Taglioni D. The International of Production, International Outsourcing and employment in the OECD [J]. OECD Working Paper, 2007 No. 21.

[239] Mundell R. International Trade and Factor Mobility [J]. The American Economic Review, 1957 (47): 321 –335.

[240] Navaretti G. B. , Castellani D. , Disdier A. C. How Does Investing in Cheap Labour Countries Affect Performance at Home? Firm-level Evidence from France and Italy [J]. Oxford Economic Papers, 2009, 62 (2): 234 – 260.

[241] Obstfeld M. , Rogoff K. Foundations of International Macroeconomics [M]. MIT Press, 1996.

[242] Oscar Bajo – Rubio, Carmen Díaz – Mora. On the Employment Effects of Outward FDI: The Case of Spain, 1995 – 2011 [J]. Applied Economics, 2015, 47 (21): 2127 –2141.

[243] Pincus, Jonathan. Why Doesn't Vietnam Grow Faster? [J]. Journal of Southeast Asian Economies, 2015 (32): 26 –51.

[244] Qin J. Exchange Rate Risk and Two-way Foreign Direct Investment [J]. International Journal of Finance and Economics, 2000, 5 (3): 221 – 231.

[245] Reinhard S. Adam Smith's "Two Distinct Benefits" from Trade: The Dead End of "Vent-for – Surplus" Interpretations [J]. History of Political Economy, 2015, 47 (4): 577 –603.

[246] Rima Ingrid H. China's Trade Reform: Verdoorn's Law Married to

Adam Smith's "Vent for Surplus" Principle [J]. Journal of Post Keynesian Economics, 2004, 26 (4): 729 – 44.

[247] Rosa Forte, Vera Silva. Outward FDI and Home Country Exports: Theoretical Approaches and Empirical Evidence [J]. The International Trade Journal, 2017 (1): 245 – 271.

[248] Staley Charles E. A Note on Adam Smith's Version of the Vent for Surplus Model [J]. History of Political Economy, 1973, 5 (2): 438 – 448.

[249] Stoian C. Extending Dunning's Investment Development Path: The Role of Home Country Institutional Determinants in Explaining Outward Foreign Direct Investment [J]. International Business Review, 2013, 22 (3): 615 – 637.

[250] ŞAHiN, Levent. The Empirical Analysis of The Impact of Foreign Direct Investment on Employment: SADC Countries [J]. Çankırı Karatekin University Journal of the Faculty of Economics & Administrative Sciences, 2016, 6 (2): 103 – 118.

[251] Tang, Xiaolei, Hongfei Jin. Are Dynamics of IFDI Inflows and Outflows the Same? Evidence from Emerging and Developing Economies [J]. Macau University of Science and Technology Working Paper, 2016.

[252] Todaro Michael P. A Model of Labor Migration and Urban Unemployment in Less Developed Countries [J]. American Economic Review, 1969 (59): 138 – 148.

[253] Turnell, Sean. Sayagyi and Sage: Hla Myint, Myanmar's "Classical" Economist [J]. Sojourn: Journal of Social Issues in Southeast Asia, 2014, 3 (29): 691 – 720.

[254] UNCTAD. World Investment Report [R]. New York and Geneva: United Nations, Several Years.

[255] UNCTAD. World Investment Report 1994: Transnational Corporations, Employment and the Workplace [R]. New York and Geneva: United

Nations, 1994.

[256] UNCTAD. World Investment Report 2013: Global Value Chains, Investment and Trade for Development [R]. New York and Geneva: United Nations, 2013.

[257] Vera Silva, Rosa Forte. The Impact of Foreign Direct Investment on Home Country Exports [J]. Journal of International Commerce, Economics and Policy, 2009, 1 (2).

[258] Verdoorn P. J. Verdoorn's Law in Retrospect: A Comment [J]. Economic Journal, 1980 (90): 382 – 385.

[259] Vernon Raymond. International Investment and International Trade in the Product Cycle [J]. Quarterly Journal of Economics, 1966, 80 (2): 190 – 207.

[260] Vernon Raymond. International Investment and International Trade in the Product Cycle [J]. The Quarterly Journal of Economics, 1966, 80 (2): 190 – 207.

[261] Wacker, Konstantin M., Vadlamannati, Krishna Chaitanya. Do Multinationals Influence Labor Standards? A Close Look at US Outward FDI [J]. Social Science Electronic Publishing, 2011.

[262] Wells L. T. Third World Multinationals: The Rise of Foreign Direct Investment from Developing Countries [D]. Cambridge, MA: MIT Press, 1983.

[263] Windmeijer F. A. A Finite Sample Correction for the Variance of Linear Efficient Two-step GMM Estimators [J]. Journal of Econometrics, 2005, 126 (1): 25 – 51.

[264] Xiaolan Fu, Peter J. Buckley, Xiaoqing Maggie Fu. The Growth Impact of Chinese Direct Investment on Host Developing Countries [J]. International Business Review, 2020, 29 (2).

[265] Yama Temouri, Nigel Driffield, D. Anon – Higon. The Importance

of Location: Does Outward FDI lead to Unemployment? [J]. Resources, Efficiency and Globalization, 2010: 47 - 62.

[266] Yamashita N., Fukao K. Expansion Abroad and Jobs at Home: Evidence from Japanese Multinational Enterprises [J]. Japan and the World Economy, 2010, 22 (2): 88 - 97.

[267] Yao S., Wang P., Zhang J., Jinghua O. Dynamic Relationship Between China's Inward and Outward Foreign Direct Investments [J]. China Economic Review, 2016, 40 (9): 54 - 70.

[268] Yasar Ercan, Sezgin Acıkalın, Alper Gezer M. Testing IDP Hypothesis by Cluster Analysis: Which Countries in Which Stage? [J]. Procedia Economics and Finance, 2015 (23): 1201 - 1209.

[269] Ziva Rozen - Bakher. Impact of Inward and Outward FDI on Employment: The Role of Strategicasset - Seeking FDI [J]. Transnational Corporations Review, 2017 (2): 16 - 30.